E. A. W. Zimmermann

J. Longs westindischen Dollmetschers und Kaufmanns See- und Land-Reisen

E. A. W. Zimmermann

J. Longs westindischen Dollmetschers und Kaufmanns See- und Land-Reisen

ISBN/EAN: 9783743476318

Hergestellt in Europa, USA, Kanada, Australien, Japan

Cover: Foto ©ninafisch / pixelio.de

Weitere Bücher finden Sie auf **www.hansebooks.com**

J. Long's
westindischen Dollmetschers und Kaufmanns

See- und Land-Reisen,

enthaltend:

eine Beschreibung der Sitten und Gewohnheiten

der

Nordamerikanischen Wilden;

der

Englischen Forts oder Schanzen längs dem St. Lorenz-Flusse, dem See Ontario u. s. w.;

ferner

ein umständliches Wörterbuch der Chippewäischen und anderer Nordamerikanischen Sprachen.

Aus dem Englischen.

Herausgegeben
und mit einer kurzen Einleitung über Kanada und einer erbesserten Karte versehen

von

E. A. W. Zimmermann,
Hofrath und Professor in Braunschweig.

Mit allergnädigsten Freiheiten.

Hamburg, 1791.
bei Benjamin Gottlob Hoffmann.

Vorrede des Verfassers.

Natürlich wird der Leser einige Nachricht von diesem Werke erwarten.

Was seinen historischen Theil anbetrifft, so habe ich mich bemüht, die Lage derjenigen Posten oder Plätze, die nach Herrn Oswalds Traktate den Amerikanern hätten übergeben werden müssen, deutlich zu beschreiben, und zu zeigen, wie zuträglich sie für Großbrittannien in politischer und merkantilischer Hinsicht sind. Auch habe ich die Fünf und Sechs Nationen Indianer beschrieben, und mich zu zeigen bemüht, daß eine Alliance mit ihnen, so lange wir nur noch die geringste Besitzung in Kanada haben, nicht nur sehr nützlich, sondern nothwendig sey.

In Hinsicht der Seen, Flüsse u. dgl. habe ich alle diejenigen, die über dem Ober-See vom See Arbitibis bis zum See Nipegon liegen, entweder nach meiner eigenen Kenntniß, oder nach den zuverlässigsten Nachrichten von den Indianern, so genau, als möglich, beschrieben. Wer bedenkt, daß Dollmetscher, die bloß zu Handlungsgeschäften bestellt sind, geographische Kenntnisse sich zu verschaffen selten Gelegenheit haben, wird es verzeihen, daß er nicht bessere Nachrichten bekömmt.

Von dem beygefügten Wörterbuche, welches mir einige Mühe gemacht hat, hoffe ich, daß es nicht nur diejenigen belehren, die Kenntniß der chippewayischen Sprache zu erlangen wünschen, sondern auch denen nützlich seyn werde, die schon mit den Indianern in Handel stehn.

Da die Art, eine Sprache, die nie in ein grammatisches System gebracht ist, zu buchstabiren, höchst willkührlich seyn muß, und vorzüglich von dem Ohre abhängt, so habe ich mich bemüht, solche Buchstaben, die sich zu der Englischen Aussprache passen, zu gebrauchen, und zugleich die vielfachen Konsonanten vermieden, weil diese nur verwirren. Damit aber der Leser so spreche, daß der Eingeborne ihn versteht, muß er beobachten, daß das a überall voll und offen ist (wie das deutsche a h) und das E nde nur in den einsylbigen Wörtern ausgesprochen wird.

Meine Gründe, weßwegen ich das chippewayische Wörterbuch so weitläufig gemacht habe, sind folgende:

Zuerst ist diese Sprache, wenn man es genau nimmt, eine der Muttersprachen in Nordamerika, und wird überall in den Versammlungen von den Oberhäuptern gesprochen, die um die großen Seeen herum, westlich bis an den Mississippi, südlich bis an den Ohio und nördlich bis zur Hudson'sbay wohnen, ungeachtet auf dieser Fläche Landes manche Stämme in den gewöhnlichen Unterredungen eine andre Sprache sprechen. — Diese Bemerkung haben Schriftsteller von entschiednem Ruhme, und die übereinstimmenden Zeugnisse der indianischen Dollmetscher bekräftigt.

Der Baron Lahontan behauptet, daß Algonkinsch eine Muttersprache sey, und in Nordamerika so geschätzt werde, als Griechisch und Lateinisch in Europa. Dieß zugegeben, bin ich doch versichert, daß die chippewayische Sprache eben so wichtig, wo nicht noch wichtiger, ist, weil die nordwestlichen Indianer sie auf jeden Fall besser verstehn. Da es aber nicht allein nützlich, sondern auch nothwendig ist, beide Sprachen zu verstehn, so habe ich eine vergleichende, ungefähr hundert und sechzig Wörter in beiden Sprachen enthaltende, Tabelle beygefügt, damit der Leser sich einer von beiden bedienen könne, so wie er findet, daß die Stämme, mit denen er gerade zu handeln Gelegenheit hat, sie sprechen. In verschiednen Fällen wird er aber völlige Uebereinstimmung finden.

Das muhhekanische oder moheganische und das schawaneesische Wortregister sind aus des Predigers Herrn Edwards Buche ausgezogen, und ich habe sie beygefügt, um ihre Analogie mit der chippewayischen Sprache zu zeigen. Da er auch bemerkt, daß die Sprache der Delawares in Pennsylvanien, der Penobscots an der Gränze von Neuschottland, der Indianer zu St. Francis in Kanada, der Shawaneesee am Ohio und vieler andrer Stämme von Einer Muttersprache abstammen, so glaubte ich, daß diese analogischen Tabellen dem Leser nicht unwillkommen seyn würden.

Im Verlaufe der Beschreibung meiner Reisebegebenheiten habe ich verschiedne in chippewayischer Sprache gehaltene Reden, und am Ende des Wörterbuchs eine Anzahl Redensarten des gemeinen Lebens in eben der Sprache beygebracht, weil man hieraus nicht allein ihre

Art zu reden sieht, sondern auch von ihrer Sprache einen vollständigern Begriff, als durch einzelne Wörter, bekömmt.

Das Zahlwort payſhik, Eins, wird gewöhnlich gebraucht, um den Artikel, ein, e, es u. der, die, das auszudrücken, und woke ist das allgemeine Wort für den Plural; doch wird das Letztere nicht immer gesetzt.

Herrn Carver's Wörterbuch wird in manchen Fällen nicht mit meinem Chippewayischen übereinstimmen; wenn man aber betrachtet, daß, ob er es schon ein chippewayisches Wörterbuch nennt, er doch S. 414 „die chippewayische, oder algonkinsche Sprache" sagt, und also offenbar beide für Eine Sprache hält, — so wird man sich dieß leicht erklären können. Was aber die Nützlichkeit dieser Sprache anlangt, so bestätigt er hierin meine Meinung vollkommen. Denn er merkt an, daß die chippewayische unter allen indianischen Sprachen die herrschendste zu seyn scheine.

Auch muß ich noch bemerken, daß die chippewayische Sprache, so wie sie von den Bedienten der Hudsonsbay-Kompagnie gesprochen wird, von der eigentlichen wol etwas, aber doch nicht wesentlich, abweicht, und die dortige, Haussprache (Home Guard Language) genannt wird.

Die irokesische oder mohawkische Sprache endlich wird ausschließlich von den Fünf und Sechs Nationen Indianer gesprochen, und ist beym Pelzhandel jenseit Michillimakinac nicht zu wissen nöthig; und wenn sie es wäre, so fehlt es nicht an zuverlässigen Schriften, die dieselbe hinlänglich lehren. Aus diesen Gründen habe ich von dieser Sprache bloß die Zahlen und einige wenige Wörter angegeben.

Alles, was ich voraus zu bemerken hatte, habe ich nun bemerkt, und ich brauche bloß den aufrichtigsten Wunsch noch hinzuzusetzen, daß ich doch der Welt durch meine Arbeit nützen, und der Leser alle Fehler, die er in dem folgenden Werke finden mag, gütig übersehen und daran denken möge, daß er nicht das Buch eines eigentlichen Reisebeschreibers, sondern nur solche Bemerkungen lies't, womit sich ein Handelsmann schmeichelt, daß sie dem Kaufmanne und dem Philosophen willkommen seyn werden.

Vorrede des Herausgebers.

Mehreren Lesern der hier übersetzten Reise nach Kanada, wird es nicht unangenehm seyn, daß ich sie durch eine ganz kurze Anzeige der Lage und des Werths dieses Landes in Stand setze, die Nachrichten des Herrn Long besser zu benutzen.

Kanada liegt in Ansehung der Breite zwischen den zwey und vierzigsten und zwey und funfzigsten Grade, und erstreckt sich der Länge nach, westlich von London gerechnet, von $63\frac{1}{2}$ Grad bis zum Mississipi, aber in Nordwest unbestimmt nach Westen oder doch wenigstens bis zum 95sten Grade, wo die Länder der Hudsonsbay wohl noch nicht hinreichend von Kanada getrennt sind. Herr Professor Leiste gibt in seiner schätzbaren Beschreibung des brittischen Amerika die Größe der Provinz Quebeck zu 5480, die von ganz Kanada aber, zu 35800 Quadrat-Meilen an, aber er setzt bloß den Mississippi zur Westgrenze. Im

Norden gränzt dieses große Land an das Gebiet der Hudsonsbay. Ich habe auf der hierbeykommenden Karte, die nördliche Grenze nach der im Utrechter Frieden bestimmten Linie hinzusetzen lassen, und bin darin der großen Mitchellschen Karte von Nordamerika gefolgt, da ich diese Linie nicht auf der von Pownall im American-Atlas antraf. Die südlichen Grenzen sieht man gleichfalls auf der Karte, vermöge einer andern Linie, die durch die vier Seen, nemlich den Ontario oder Katarakui, den Erie oder Oswego, den Huron und den Ober-See und von dort zum langen See (long Lake) und dann zum Holz-See fortläuft. Eben diese Linie zieht auch gegen Osten die Grenze zwischen der Provinz Quebek, den vereinigten freyen Staaten und Neu-Schottland. Von letzterm wird Kanada durch eine Bergkette abgeschnitten, die fast den obern weitern Theil des St. Lorenz-Flusses bis zum Ristiguche in der Chaleur-Bay parallel läuft. Aus dieser Angabe sieht man schon die bedeutende Größe dieses Landes. Der Werth desselben wird aber aus folgenden Ursachen viel wichtiger. Es gehört fast die Hälfte der vier benannten großen, fischreichen Seen (wovon der kleinste auf 500 Quadrat-Meilen beträgt) zu Kanada, dabey hat das Land mehrere nicht unbedeutende Flüsse, besonders aber den Ausfluß aller großen und vieler kleinen Seen von Nord-Amerika, nemlich der St. Lorenz-Fluß, hinter Montreal, Katarakui genannt. Diese ungeheure fließende Wassermasse ist an der Mündung gegen 90 Englische Meilen weit, und trägt auf 400 Meilen landeinwärts große Schiffe. Von hier an befährt man ihn mit kleinern Schiffen oder Böten, und hier findet sich eine Einrichtung, ein von Natur so sonderbar gebildeter Handelsweg, deßgleichen sich kein bekanntes Land der Erde rühmen kann. Nemlich nach dem Ontario geht nun der Pelzhändler zu allen übrigen großen Seen fort, bis zum langen See, der in den Ober-See sich einmündet, von dort zum Holz-See (wood Lake) dann zum Winepeg, zum Ceder- und Fichten-See, bis zum Pasquia-Fluß und Saskashawan. Ein ungeheurer Weg durch mehr als 40 Grade der Länge, und wegen der vielen Krümmungen sicher gegen 400 deutsche Meilen. Dieser Vortheil wird noch weit bedeutender, wenn man auf die in die Seen und in den St. Lorenzfluß selbst wieder sich ergießenden kleinern Flüsse Rücksicht nimmt, und besonders dadurch, daß die erwähnten großen Seen alle mit großen Jagden umgeben sind, woraus der eigentliche Werth von Kanada seinen Ursprung hat. Freylich werden diese Fahrten, vielleicht durch hundert unbequeme reißende Untiefen und Trageplätze (carrying places, portages) wo man das Boot ein Stück Weges forttragen muß, unterbrochen; allein dennoch bleibt dieser Handelsweg einzig in seiner Art, und wegen der vielen aller Orten vorkommenden Waaren, welche dadurch fortgebracht werden, unbezahlbar. Kanada ist nicht ohne Gebirge, denn es läuft nicht nur eine bedeutende Kette derselben zwischen dem Gebiete der Hudsonsbay unter dem Nahmen der Landeshöhe (land's height) bis zu den Moosemleks gegen den 112 Grad der Länge fort, sondern man findet, unter gleichem Nahmen, aneinanderhangende Erhabenheiten, die, wie schon gesagt, die Grenzen zwischen Neu-England und Kanada ausmachen. Ueberdieß laufen nicht nur einige Seitenzweige von diesen Gebirgen ins Land, sondern es sind auch einige Seen mit Gebirgen umgeben, z. B. der See Caribou; die nördliche Seite der Ober=See u. a.

In Ansehung des Mineral=Reichs dieses Landes hat Guettard es mit dem der Schweiz zu treffend gefunden mem. de l'Acad. d. Sc. de Paris 1752.) Außer Kupfer, Bley und Steinkohlen, welche man entdeckt hat, führt unser Long selbst bedeutende Eisenwerke unweit des St. Lorenz=Flusses an. Auch soll sich hin und wieder Silber gezeigt haben, welches auch das Bley schon vermuthen ließ. Höchst wahrscheinlich ists aber, daß man nach und nach viel wichtigere Entdeckungen machen wird, wenn das Land stärkere Bevölkerung erhält, die sich jetzt wohl kaum auf 140000 erstreckt.

So kalt dieß Land auch im Winter ist, (in Quebek steht das Thermometer oft 33 Reaum. Grade unter Null) so zeigt sich hier dennoch die Vegetation sehr reich und mannigfaltig. Für den Handel kommen hier die besten Bauhölzer vor, die aus den großen Waldungen in Menge zum Schiffbau und zu andern Noth=

wendigkeiten gezogen werden. Die Franzosen zogen jährlich für 150000 Liv. Holz daraus.

Bey weitem der größte Reichthum dieses Landes erwächst indeß aus dem Thierreiche. Unermeßliche Flächen, theils mit den schönsten Waldungen bedeckt, theils voll der herrlichsten Wiesen und Weiden, theils mit vielen Seen, kleinen Flüssen und Sümpfen bewässert, dabey von dünnen Horden der Wilden durchzogen, dienen den großen und kleinen Quadrupeden aller Art eben wie einer erstaunlichen Menge Wasservögel zur Wohnung, und die Gewässer selbst sind reich an Fischen. Letztere reichen dem europäischen Pelzhändler eben wie den Wilden häufig ihre Nahrung, aber die Jagden gewähren ihnen nicht nur Nahrung und Kleidung, sondern sie sind der Hauptgegenstand des ganzen Handels. Die so sehr gesuchten Produkte bestehen hauptsächlich in Thierfette und Fleisch, in Thierhäuten und in feinem Pelzwerke. Außer den gewöhnlich bekannten Thieren, als Elenn= und Rennthieren, Büffeln, Wölfen, Hirschen, Bären, wilden Katzen, Luchsen, Racoons, Bibern, Biberratzen, Mardern, Ottern u. s. w. gibt es es hier nicht nur einige Wieselarten, z. B. den Pekan, den Bison und das Fischerwiesel, die dem Zobel oft nichts nachgeben, sondern der Zobel kommt dort gleichfalls selbst vor.

Folgende richtige Angaben können beweisen, was Kanada in dieser Rücksicht für einen erstaunlichen Werth hat.

Im Jahr 1782 betrug das, aus dem öffentlichen Verkauf der kanadischen Pelzwerke in London gelösete Geld, 189000 Pf. Sterl., im Jahr 1783 165000 Pf. St., 1784 aber 201000 Pf. St. und 1785 gar 242000 Pf. St. *) oder fast anderthalb Millionen Thaler.

Im Jahr 1743 war die Einfuhr des Pelzwerks in Rochelle wie folget.

  127080 Biber
   16512 Bären
  110000 Racoons
   30328 Marder
   12428 Ottern und Fischerwifel
   1700 Minxe (kleinere Ottern)
   1220 wilde Katzen
   1267 Wölfe

---

*) Andersons History of the commerce of the british empire T. IV pag. 441, 521, 568, 599.

9 Wolverenen oder Vielfraße
10700 Füchse.

Entic gibt in seinem State of the britisch Empire T. IV. die Zahl der Peltereyen hiervon verschieden, im ganzen aber fast noch höher an, denn er setzt zwar nur 90000 Biber und 9000 Bären für ein gewöhnliches Jahr, allein dagegen fehlen hier gänzlich die Hirscharten. Vom Elenthier allein gibt er 24000 Stück an. Umfreville behauptet, daß die kanadischen Rauchhändler bloß von feinerem Pelzwerke 1000 Ballen, jeden zu 90 Pfund, erstehen.

Endlich hat Kanada eine sehr bedeutende Fischerey aller Art, welche vieles Fischbein, vielen Thran und Oel liefert. Man rechnet, daß der Kanadische Handel 60 Schiffe und über 1000 Seeleute erfordere.

Was die Importen von Großbrittannien nach Kanada anlangt, so setzt Herr Professor Sprengel diese in seiner schätzbaren Tafel über die Großbrittannischen Kolonien auf 300000 Pf. St.

Dieß wird hinreichend seyn, um einen kurzen Begriff von diesem großen Lande zu bekommen. Ich füge noch hinzu, daß bis jetzt nur drey eigentliche Städte dort sind, nämlich Quebeck die Hauptstadt von 12 bis 15000 Menschen, Mont=Real etwa 4 bis 5000 Seelen und Trois Rivieres zwischen beiden erstern. Die übrigen Plätze sind nur Forts, Schanzen, z. B. Niagra, Michillimakinak, oder Dörfer als Kanuaga, Loretto und sehr viele andere. Wirklich sind nur die Ufer des St. Lorenz=Flusses und der umliegenden Gegenden bis jetzt gut bebaut, weiter gegen Oswego oder gar noch tiefer nach Westen ist das Land, die Englischen Schanzen oder Posten abgerechnet, hauptsächlich durch die hin und herziehenden Wilden, vieler Stämme belebt. Herr Long gibt von mehrern derselben gute Nachrichten, und aus diesen sowohl als aus denen seiner Vorgänger ergibt sich, daß, obgleich diese Nationen hin und herziehen, so haben sich doch große Stämme nur gewisse Distrikte hierzu gewählt oder eigen gemacht, z. B. die Nipegons, besonders die Nord=Seite des Ober=Sees, vorzüglich zwischen dem Alemipegon und dem Stör=See; die Chippeways weiter in Westen und in Südwesten u. s. w. Freilich greift eine Nation bey größerem Anwachs des Volks weiter um sich als die andere.

Die hier gelieferte Uebersetzung wird hoffentlich, da sie fließend und getreu ist, eine gute Aufnahme erwarten können. Bey ihrer Durchsicht habe ich indeß nicht nur mehrere Druckfehler gefunden, sondern es sind mir noch einige Unrichtigkeiten entgangen; beides bitte vor dem Lesen des Buchs, nachstehenden Anweisungen gemäß zu berichtigen.

S. 69. Z. 3. Meerscheake, muß es heißen, Meermuschel; denn es ist die Venus mercenaria, woraus die Wilden diese Wampums, druckschen zusammenreihen.

S. 100. Z. 11 und S. 166 Z. 5 von unten, statt stark Wasser, lies, Rum.

S. 148. Z. 11. statt, gesichert hätten, und viel Pelzwerk besäßen; lies, gesichert hätten. Sie fragten, ob ich ihre Ballen bekommen hätte, und versicherten mich, daß sie eine gute Jagd gehabt hätten und viel Pelzwerk besäßen.

Inhalt.

Erste Reise.

Abreise von Gravesand. Ursprung des Namens Kanada. Vom St. Lorenzflusse, der Insel Orleans, dem Wasserfalle von Montmorenci; Montreal; Trois Rivières. Ankunft zu Montreal.   S. 3.

Beschreibung des Dorfes Cahnuaga oder Cocknawaga und seiner Einwohner, die seit einigen Jahren von den Mohawks getrennt sind.   S. 9.

Von den Indianern der Fünf und Sechs Nationen und unsern Schanzen Oswegatche, Carlton Eiland, Fort Oswego, Niagara, Detroit und Michillimakinac.   S. 12

Wie die Indianer ihre Feinde auskundschaften und skalpiren   S. 25.

Einige Nachricht von dem Charakter der Connecedaya-
ober Nondaxa-Indianer, mit Bemerkungen über
die Irokesen und die Cherokee-Nationen   S. 36.

Beschreibung der Indianischen Tänze.   S. 49.

Beschreibung des Obersees (Lake Superior) und der
Gebräuche bey einer Indianischen Adoption. Fort-
setzung der Reise über La Grande Côte de la
Roche und die Seen Alemipigon, Eturgeon und
La Mort. Beschreibung ihrer Spiele.   S. 63.

Niederlassung am See La Mort, nebst den Unternehmungen einer Handelsparthie. Der Verf. hin-
tertreibt das Vorhaben, einen Englischen Rauchhändler zu plündern, glücklich. — Grausamkeiten
und Standhaftigkeit der Indianer.   S. 80.

Der Indianer Methode in den Krieg zu ziehen. Von
den Seen Manontope, Redk., Le Sel, Renn-
thiersee, Caribou, Aibitibis, Krähennest-See
und dem See der zwey Schwestern.   S. 113.

Fernere Begebenheiten des Verfassers mit den Indianern; ihr Aberglaube, ihre Eifersucht. Vom großen, weißen Bär und dem Büffel. Die Tragebun. Treffen unter zwey Nationen der Indianer. Eine Indianische Kur. Landung im Pays Plat. Der Verf. liefert sein eingetauschtes Pelzwerk an seine Prinzipale ab, und bekömmt wieder neue Waaren. Einige Bemerkungen über die Beschwerlichkeit einer solchen Lebensart. S. 126.

Zweyte Reise.

Ferneres Ueberwintern unter den Nipegon-Indianern; Vorhaben eines Indianers, uns zu plündern; unglücklicher Zufall, der einem Indianischen Oberhaupte begegnet; — mit genauer Noth entgehe ich der Gefahr von einem Landstreicher ermordet zu werden; Ermordung des Joseph La Forme, eines Rauchhändlers S. 155.

Wir gerathen aus Mangel an Lebensmitteln in große Noth; — werden durch die glückliche Ankunft einiger Indianer gerettet. — Erzählung einer der abscheulichsten Thaten eines gewissen Janvier, der bey Herrn Fulton, einem Rauchhändler, in Diensten steht. Herr Fulton bringt ihn zum Geständniß, und bestraft ihn, wie er es verdient hat. Besuch eines Rauchhändlers von der Hudsonsbay-Kompagnie. Einige Bemerkungen, diesen Handel und das Betragen der Kompagnie gegen ihre Bediente betreffend. S. 175.

Ankunft noch mehrerer Indianer. — Der Rum fängt an zu mangeln; wir befolgen die gewöhnliche Methode, den Vorrath davon zu vergrößern, und werden dadurch in den Stand gesetzt, unsern Handel zu beschließen. — Abschied von den Indianern und Fortsetzung unsrer Reise nach Hause. — Beschreibung einer Indianischen Brautwerberey. — Sklavenleben der Frauen. — Bemerkungen über die Zuversicht, die die Indianer in den Herrn des Lebens setzen. S. 199.

Dritte Reise.

Längerer Aufenthalt zu Chippeway-Point. — Eine wunderbare Begebenheit, wodurch sich der Verf. beynahe die Ungnade des kommandirenden Offiziers zuzieht. — Glückliche Flucht des Herrn Ramsey, eines Kaufmanns. — Der Verf. übernimmt es, eine Menge Waaren vom Mississippi nach Michillimakinac zu geleiten, und führt es glücklich aus. — Rückreise nach Montreal, und von da nach Quebeck. Hier bekömmt er einen neuen Prinzipal. S. 210.

Abreise von Quebeck. — Beschreibung der Loretto-Indianer. — Einige Bemerkungen, über die Bemerkung, daß die amerikanischen Indianer keine Bärte hätten. — Das quebeksche Paketboot, der Merkur, wird für einen amerikanischen Kaper angesehen. — Beschreibung verschiedner Arten von Schlangen. — Fortsetzung der Reise und Ankunft im Winterquartiere. — Der Handel wird mit gutem Erfolge geführt. — Rückkehr nach Quebeck. S. 229.

Reise nach Fort George. — Merkwürdiges Beyspiel von dem Muthe eines Mohawk-Indianers. — Rückkehr nach England. Uebernehmung eines neuen Geschäfts und Zurückkunft nach Kanada mit Kaufmannswaaren zum Handel mit den Indianern.   S. 243.

Wörterbuch   S. 271.

Long's Reisen.

A

Schon in meiner Jugend machte ich mich anheischig, als bestallter Schreiber nach Nordamerika zu gehen. Am 10ten Aprill 1768 verließ ich Gravesand und ging an Bord des Schiffes Canada, das unterm Kapitain Smith nach Quebek und Montreal bestimmt war. Wir hatten eine angenehme Reise, bis wir die Küste von Amerika erreichten. Nun wurde das Wetter ungünstig, und wir mußten auf Neufoundland zusteuern, wo wir vierzehn Tage liegen blieben. Hier fiel weiter nichts Merkwürdiges vor, als daß von einigen, die, um zu jagen, ans Ufer gingen, ein gewisser Jordan, der nach Montreal gehen wollte, wegen zu großer Ermattung in den Wäldern zurückblieb. Die übrigen kehrten den Abend an Bord zurück, und erwarteten ängstlich ihren Gefährten. Da wir aber nach vier sorgenvollen Tagen nicht im Stande waren, das geringste von ihm zu erfahren, so gaben wir alle Hoffnung auf, ihn je wieder zu sehn, und vermutheten wegen des tiefen Schnees und der vielen wilden Thiere, daß er entweder todtgefroren oder von Thieren zerrissen sey. Gerade als der Kapitain absegeln wollte, kam ein Indianer zu uns an Bord. Wir suchten ihm unser Unglück zu erkennen zu geben; er schien uns zu verstehn, und deutete durch Zeichen an, daß er ihn aufsuchen wollte. Zur Aufmunterung gaben wir ihm Rum, und er stieg in sein Kanoe und fuhr ans Ufer. Der Kapitain schob auf einige Zeit aus Menschlichkeit die Abreise auf; allein da der Indianer nicht zurückkehrte, verließen wir Newfoundland, und nach einer langwierigen Fahrt von beynahe eilf Wochen kamen wir zu Quebek, der Hauptstadt von Kanada, an.

Als die Spanier, die zuerst diese nördliche Gegend entdeckten, vor dem ehemaligen Kap Rosiers an der Mündung des St. Lorenzflusses vorbeysegelten, waren die Gebirge, welche jetzt die Gebirge Notre Dame heißen, mit Schnee bedeckt. Eine solche Aussicht im Sommer brachte ihnen eine sehr ungünstige Meinung von dieser Gegend bey; und die Vermuthung, daß das Land zu unfruchtbar sey, um ihre gegenwärtigen Arbeiten zu belohnen, oder ihnen künftige Vortheile zu gewähren, schreckte sie ab, den Fluß hinaufzufahren. Eben dieß war die Ursache, warum sie es Capo di Nada oder Kap Nichts nannten, unter welchem Namen sie

Ich war noch sehr jung, als ich mich verpflichtete, als in Sold stehender Schreiber nach Nordamerika zu gehen. Am 10ten Aprill 1768 verließ ich Gravesand und ging an Bord des Schiffes Canada, das unterm Kapitain Smith nach Quebek und Montreal bestimmt war. Wir hatten eine angenehme Reise, bis wir die Küste von Amerika erreichten. Nun wurde das Wetter ungünstig, und wir mußten auf Newfoundland zusteuern, wo wir vierzehn Tage liegen blieben. Hier fiel weiter nichts Merkwürdiges vor, als daß von einigen, die, um zu jagen, ans Ufer gingen, ein gewisser Jordan, der nach Montreal gehen wollte, wegen zu großer Ermattung in den Wäldern zurückblieb. Die übrigen kehrten den Abend an Bord zurück, und erwarteten ängstlich ihren Gefährten. Da wir aber nach vier sorgenvollen Tagen nicht im Stande varen das geringste von ihm zu erfahren, so gaten wir alle Hoffnung auf, ihn je wieder zu sehn, und vermu=

theten wegen des tiefen Schnees und der vielen wilden Thiere, daß er entweder todtgefroren oder von Thieren zerrissen sey. Gerade als der Kapitain absegeln wollte, kam ein Indianer zu uns an Bord. Wir suchten ihm unser Unglück zu erkennen zu geben; er schien uns zu verstehn, und deutete durch Zeichen an, daß er ihn aufsuchen wollte. Zur Aufmunterung gaben wir ihm Rum, und er stieg in sein Kanoe und fuhr ans Ufer. Der Kapitain schob auf einige Zeit aus Menschlichkeit die Abreise auf; allein da der Indianer nicht zurückkehrte, verließen wir Newfoundland, und nach einer langwierigen Fahrt von beynahe eilf Wochen kamen wir zu Quebek, der Hauptstadt von Kanada, an.

Als die Spanier, die zuerst diese nördliche Gegend entdeckten, vor den ehemaligen Kap Rosiers an der Mündung des St. Lorenzflusses vorbeysegelten, waren die Gebirge, welche jetzt die Gebirge Notre Dame heißen, mit Schnee bedeckt. Eine solche Aussicht im Sommer brachte ihnen eine sehr ungünstige Meinung von dieser Gegend bey; und die Vermuthung, daß das Land zu unfruchtbar sey, um ihre gegenwärtigen Arbeiten zu belohnen, oder ihnen künftige Vortheile zu gewähren, schreckte sie ab, den Fluß hinaufzufahren. Eben dieß war die Ursach, warum sie es Capo di Nada oder Kap Nichts nannten, unter welchem Namen sie es auf ihren Charten niederlegten, und wovon durch eine verdorbene Aussprache der gegenwärtige Name Kanada herkömmt.

Der St. Lorenzfluß entspringt aus dem See Nipissin, nordöstlich vom Obern See, (Lake Superior) ungefähr 2000 (englische) Meilen von Quebek. Die Breite desselben beträgt am Ausflusse 90 Meilen, und ist 500 Meilen ins Land hinein schiffbar.

Die Insel Orleans, welche in einer geringen Entfernung von der Stadt liegt, ist ein schöner Fleck Landes, ungefähr 20 Meilen lang und sechs Meilen breit. Die Fruchtbarkeit des Bodens macht sie zu einem nützlichen und schätzbaren Garten, der die Hauptstadt mit Pflanzen und Korn in Ueberfluß versieht. Auch das gegenüberliegende Dorf Beauport reizt das Auge und erhöht diese reiche, romantische und prachtvolle Szene gar sehr.

Der Wasserfall von Montmorenci zog vorzüglich meine Aufmerksamkeit auf sich, weil dieß vielleicht die schönste natürliche Kaskade in der Welt ist; und ob man schon ihre Höhe und Breite, wenn es auf schaudernde Größe ankömmt, nicht mit dem ungeheuern Wasserfalle von Niagara vergleichen darf, so ist sie doch bewundernswürdig genug, um die Macht des großen Baumeisters des Weltalls zu zeigen, und ihre Wirkungen sind auch weit angenehmer, als beym letztern; denn sie erregt Bewunderung und Vergnügen im höchsten Grade, ohne zugleich den Zuschauer durch fürchterliche Vorstellungen schwindeln zu machen.

Weil unser Schiff sowohl nach Montreal, als nach Quebek bestimmt war, und ich unter der Aufsicht des Kapitains stand, so durfte ich nicht ans Ufer zu dem letztern Orte gehen. Allein in wenigen Tagen gelangten wir zu meiner größten Freude zu Montreal, unserm letzten Bestimmungsorte, an.

Montreal, sonst Ville Marie genannt, hat jetzt nichts Merkwürdiges. Ehemals war es wegen einer großen Messe berühmt, die beynahe drey Monate dauerte, und von Indianern besucht wurde, die viele hundert Meilen weit her kamen, um ihr Pelzwerk gegen englische Waaren zu vertauschen. Hier erhielten wir die angenehme Nachricht, daß H. Jordan zwey Tage nach unserer Abreise von Newfoundland in den Waldungen gefunden sey, allein mit Verlust seiner Füße, die ihm bey der schrecklichen Kälte erfroren waren. Er ging darauf auf einem Schiffe nach Trois Rivieres, wo er sich in einer Eisengießerey niederließ.

Trois Rivieres hat seinen Namen von der Vereinigung dreyer Flüsse, die sich in den St. Lorenzfluß ergießen. Ungefähr eine Meile (league) von der Stadt ist eine Eisengießerey, die von Privatperſonen im Jahre 1739 angelegt und nachher dem Könige abgetreten wurde. Anfangs goß man hier bloß Kanonen und Mörſer, aber jetzt werden hier vorzüglich Oefen und Keſſel verfertigt. Das Erz wird nicht weit von den Werkſtäten gegraben. Von der Gießerey geht ein Fluß hinab in den Lorenzfluß. Dieß ſetzt die Eigenthümer in den Stand, ihre Waaren in ſehr kurzer Zeit auf Böten in der ganzen Gegend umher ſehr wohlfeil zu verſenden.

Dieſe Stadt, die auf der Hälfte des Weges zwiſchen Quebek und Montreal liegt, trieb ſonſt einen ſehr beträchtlichen Handel mit Pelzwerk, und war der zweyte Markt im Lande. Allein nach und nach zogen die Einwohner von Montreal faſt den ganzen Pelzhandel an ſich; und wenn gleich die Einwohner von Trois Rivieres von ihrem Handel mit den Wilden und von Verfertigung birkener Kanoes leben, ſo hat doch die Stadt ihren ehemaligen Reiz und ihre Wichtigkeit verloren. Indeß hält ſie die Eiſengießerey einigermaßen ſchadlos, und ſie leben im Ganzen ſo glücklich, wie irgend ein Volk in Kanada. Die Einwohner von Trois Rivieres wurden ſonſt ſehr von Flöhen gequält, welche in großen Mengen umher ſchwärmten, und die, wie der Baron von Lahontan ſehr launig bemerkt, eine unbequeme Lebhaftigkeit in Geſellſchaften veranlaßte.

Bey meiner Ankunft zu Montreal wurde ich einem sehr würdigen Kaufmanne anvertraut, um den Indianischen Handel zu lernen, welchem die Stadt ihre vorzüglichste Nahrung verdankt. Ich machte mich bald mit den Namen jedes Handelsartikels in der Irokesischen und Französischen Sprache bekannt und da ich für die Wilden sehr eingenommen war, so nahm ich mit jedem Tage zum Vergnügen meines Prinzipals in ihrer Sprache zu. Er war mit meinem Fleiße sehr zufrieden, und wünschte, daß ich mich ganz in der Sprache der Mohawks vervollkommnen möchte, um mich in seiner Abwesenheit zum Handel mit den Indianern zu gebrauchen. Er sandte mich nach einem Dorfe, welches Cahnuaga oder Cocknawaga heißt, ungefähr neun Meilen von Montreal an dem südlichen Ufer des Lorenzflusses. Hier hielt ich mich bey einem Oberhaupte, das sich Assenegethter nannte, auf, bis ich hinlänglich in der Sprache unterrichtet war. Darauf kehrte ich wieder zurück, um mich im Französischen zu vervollkommnen. Diese Sprache wird nicht allein durchgehends in Kanada gesprochen, sondern ist auch durchaus zu der Handlungsverbindung mit den Eingebornen nothwendig. Ohne sie würde man keinen Umgang mit den angesehensten Familien, welche gewöhnlich die Englische Sprache nicht verstehen, haben können.

Beschreibung des Dorfes Cahnuaga oder Cocknawaga und seiner Einwohner, die seit einigen Jahren von den Mohawks getrennt sind.

Die Wilden dieser Nation, welche die betenden Indianer heißen, weil ihre Oberhäupter Krucifixe tragen, mit ihren Rosenkränzen durch die Straßen von Montreal gehen, und um Allmosen betteln, sind seit langer Zeit von den Mohawk= und Fluß= Indianern getrennt, und schon lange nach ihrer Trennung wird zwischen Albany und Montreal ein verbotener Handel getrieben. Das Dorf enthält etwa zweyhundert Häuser, die zwar vorzüglich von Stein gebauet sind, aber doch ein häßliches Ansehn haben. Die Zahl der Einwohner beläuft sich auf achthundert, und nimmt beständig zu, was der allgemeinen Bemerkung über die Bevölkerung der Indianer ganz entgegen ist. Man hält es für das ansehnlichste Indianische Dorf, und seine Einwoh= ner sind in einem hohen Grade verfeinert und in= dustriös. Sie säen Korn und leben nicht bloß von der Jagd, wie die andern Nationen. Uebrigens aber sind sie keine Freunde von beschwerlichen Ar=

beiten, weil sie glauben, daß sich dieß nur für weniger freye Menschen schicke, und eben so sehr von ihrer ursprünglichen Tapferkeit und Unabhängigkeit entfernt sey, als der Begriff Sklaverey mit jedem häuslichen Geschäfte in Verbindung stehe. Ihre Jagdreviere liegen innerhalb der vereinigten Staaten in einer ziemlichen Entfernung von ihrem Dorfe um Fort George, Ticonderago und Crown Point herum, wo sie Biber und Hirsche erlegen, aber nicht in einem solchen Ueberflusse, als sonst, weil das Land jetzt besser bewohnt ist, und das Wild daher entferntere und sicherere Oerter suchen muß. Die Häute, welche sie davon erhalten, werden gewöhnlich nach Montreal gebracht, und entweder für Geld verkauft, oder gegen Waaren umgesetzt. Es ist sehr wahrscheinlich, daß man in einigen Jahren nur wenige gute Jäger unter ihnen finden wird, weil sie einen ganz ausschweifenden Hang zum theuersten Putze haben. Ihre Neigung zum Luxus, die durch die Ländereyen, die sie an die Kanadier verpachten, nur noch vermehrt wird, trägt sehr dazu bey, sie noch träger zu machen, und so wie ihre Eitelkeit zunimmt, wird auch ihre Gemächlichkeit und Trägheit immer mehr begünstigt, so daß man befürchten muß, daß sie die Jagd ganz aufgeben. Ihre Religion ist die katholische, und sie haben einen Französischen Prediger, oder wie die Chippeway-Indier ihn nennen: den **Mann Gottes** oder den **Mann des Herrn des Lebens**, (The Master of Life's Man) der sie unterrichtet und in Jrokesischer Sprache den Gottesdienst hält. Ihre Andacht rührte mich zu sehr, als daß ich ihrer nicht erwähnen sollte. Ihre Prediger verdienen sehr viel Achtung, weil sie durch unermüdeten Fleiß, und durch ihr exemplarisches Leben und ihren Umgang eine wilde Menschenrace vom Heidenthume zum Christenthume bekehrt haben, und durch ihren rechtschaffnen Wandel noch immer ihre Religion und sich selbst in der Achtung ihrer Bekehrten erhalten. Ein nachahmungswürdiges Beyspiel, und ein Beweis, daß die Natur in dem ausgeartetsten Zustande von solchen Männern wieder zurückgebracht werden könne, die aufrichtig in ihrem Bemühen, sanft in ihren Sitten und in ihrem Betragen sich beständig gleich sind. Es ist auch zu erwarten und gewiß sehr zu wünschen, daß ihr wilder Geist mit der Zeit wirklich besiegt, ihre natürliche Heftigkeit gemildert und sanfter gemacht, und ihre Seele von ihrer unglücklichen Neigung zu hitzigen Getränken, und von der Weichlichkeit, die häufig von den traurigsten und unglücklichsten Folgen begleitet wird, entwöhnt werde.

Von den
Indianern der Fünf und Sechs Nationen.

Ich will jetzt eine besondere Beschreibung von den Indianern der Fünf und Sechs Nationen geben und die Gründe untersuchen, warum sie so genannt werden. Dieß wird den Leser in den Stand setzen, sich einen Begriff sowohl von ihrer Wichtigkeit in politischer Hinsicht als auch ihrem Einfluß in Ansehung des Pelzhandels zu machen. Denn die benachbarten Amerikanischen Territorien von Georgia bis nach Neu-England machten die vereinigten Staaten wegen ihrer Lage sehr wichtig und furchtbarer, als selbst die Franzosen bey ihrer höchsten Macht in Amerika waren. Die Neigung der Wilden zu den Franzosen war, wie allgemein bekannt, so groß, daß sie sie Väter nannten. Auch herrscht bey ihnen noch selbst bis auf diesen Tag eine gewisse Vorliebe für die Kaufleute von Französischem Ursprunge, die sich unter ihnen niederlassen.

Als sich im Jahre 1603 die Franzosen in Kanada niederließen, wohnte ein Theil von den Fünf Nationen auf der Insel Montreal und führte mit den Adirondacks Krieg, welche an dem Uttawa oder dem großen Flusse, der nach Michillimakinac führt, lebten. Diese sahen die Fünf Nationen als sehr unbedeutende Gegner an, die keine ernsthafte Rache verdienten; und man spottete ihrer eben wie der Delawaren, die gewöhnlich alte Weiber genannt wurden, oder wie der Schawanees, die an dem Wabachflusse wohnten und zur Verachtung wegen ihres Mangels an Muth, und zum Zeichen ihrer niedrigen und feigen Denkungsart Weiberröcke tragen mußten. Allein da kein Volk es dulden kann, daß man ihm Feigheit als Nationalcharakter vorwirft, so beschlossen die Oberhäupter ihre junge Mannschaft aus der Unthätigkeit zu erwecken und sie zur Wiederherstellung ihres guten Rufs aufzumuntern. Sie flößten ihnen daher heroische Gesinnungen ein, führten sie zum Kriege gegen die Satanas oder Schaounons an, welche sie sehr leicht unterjochten. Dieser glückliche Erfolg belebte sie mit neuem Muthe, sie vergaßen wie oft sie von den Abirondacks geschlagen waren und fingen Feindseligkeiten gegen sie an. Sie benutzten die schlechte Meinung, welche ihre Feinde von ihrer Tapferkeit hatten, und gewannen in verschiedenen Treffen den Sieg. Zuletzt bekriegten sie sie sogar mit glücklichem Erfolge in ihrem eignen Lande, zwangen ihre ehemaligen Besitzer, ihr Vaterland zu verlassen und nach der Gegend zu fliehen, wo jetzt Quebek liegt.

Bald nachher, als die Franzosen ankamen und sich zu Quebek niedergelassen hatten, schlossen sie mit den Adirondacks eine Allianz gegen die Fünf Nationen. Die erste Unternehmung entschied zum Vortheile der Adirondacks, welches sie bloß dem Gebrauche der Feuerwaffen verdankten, die ihre neue Alliirte unter ihnen eingeführt hatten, und die die Indianer der Fünf Nationen vorher gar nicht kannten. Diese Allianz und der daraus erfolgte Sieg unterjochte nicht nur die Fünf Nationen nicht, sondern schlug auch ihren Muth so wenig nieder, daß sie nur noch heftiger dadurch angefeuert wurden; und was ihnen an Kriegskunst und gehörigen Waffen fehlte, ersetzten sie durch List und Muth. Die Franzosen erlangten zwar in einer Zeit von mehr als funfzehn Jahren verschiedene Vortheile über sie; allein zuletzt waren sie froh, den Krieg durch einen glücklichen Friedensschluß zu endigen.

Dieß beweiset, daß die Wilden der Fünf Nationen nicht leicht zu besiegen sind, und zeigt die Nothwendigkeit, sie so lange aus Politik in unser Interesse zu verwickeln, als wir im Besitze von Kanada zu bleiben wünschen. Nichts führt gewiß besser zu diesem Zwecke, als wenn wir die Macht in Händen behalten, sie zu beschützen und in Gefahren mit Waffen, Ammunition und andern Bedürfnissen zu versehen.

Die Indianer, welche von Philadelphia nach Norden zu, zwischen den Provinzen von Pensilvanien wohnen, bestehn aus drey verschiedenen Kantons, wovon die Senekas, die Mohawks und die Onoedagoes, welche die Väter heißen, den ersten ausmachen; die Oneidoes, Cayugas, Tuscororas, Conoys und Nanticókes, welche ein Stamm sind, machen den zweyten aus, und diese beyden Kantons heißen die Sechs Nationen. Der dritte verbündete Kanton besteht aus den Wanamis, Chihokakis oder Delawares, den Mawhiccons, Munseys und Wapingers, wozu man noch die Mingoes rechnen kann. Die Cowetas oder Bucht-Indianer (creek indians) sind auch durch Freundschaft mit ihnen vereinigt.

Die Nationen, welche einen verbündeten Kanton ausmachen, wie die vereinigten Provinzen von Holland, sind H. Colden zufolge, unter den Namen Mohawks, Oneydoes, Onondagoes, Cayugas und Senekas bekannt. Jede von diesen Nationen, sagt er, ist wieder in drey Stämme oder Familien abgetheilt, welche sich durch die Namen die Schildkröte, der Bär und der Wolf unterscheiden. Auch bemerkt H. Colden, die Tuscororas wären nach dem Kriege mit den Völkern von Carolina zu den fünf Nationen geflohen und hätten sich ihnen einverleibt, so daß sie jetzt wirklich aus Sechs Nationen bestünden, ob sie schon noch immer den Namen der Fünf Nationen beybehielten. Diese Vereinigung ist so alt, daß man wenig oder gar keine Spuren von ihrem Ursprunge findet.

Der Baron Lahontan bemerkt, daß die Iroкesen wirklich nur eine in fünf Distrikte abgetheilte Nation ausmachen, die er auf folgende Art unterscheidet: Die Tsonontouans, die Goyogans, die Onontagues, die Oneyouts und die Agnies, welche alle ungefähr dreyßig Meilen (leagues) von einander unweit des großen Sees Frontenac, jetzt Ontario genannt, wohnen.

Die Mohawks oder Mayuas sind die kriegerischsten unter den Fünf Nationen, und bestehen aus beynahe siebenhundert Kriegern. Sie wurden von den Franzosen Agnies oder Annies genannt und wohnten ursprünglich an dem Französischen oder großen Flusse, der nach Michillimakinak führt. Von da begaben sie sich nachher zum Mohawk-Fluß, nahe bey Schenectady, ungefähr sechszehn Meilen von Albany in dem Staate Neu-York. Seit dem Kriege im Jahre 1757 haben sie sich getrennt, und ein Theil der Nation hat sich an dem großen Flusse unweit Niagara, und die übrigen an der Rückseite der Bay Quenty oder Kenty ungefähr acht und vierzig Meilen über Cateraqui, der Hauptstadt der

loyali=

loyalistischen Etablissements am Lorenzflusse, nie=
dergelassen.

Cateraqui oder Fort Frontenac, liegt
unweit der Gegend, wo der Lorenzfluß aus dem
See Ontario kömmt. Es wurde von dem Graf
von Frontenac, dem Generalgouverneur von
Kanada, angelegt, um die Einfälle der Jrokesen
abzuhalten, und dem Pelzhandel, den dieß Volk
mit den Einwohnern von Neu=York trieb, eine an=
dere Richtung zu geben, denn sie vertauschten das
Pelzwerk mit den Wilden gegen Waaren zu einem
weit wohlfeilern Preise, als wofür die Franzosen es
geben konnten.

Dieß Fort wurde zuerst von Holz und Torf ge=
bauet und mit Pallisaden umgeben; allein während
der Mission des Pater Hennepin wurde es unter der
Direktion des Ritter de la Salle von Steinen auf=
geführt und zu einem Umfange von mehr als sieben=
hundert Yards erweitert. Das Bassin, worin es
liegt, kann eine Menge Schiffe von beträchtlichen
Lasten tragen. Jetzt steht eine kleine Garnison darin,
und ein Kommandant, der alle Böte untersucht,
die entweder zu den neuen Etablissements oder den
obern Posten wollen.

Die Oneidoes oder Oneyouts, die Onon=
dagoes, Cayugas, Senekas oder Tsono=
touans und die Tuscororas, welche unter den

B

Oneidoes und Onondagoes leben, wohnen ungefähr dreyßig Leagues auseinander, und keine von diesen Nationen über 250 engl. Meilen von dem Mohawk-Flusse. Sie drucken alle den Frieden durch die Metapher eines Baumes aus, dessen Spitze, wie sie sagen, bis an die Sonne reichen wird, und dessen Zweige sich weit ausbreiten werden, nicht nur, damit man sie in einer großen Entfernung sehen, sondern auch unter ihnen Schutz und Ruhe genießen könnte.

Die Fünf Nationen nehmen die ganze Gegend auf der Südseite des Lorenzflusses bis zum Osio, und unterm Osio bis zum Mabache ein, welcher westwärts von Pensylvanien, unweit der Gränze von Virginien liegt; auf der Westseite die Gegend bis zu den Seen Ontario und Erie und dem Flusse Miamis und den östlichen Gränzen des Sees Champlein und der Vereinigten Staaten.

Die Festigkeit dieses verbündeten Kantons, die große Strecke Land, die er einnimmt, die Menge großer Krieger, die er hervorbringt und der unerschrockene Muth und die Geschicklichkeit, welche die Glieder desselben in ihren Kriegen mit den Wilden und Europäern unterscheiden, zeigen alle, wie sehr vortheilhaft eine Allianz mit ihnen sey, weil ohne Zweifel die Posten, im Fall es zu einer Streitigkeit mit den Amerikanern käme, ohne ihre Hülfe nur schwachen Widerstand thun könnten; und ohne Forts würde der Pelzhandel für diese Gegend bald verloren gehen.

Ich will nun die Lage und den Nutzen dieser Festungswerke in Hinsicht auf den Handel untersuchen und mich bemühen, das Recht darzuthun, das man hat, die Posten in Besitz zu behalten, ungeachtet es vermöge des Friedenstraktats mit den Vereinigten Staaten ausgemacht war, sie aufzugeben. Indeß ist es in der That nicht wahrscheinlich, daß die Amerikaner im Stande seyn werden, auf ihrer Seite den Traktat zu vollziehen, so daß es sie berechtigt, eine billige Forderung zu thun — ich meyne eine solche Forderung, die die Regierung durchaus zulassen muß.

Der erste Posten, den ich anführen will, ist Oswegatche am Lorenzflusse, ungefähr 150 Meilen über Montreal, an der Mündung des Schwarzflusses (Black River), wo ungefähr hundert Wilde sind, welche es gelegentlich besuchen und Oswegatche-Indianer heißen, ob sie gleich zu den Stämmen der Fünf Nationen gehören. Nach diesem Fort können die Einwohner von Neu-England sehr bequem ihre Waaren transportiren, welche sie an die Mohawks, Cahnuagas, Connecedagas, St. Regis- und einige umherstreifende Messesawger-Indianer, welche nahe bey Detroit wohnen, um einen weit geringern Preis verkaufen, als sie sie von den Kaufleuten in Quebek oder Montreal erlangen können. Vorzüglich aber bringen sie Rum, der jetzt bey jeder Verhandlung mit den Wilden ein wesentliches Bedürfniß geworden ist. Denn ob sie gleich sonst oft über die starken Getränke, welche die Kaufleute zum Nachtheil der jungen Leute einführten, klagten, wie dieß aus den Reden ihrer Oberhäupter in der Versammlung erhellt, so haben sie doch jetzt nicht den Muth, den Gebrauch des Rums zu verhüten. Er ist ihnen im Gegentheil so angenehm und nothwendig geworden, daß man einen Rausch als ein unentbehrliches Bedürfniß bey einem Handel ansieht und mit Vergnügen befördert.

Carlton Eiland liegt höher den Fluß hinauf, und hat größere Bequemlichkeiten als Oswegatche, denn es ist mit einem vortrefflichen Hafen und einer starken gut besetzten Festung versehen. Man hat hier sehr gute Schiffsgeräthschaften, und es kann als das Schiffsvorrathshaus angesehen werden, das Niagara und die übrigen Posten versieht. Es gibt Schiffe von beträchtlicher Größe, die von da nach Niagara, Oswega ꝛc. segeln. Auch ist daselbst ein Kommodor der Seen, der auf dem Eilande residirt.

Fort Oswego, am See Ontario, sonst Frontenac genannt, ist eine gute Festung, und kann sechshundert Mann fassen. Dieser Posten ist vorzüglich wichtig, weil es der Schlüssel zu den Vereinigten Staaten ist und von ihm die Oeffnung zu dem Nord- oder Hudsonsflusse abhängt. Es schützt den Handel mit den Indianern, welche am Ufer des Lorenzflusses wohnen, wie auch die ganze große Wasserfläche, an welcher es steht und die ungefähr 80 Leagues lang und an einigen Stellen 25 bis 30 breit ist.

Als die Engländer noch im Besitze der Kolonien waren, hatte Albany die Herrschaft über den Handel mit den Indianern; und es ist sehr bekannt, daß kein Ort in Amerika eine solche Menge Pelze und Häute lieferte, sogar die Hudsons-Bay-Etablissements nicht, deren Handel bey weitem dem hiesigen nachstand. Diese Pelze und Häute kamen aus Kanada und wurden von den Indianern nach Fort Oswego gebracht, die sie den Agenten, welche von den Kaufleuten zu Albany dahin gesandt wurden, überlieferten. Ueberdieß können die Indianischen Güter wohlfeil und mit weniger Gefahr von Albany nach Fort Oswego transportirt werden, als von Montreal nach den neuen Niederlassungen zu Cataraqui und dem Anfange der Bay Kenty, weil der Strom des Mohawsflusses nicht so stark ist, als der des Cataraquiflusses zwischen dem See und Montreal, und auch nicht so viele Wasserfälle hat.

Fort Niagara, worin eine gute Garnison steht, liegt an demselben See. Dieser See entspringt aus dem See Erie, und nach einem Laufe von funfzehn Leagues ergießt er sich in den See Ontario. Ungefähr vier Leagues ehe er in den See tritt, wird er durch den großen, von verschiedenen Schriftstellern erwähnten Fall unterbrochen. Diese haben alle in Ansehung seiner Höhe eine verschiedene Meinung. Allein zufolge der glaubwürdigsten Nachrichten und meiner eigenen Beobachtungen stimme ich dem Urtheile des Kapitain Pierie bey, der ihn wirklich geometrisch bestimmte und die Höhe zu hundert und sechs und vierzig, und die Breite zu tausend und vierzig Fuß angibt. Dieß beweiset, daß die Beschreibungen des Pater Hennepin und des La Salle irrig waren, da beyde einstimmig seine perpendikuläre Höhe auf sechshundert Fuß rechnen. Fort Niagara liegt ungefähr zwey hundert und achtzig Meilen vom Fort Stanwix. Man muß durch das Land Jenesee reisen, welches ich in acht Tagen mit großer Bequemlichkeit that. Dieser Posten ist daher von der größten Wichtigkeit, um die Indianer, die mit Großbrittannien im Bündnisse stehn, zu schützen und den großen und ungetheilten Vortheil ihres Handels zu sichern.

Detroit hat seinen Namen daher erhalten, weil es eine Straße zwischen dem See Erie und dem See Huron ist, und den Handel vom Ohio, Jlinois, Mississipi und den obern Seen kommandirt. Dieser Posten wird von den Uttawas, Miamis, Ohio, Mississipi, Delaware und Tuscorora Indianern und überdieß noch von den Messesawgas besucht.

Diese fünf Posten liegen hinter den drey Staaten von Neu-England, Neu-York und Pensylvanien, nicht weit von den Etablissements der Loyalisten.

Der letzte Posten ist Michillimakinak. Er liegt zwischen dem Huron- und Michigan-See auf einer Erdzunge, die ungefähr hundert und dreyßig Leagues lang und zwey und zwanzig breit, und die letzte Festung gegen Nordwesten ist. Diese Landspitze liegt an der nördlichen Seite der Straßen, durch welche sich der Hinois- oder Michigan-See, der dreyhundert Leagues im Umfange hat, in den See Huron, der von gleicher Größe ist, ergießt. Die Straße ist ungefähr drey Leagues lang und eine breit, und eine halbe League von der Mündung des Hinois entfernt.

Dieß ist vielleicht für das Handels-Interesse dieses Landes die wichtigste unter allen Gränzfestungen, weil sie allen Handel der Indianer von dem obern Lande von der Hudsons-Bay bis zu dem Superior-See unterbricht und die verschiedenen Stämme der

Wilden schützt, die sich beständig, um von dem kommandirenden Offizier Geschenke zu erhalten, daselbst versammeln. Auch deßwegen ist sie sehr wichtig, weil die Kaufleute, die nach Nordwesten gehen, von hier nach dem großen Trageplaße reisen. Von da haben sie neun Meilen zu machen, ehe sie ans Wasser kommen, das mit dem nordwestlichen Lande zusammenhängt.

Wären die Engländer nicht im Besitze der Posten und könnten auch jeden Theil von Kanada behalten, so würden den Amerikanern unzählige Wege offen stehn, mit ihren Gütern Schleichhandel zu treiben, dieser würde mit der Zeit die Nothwendigkeit der Ausfuhr der Brittischen Güter von England nach Kanada heben und die aus der Konsumption unserer Manufakturen entspringenden Handelsvortheile gänzlich verloren gehen lassen. In diesem Falle würde Kanada in Ansehung des Handels England wenig nutzen. Es ist nicht meine Sache, zu untersuchen, in wie weit es, von der politischen Seite betrachtet, den Aufwand, den es kostet, werth ist.

Wie die Indianer ihre Feinde auskundschaften und skalpiren.

Ich habe mich bemühet, die Beschaffenheit und Wichtigkeit der Fünf und Sechs Nationen Indianer zu schildern, und die Lage der Etablissements und die wahrscheinlichen Folgen der Erfüllung der Traktate zu beschreiben, und kehre jetzt wieder zu meiner Lage in Montreal zurück.

Da ich sieben Jahr bey meinem Prinzipal gestanden hatte, und mich auf keinen neuen Kontrakt einlassen wollte, so entschloß ich mich, ganz meiner Neigung zu folgen. Ich hatte von Natur einen großen Hang zum Reisen, der durch die Verbindung mit den Wilden sehr befördert war. Ich stellte mich daher als Freywilliger an die Spitze einer Parthey Wilde, um durch eine genauere Kenntniß des Landes und seiner Sprache meinem Vaterlande einst nützlich zu werden.

Ich trat meine Stelle 1775 an, als eine Parthey von ungefähr dreißig Amerikanern, die der berühmte Ethan Allen anführte, zu Long Point, ungefähr zwey Meilen von Montreal, erschien, und die Stadt plündern wollte. Sie wurden indeß durch Crawford's, des Kapitains beym sechs und zwanzigsten Regimente, Benehmen in ihren Erwartungen getäuscht. Dieser that mit ungefähr zwanzig Mann der regulären Truppen und einigen Volontairs einen Ausfall, und trieb den Feind in eine Scheure. Hier fiel ein Scharmützel vor, wobey der Major Carden, H. Peterson, ein Freywilliger und drey Gemeine getödtet wurden, und ich eine Wunde am Kopfe bekam; bey der Ankunft einer kleinen Kanone aber ergab sich der Feind.

Ich war bey den Indianern sehr beliebt, und zog den thätigen Dienst bey ihnen jeder andern Lebensart vor, und begleitete daher den Lieutenant Peter Johnson und den Lieutenant Walter Butler mit einigen wenigen Mohawks, um die Amerikaner bey Isle au Noix anzugreifen, die wir auch besiegten, und eine große Anzahl zu Gefangenen machten. In dem Gefechte verloren wir zwey Volontairs und drey Gemeine, und ich erhielt bey dieser Aktion mit einer Musketenkolbe eine Wunde am Kopfe.

Darauf ging ich zum achten Infanterie-Regiment, das von dem Kapitain Foster kommandirt wurde, um die Amerikaner bey den Zedernhügeln anzugreifen. Auch diese schlugen wir. Die Gefangenen wurden zu Fort St. Vielle, oder Prison Eiland unweit der Wasserfälle mit einer gehörigen Wache gelassen. Der Rest unserer kleinen Armee, der ungefähr aus hundert und funfzig Mann bestand, marschirte nach la Chine hinab, um ein anderes Korps Amerikaner anzugreifen. Wir fanden sie aber zu stark verschanzt, und zogen uns nach Point-Clair zurück, wo wir so lange blieben, bis wir Nachricht erhielten, daß der General Arnold mit vier tausend Mann zu Isle au Noir stände, und daß der Major Gordon auf dem Marsche nach St. John's ungefähr zwey Meilen vom Fort getödtet sey. Bey dieser Gelegenheit muß ich bemerken, daß die Amerikaner die Gewohnheit haben, ihr Geschütz auf die Offiziere zu richten. Sie ist von sehr glücklichem Erfolge, und rührt von den Indianern her, welche die Vorstellung haben, daß die gemeinen Soldaten nothwendig in Verwirrung gerathen müßten, wenn ihre Anführer todt sind. Dieß findet indeß nicht bey allen Amerikanern Statt. Die Mattaugwessawacks, deren Land westwärts vom obern See liegt, halten die Personen der Officiere für heilig, und Josepsis, einer von ihrem Stamme, der zum Gefangenen gemacht und an die Penobscot Indianer verkauft wurde, sagt, daß die Wilden, mit denen sie Krieg führten, dieselbe Methode angenommen hätten.

Ich wurde sogleich beordert, an der Spitze von zehn Connecedaga- oder Rondaxa-Indianer mit Kapitain La Motte, einen Kanadier, denjenigen auszukundschaften, der den Major Gordon getödtet hatte, und die Wälder zu untersuchen, in der Hoffnung, einige Nachricht von der wahren Stärke der Amerikaner zu Isle au Noix zu erhalten. Um Verdacht zu vermeiden, wurden wir alle wie Wilde gekleidet; und da der Kapitain La Motte und ich die irokesische Sprache sehr gut inne hatten, so war es nicht möglich, uns von den Eingebornen zu unterscheiden. Wir blieben sechs Tage und Nächte aus, und hatten sehr wenig Lebensmittel, weil wir vorzüglich von dem Abschabsel der innern Baumrinde, und von wilden Wurzeln, besonders Zierbeln, die im großen Ueberflusse wachsen und sehr wohlschmeckend sind, lebten. Der Hunger gewöhnt uns an alles, was der Natur nicht zuwider ist, und macht die gleichgültigste Nahrung genießbar. Aus meiner eignen traurigen Erfahrung kann ich versichern, daß dasjenige, was zu einer andern Zeit unangenehm und selbst ekelhaft würde gewesen seyn, unter dem Drucke des Hungers nicht nur begierig gegessen, sondern sogar für eine Delikatesse gehalten wird. Wer mit dem Umherstreifen in den Wäldern zu Kriegeszeiten bekannt ist, wird die Nothwendigkeit leicht zu reisen einsehen, und vorzüglich beym

Kundschaften der Indianer, wo sie selten weiter etwas mitnehmen, als eine kleine Quantität türkischen Weizen und Zucker. Das Korn zerreiben sie zwischen zwey Steinen und feuchten es mit Wasser an. Dieß ist ihre Nahrung. Auf dieser Expedition lebten wir, da das Geschäft sehr dringend, und der Feind in der Nähe war, von zufälliger Nahrung.

Am letzten Marschtage, als wir zurückkehrten, ohne im Stande gewesen zu seyn, einige Nachricht einzuziehn, hörte einer von den Indianern ein Geräusch, als wenn ein Stock zerbrochen würde. Der Anführer des Trupps sandte einen Kundschafter aus, der bald mit einem Gefangenen zurückkehrte. Der Mann erschien sehr erschrocken, weil er glaubte, in die Hände von lauter Wilden gefallen zu seyn. Man band ihn an einen Baum, und weil ich der einzige unter dem Haufen war, der englisch konnte, so examinirte ich ihn sehr genau in Ansehung der Lage und Stärke des Feindes, und verdolmetschte alsdann die Unterhaltung. Als er hörte, daß ich seine eigene Sprache redete, war er sehr angenehm überrascht, seine Furcht verwandelte sich nach und nach in Hoffnung, und er bat mich, ihn doch vor der Wuth der Indianer zu schützen, deren gewöhnliches Betragen im Kriege ihm die schrecklichste Furcht eingeflößt hätte. Ich versicherte ihn, daß man ihm das Leben schenken würde, wenn er getreu alle meine Fragen beantworten wollte. Freudig erfüllte er mein Verlangen, und führte mich nach einem Ort, von wo wir die Amerikaner, die sich an dem entgegengesetzten Ufer gelagert hatten, deutlich sehen konnten.

Wir liessen ihn gebunden zurück, und marschirten ungefähr zwey Meilen durch Moräste, bis wir den Feind sehen konnten. Die Indianer waren sogleich zum Treffen bereit, aber der Kapitain La Motte hielt es für rathsam, ihre Hitze zu mildern, und befahl ihnen, sich in die Wälder zurückzuziehn, während daß er den Feind beständig im Gesicht behielt. Bald nachher kam ein Boot voll Menschen über den Fluß, und landete, ohne uns zu bemerken. Die Indianer zündeten sogleich ein Feuer an, und jeder stopfte seine wollene Bettdecke mit faulem Holze und Blättern aus, bis sie Mannes Größe hatte. Darauf legten sie sie bey dem Feuer, damit es schiene, als wären es schlafende Indianer. Sie selbst zogen sich bis zu einer kleinen Entfernung zurück, um den Amerikanern Gelegenheit zu geben, ungehindert heraufzukommen, weil sie nicht zweifelten, daß sie sogleich Feuer auf die Decke geben würden. Das Manövre glückte nach unserer Erwartung; denn als die Amerikaner den Rauch bemerkten, gingen sie auf das Feuer zu, und wie sie die Decken sahen,

feuerten sie ihre Musketen ab. Die Wilden stürz=
ten sogleich aus ihrem Hinterhalt hervor, machten
ein Kriegsgeschrey, griffen den Feind an, skalpirten
sieben von ihnen, und machten fünfe zu Gefangenen, die wir eben so bemalten, als uns. Darauf
kehrten wir zurück, machten den Gefangenen von
dem Baume los, und führten sie alle nach St.
Johns, woselbst sie von dem Obristen England exa-
minirt wurden, der mich beorderte, sie sogleich nach
Sir Guy Carleton zu führen.

Als ich diesen Auftrag zum Vergnügen des
Oberbefehlshabers ausgerichtet hatte, blieb ich einige
Zeit bey meinen alten Freunden, bis ich von Sir
Guy Carleton Ordre erhielt, zu ihm zu kommen.
Er gab mir den Befehl, mich mit dem Brigadier-
General Nesbit bey dem neun und zwanzigsten und
sieben und vierzigsten Regimente zu vereinigen.
Bey diesem diente ich als Freywilliger eine ziemlich
lange Zeit, und da ich keinen Sold für meine Dienste
erhielt, und mir doch Lebensunterhalt und sonstige
Bedürfnisse verschaffen mußte, so verließ ich das
Regiment, um mein Lieblings=indianerleben zu ge-
nießen. Ich war nun mit ihrer Lebensart bekannt,
und konnte mich an ihre Diät gewöhnen, glaubte
also, als Kundschafter meinem Vaterlande sehr
nützlich zu werden, und begleitete eine Parthey
Wilde an den See der beiden Gebürge (lake of the

two mountains) funfzehn Leagues über Montreal, einem Dorfe, das den Connecedagas gehörte, und trug einen Skalp (die beym Skalpiren abgezogene Haut) als eine Trophäe meiner Dienste davon.

Das Skalpiren ist eine den Indianern eigenthümliche Art der Tortur. Erhält jemand mit der Streitkolbe (tomahawk) einen Schlag, ehe ihm der Skalp abgezogen ist, so muß er sogleich sterben, wer aber nur sklalpirt wird, ist einer erschrecklichen Qual ausgesetzt, obgleich nicht immer der Tod erfolgt. Es gibt in Amerika, und ohne Zweifel auch in andern Ländern, Leute von beiden Geschlechtern, die, nachdem sie skalpirt sind, eine silberne oder blecherne Platte auf dem Scheitel tragen, um ihn vor der Kälte zu schützen. Diese Leute sind dabey ganz gesund, und fühlen selten Schmerzen.

Schlägt ein Indianer Jemanden mit einer Streitkolbe an die Schläfe, so sinkt er sogleich nieder. Dann faßt der Indianer mit der einen Hand seine Haare, dreht sie sehr dicht zusammen, um die Haut vom Kopfe zu trennen, und, indem er ihm das Knie auf die Brust setzt, zieht er mit der andern Hand das Skalpirmesser aus der Scheide, und schneidet die Haut rund um die Stirn ab, und reißt sie mit seinen Zähnen ab. Weil er sehr geschickt darin ist, so ist die Operation gewöhnlich in zwey Minuten geschehn. Das Skalp wird dann über

drey

drey Reifen ausgebreitet, an der Sonne getrocknet und mit Mennig übergerieben. Einige Indianer theilen in Kriegeszeit, wenn die Skalps gut bezahlt werden, eins in fünf oder sechs Theile, und bringen sie nach dem nächsten Etablissement in der Hoffnung, eine der Anzahl verhältnißmäßige Belohnung zu erhalten.

Wenn sie Jemanden von ihrem eignen Volke skalpiren, so machen sie sich oft noch des todten Körpers zu Nutze, indem sie ihn aufputzen, und mit Mennig bemalen. Dann stellen sie ihn an einen Baum mit Waffen in seiner Hand, um die Indianer zu überreden, daß ein Feind auf der Wache stünde; und rund um den Körper stecken sie Speere so in die Erde, daß sie kaum bemerkt werden können. Sehen nun die Indianer ihn an den Baum gelehnt, so sind sie begierig, ihn zum Gefangenen zu machen, stürzen auf ihn zu, und fallen in die Spitzen der Speere. Auf diese Art werden sie außer Stand gesetzt, weiter zu kommen, und leicht zu Gefangenen gemacht.

Ehe ich diesen Gegenstand schließe, will ich eine Anekdote von zwey Wilden von verschiedenen Nationen erzählen, die sich zur Zeit Sir William Johnson zutrug.

Ein Mohawk, Namens Skunnionsa, oder das Elenthier und ein Chippeway mit Namen Kaek

Kaek, oder die Krähe, die bey einem Kriegsrathe bey Crown Point 1757 zusammen gekommen waren, prahlten mit ihren Verdiensten, und rühmten ihre vorzügliche Geschicklichkeit im Skalpiren. Der Mohawk behauptete, er könne einen größern Skalp nehmen, als der Chippeway. Dieser fand sich dadurch sehr beleidigt, und forderte den andern zu einem Versuche heraus. Sie reiseten ab, und beide nahmen einen verschiedenen Weg, nachdem sie zuvor die Abrede genommen hatten, an einem bestimmten Orte und Tage, wo eine Versammlung gehalten würde, zusammen zu kommen. Sie fanden sich zur gesetzten Zeit ein, und erschienen in der Versammlung. Der Mohawk legte seinen Skalp nieder, welches die Haut von dem Kopfe und Nakken eines Mannes war. Sie war mit feinem Moos ausgestopft und mit Hirschsehnen zusammengenäht, auch waren die Augen darin festgemacht. Die Oberhäupter gaben ihm ihren Beyfall, und erkannten ihn für einen großen und braven Krieger. Darauf erhob sich der Chippeway, und indem er den Mohawk ernsthaft ansah, verlangte er von dem Dollmetscher, daß er ihm sagen möchte, es wäre nur ein alter Weiber-Skalp, welches für einen großen Schimpf gehalten wird. Nun befahl er einem von seinen Söhnen, sein Skalp herzubringen, und sogleich erschien die ganze Haut eines

Mannes, die mit Pflaumfedern ausgestopft, und sehr dicht mit Renntierfehnen zugenäht war. Die Oberhäupter überhäuften ihn mit Lobsprüchen und erkannten einmüthig seinen Vorzug an. Der Mohawk-Krieger, durch diese Demüthigung aufgebracht, begab sich aus der Versammlung, und dachte auf Rache. Sobald er den Chippeway herauskommen sah, verfolgte er ihn, wartete auf eine bequeme Gelegenheit und fertigte ihn mit seiner Streitkolbe ab, voll Freude, daß er sich, wenn gleich auf eine niederträchtige Art, doch von einem siegreichen Nebenbuhler befreyt hatte.

Einige Nachricht von dem Charakter der Connecedaya- oder Rondaxa-Indianer, mit Bemerkungen über die Irokesen- und die Cheroken-Nationen.

Die Wilden dieser Völkerschaft sind aus dem Stamme der Chippeway's, und sprechen eine Mischung aus den Sprachen der Irokesen und der Chypeway's. Sie wurden zur Zeit des großen indianischen Krieges, um das Jahr 1720, aus den höhern Gegenden vertrieben, und ließen sich am See der zwey Berge (Lake of the two Mountains) nieder. Hier sind ungefähr zwey hundert Einwohner. Sie sind sehr arbeitsam, und bauen ihr Land nach Art der Cahnuagas; auch halten sie Hornvieh, und besitzen einen Grad von Bildung, der den Meister von dem Stamme der Chippeways unbekannt ist. Am Erie-See, an der Grenze der vereinigten Staaten, ist auch eine Stadt, die von ungefähr funfzehn hundert dieser Völkerschaft bewohnt wird, von denen der Prediger Herr Karl Beattie eine sehr günstige Beschreibung macht.

Seitdem die Connecedagas sich hier niedergelassen, haben sie sich mit den Cahnuaga-, St. Regis- und Mohawk-Indianern durch Heirathen vermischt. Dieß ist der Grund, weßwegen ihre Sprache nicht so rein ist, obgleich einige von ihnen die ursprüngliche Sprache noch reden, von der ich bey meinem häufigen Umgange mit den Chippeways fand, daß man sie bis hinter Michillimakinac in jeder Hinsicht vollkommen versteht. Unter diesen Indianern lernte ich die Anfangsgründe einer Sprache, die mir durch lange Gewohnheit so geläufig, als meine Muttersprache, geworden ist; und ich hoffe, daß man mich nicht der Eitelkeit beschuldigen wird, wenn ich behaupte, daß die Sammlung von Wörtern und gewöhnlichen Redensarten, die ich diesem Werke beygefügt habe, vollständiger ist, als man sie in irgend einem frühern Buche finden wird. Bey dem Buchstabiren derselben habe ich besonders Sorge getragen, mich solcher Buchstaben und Accente zu bedienen, die die indianischen Wörter am beßten ausdrucken, und doch zu unserer Aussprache sich passen. Ich will mich nicht rühmen, allgemeine Regeln für die Rechtschreibung einer Sprache festgesetzt zu haben, die nie auf ein System gebracht ist: aber meine Bemühungen können vielleicht denen nutzen, die in den Grundsätzen einer allgemeinen Sprachlehre besser unterrichtet sind.

Man hält die Connecedagas für tapfre Krieger, und meine Meinung, die sich auf lange Erfahrung in Ansehung ihres Verhaltens und ihrer Tapferkeit gründet, trifft mit der zu, die der Engländer bloß aufs Gerücht von ihnen hegt. Keine Völkerschaft der Wilden war je dem Brittischen Staate getreuer, selbst nicht einmal die Mohawks, deren Treue doch sogar zum Sprüchworte geworden ist. Während daß man den amerikanischen Krieg fortsetzte, vernachläßigten sie ihre Familien und ihre häuslichen Geschäfte, um für England zu fechten, welches die Cahnuagas nicht mit so viel Vergnügen thaten, ob sie gleich Nachkommen der Mohawks und Munsens, oder Miamhikkor Indianer sind, die gewöhnlich Fluß-Indianer (River Indians) heißen. Vielleicht kann die Verwandschaft der Cahnuagas mit den Delawares vor ihrem Abfalle diesen vorübergehenden Widerwillen veranlaßt haben: denn die Indianer pflegen diese aus Spott alte Weiber zu nennen. Wenn dieß aber die Ursache war, so war sie nur von sehr kurzer Dauer. Denn, um ihnen Gerechtigkeit widerfahren zu lassen, wenn sie mit ihren Streitkolben (tomahawks) fechten, so sind sie sehr unerschrocken, und zeigen, daß das Blut der alten Mohawks noch immer in ihren Adern rinnt. Einige haben, obgleich meines Erachtens ohne große Aufrichtigkeit, ihre Dienste auf der einen Seite der

Furcht vor unserer Regierung und vor der Wuth derjenigen Wilden, welche zu unserer Parthey gehören, und auf der andern Seite der Hoffnung großer Belohnungen beygemessen; aber da solche Bemerkungen wohl nicht der Wahrheit gemäß seyn mögen, so hilft es zu Nichts, ihr Betragen von der schlechtesten Seite anzusehen: genug, wenn man weiß, daß sie unsre Alliirte waren, und aller Wahrscheinlichkeit nach gegen die Brittische Nation auch freundschaftlich gesinnt bleiben werden. Der Major Carlton, ein tapfrer und erfahrner Officier, den sie mit romanhafter Freundschaft liebten, verdient bey dieser Beschreibung großen Dank. Sie flogen zu seinen Fahnen, gehorchten ihm mit Vergnügen, und Keiner desertirte ihm. Kein Beyspiel von Freundschaft oder Anhänglichkeit aus alten oder neuern Zeiten kann dieses übersteigen.

Es ist guter natürlicher Verstand und vollkommne Kenntniß des Charakters der Indianer erforderlich, um sie zu überreden, daß sie unbegränztes Zutrauen in ihre europäische oder amerikanische Anführer setzen. Stets muß scheinbare Billigung ihres Rathes dazu verhelfen, so wie auch das Bemühen, ihre Wünsche dadurch zu erfüllen, daß man nie auf einem Plane hartnäckig besteht, der wider ihre Meinung ist, er mag zur Vertheidigung, oder zum Angriffe dienen sollen. Die Niederlage des Generals Braddock ist ein trauriger Beweis, wie unglücklich eine von dieser verschiedne Methode, sie anzuführen, ablaufen kann. Durch sein stolzes Betragen und sein eisernes Beharren auf seinen Planen, wenn sie auch dem Rathe der erfahrensten Anführer grade entgegenliefen, verlor er ihre Freundschaft, und starb unbeklagt, und bestärkte sie in der Meinung, die sie vorher oft geäußert hatten, „daß es ihm an Erfahrung und Klugheit im Kriege fehle." Selbst der große Washington zog sich durch sein Betragen ihren Tadel zu, und gab einem indianischen Anführer, mit Namen Thomachrischoa, vom Stamme Seneka, Gelegenheit, indem er ihn nach ihren Regeln beurtheilte, zu sagen: „er wäre ein gutmüthiger Mann, habe aber keine Erfahrung."

Es gehört sehr wenig dazu, einen Unpartheiischen zu überzeugen, daß die Indianer in den Wäldern unser Meister werden. Diese sind, wenn ich so sagen darf, ihr Element, und ein Baum oder ein Fluß, wobey ihr Gedächtniß nie trügt, dient ihnen als der verborgenste Schlupfwinkel in einem tiefen Walde, entweder zum Schutze, oder zum Hinterhalte. Da sie wenig auf Sonnen-Aufgang und Untergang merken, nahm es mich zuerst Wunder, durch welche Methode sie ohne beträchtlichen Abweg von einem Orte nach dem andern finden möchten, sie erklärten mir es aber bald, indem sie mich versicherten, daß sie nicht die geringste Schwierigkeit fänden, von einer Gegend zur andern zu gehen, weil das Moos an den Bäumen sie führte, welches an der Nordseite fortdauerte, an der Südseite aber verwelkte und abfiele. Auch bemerken sie, daß an der Südseite der Bäume die Zweige größer sind und das Laub reicher und schöner wächst, als an ihrer Nordseite. Der aufgeklärteste Theil des menschlichen Geschlechts kann nach meiner Ueberzeugung nicht treffender urtheilen, noch die Werke der Natur aufmerksamer beobachten.

Um noch mehr zu beweisen, wenn etwa noch jemand daran zweifeln sollte, daß die Indianer viele natürliche Fähigkeiten besitzen und eben so fähig sind, durch Streben nach Kenntnissen mehr vervollkommnet zu werden, will ich eine Geschichte aus Kalm's Reisen erzählen.

„Ein alter Amerikanischer Wilder war in einer Herberge, und traf daselbst einen angesehenen Engländer, der ihm etwas Liqueur gab. Da er hierdurch lustiger ward, rühmte er sich, er könnte Englisch lesen und schreiben. Der Engländer, um ihm zu schmeicheln, wenn er sein Wissen auskramte, bat sich es aus, ihm eine Frage vorlegen zu dürfen, und der alte gestand es ihm zu. Er fragte ihn also: Wer war der erste Beschnittne? — Der Indianer antwortete sogleich: Vater Abraham! — und fragte den Engländer geradezu wieder: Wer war der erste Quäker? — Dieser sagte: es wäre sehr ungewiß, weil dieß Volk in seinen Grundsätzen unter sich beträchtlich abwiche. — Da der Indianer merkte, daß der Engländer die Frage nicht beantworten konnte, steckte er die Finger in den Mund, um seine Verwunderung anzuzeigen, sah ihn starr an, und sagte ihm, daß Mordekai der erste Quäker gewesen wäre, weil er vor Haman den Hut nicht habe abziehen wollen."

Mr. Adair sagt, daß die Cherokees sehr geschickt sind, den Leuten Beynamen zu geben. Wer einen hölzernen stolzen Gang hat, den nennen sie einen Puker; einen bösartigen Menschen, eine Wespe; einen Schwathaften, einen Grashüpfer; von dem, der eine heisere Stimme hat, sagen sie, er gleiche einem Bullen; und einen Dollmetscher, dessen Sitten und Unterhaltungen schmuzig sind, nennen sie einen Unterrock=Dollmetscher.

Der Charakter der Indianer ist von Natur stolz und selbstsüchtig. Sie halten sich für die weisesten unter den Menschenkindern und finden sich gewaltig beleidigt, wenn man ihren Rath verwirft. Die tapfern Thaten ihrer Vorfahren, die ihnen immer wiederholt und eingeprägt sind, begeistern sie mit der höchsten Meinung von ihrer Tapferkeit. Daher kömmt die feste Zuversicht auf ihren Muth und ihre Stärke; und obgleich es in Vergleichung nur eine Handvoll Menschen ist, so sind sie doch eitel genug, zu glauben, daß sie Frankreich und England überm Haufen werfen könnten, wenn sie nur Lust dazu hätten. Die Engländer, sagen sie, wären Narren, denn sie hätten Schießgewehre von halber Mannshöhe, und diese ließen sie nur so aufs Gerathewohl abschnappen; sie aber visirten und selten verfehlten sie ihren Mann; und dieß, setzen sie hinzu, wäre doch die wahre Absicht, warum man in den Krieg ginge.

Diese hohe Meinung ihrer Wichtigkeit ist den **Fünf Nationen**, von denen sie sich hervorstechender auszeichnen, als die andern Stämme der Wilden, mehr eigen, obgleich ihnen in diesem Punkte auch nichts fehlt. Solche Gesinnungen, wie diese, haben die Irokesen bey den Andern wegen der Vorzüge ihres Verstandes und ihrer Tapferkeit in Furcht und Achtung gesetzt. Auch streben sie ihren Ruhm noch zu vermehren. Ob ihre Zahl gleich täglich kleiner wird, wird doch nie ihr Durst nach Ruhm gelöscht werden, so lange nur noch da eine Brust säugt. Nie werden sie vor einer Gefahr zittern, wenn Ehre der Preis ist.

Man erzähle dem Irokesen von Gehorsam gegen den König und er lacht; denn er kann den Begriff von Unterwerfung nicht mit der Würde des

Mannes vereinigen. In seinem Sinne ist Jeder sein unabhängiger Herr, und da er glaubt, daß er seine Freyheit nur allein dem großen Geiste zu verdanken habe, so bringt ihn niemand dahin, irgend eine andre Obermacht anzuerkennen.

Sie sind höchst eifersüchtig und leicht zu beleidigen, und wenn sie einmal zum Verdachte bewogen sind, so ist es sehr schwer, diesen Eindruck wieder zu verwischen. Sie nehmen die Erinnerung daran mit sich ins Grab und vermachen sie dem kommenden Geschlechte.

Die, welche sich mit ihnen verbündet haben, können sich über die fürchterlichen Ausbrüche ihres Mißvergnügens, die keine Gränzen kennen, nicht beklagen; aber bewundern können sie ihren Heldenmuth im Kriege, ihre Entschlossenheit im Dulden der quälendsten Martern und die Festigkeit ihrer Freundschaft. Diese Heftigkeit des Gemüths, das insgemein in Extreme ausartet, diese ist's, die sie so schwer zu besänftigen, so gefährlich anzufeuern macht. Zu viel Nachsicht macht sie glauben, man fürchte sie, und zu viel Strenge bringt sie in Wuth.

Diese hartnäckigen Vorurtheile, die, ob die menschliche Natur gleich sie aufzumuntern geneigt ist, sich nie der Gesellschaft so schädlich beweisen würden, wenn sie nicht stets durch Rath und Beyspiel der Aelteren befördert würden, diese zu entfer=

nen, ist die beständige Bemühung der mit ihnen alliirten Nationen gewesen, und man hat einige Versuche gemacht, ihre Sitten durch die Einführung der christlichen Religion sanfter zu machen, deren Vorschriften so wunderbar darauf berechnet sind, jedes blutdürstige Gefühl zu unterdrücken und die Menschen für sich selbst glücklicher und zu bessern Mitgliedern der Gesellschaft zu machen. In diesem lobenswürdigen Bestreben sind unsre Nachbarn, die Franzosen, die glücklichsten gewesen, wenigstens in so fern eine Veränderung im äußerlichen Betragen als ein Zeichen einer Besserung des Herzens kann angesehen werden. Die gute Aufführung der Einwohner verschiedner Indianischer Dörfer in Kanada dient zum Beweise dieser Bemerkung. Nichts desto weniger bezeugt Herr James Adair diesem gerade entgegen, daß die Französischen Kanadier sehr zu tadeln sind, weil sie unsre friedlichen Nord = Indianer mit ihrem teuflischen Katechismus verführen.

Obgleich ich nicht Glaubensbekenntnisse, die dem Frieden der Gesellschaft zuwider sind, vertheidigen werde, so halte ich doch dieß Urtheil für zu hart. Denn wenn sie auch ehemals durch heuchlerische Priester, die zugleich ihren Gemüthern ungünstige Gesinnungen gegen die Unterthanen Großbrittanniens einflößten, können eingerissen seyn, so bin ich gänzlich der Meinung, daß sie seit vielen Jah=

ren sich redlich bemüht haben, die Grundsätze des Evangeliums ihnen einzuprägen. In der That ist es immer zu beklagen, wenn Politik und Religion einander wechselsweise dienen müssen. Wenn man dieß genau betrachtet, so sind die Franzosen vielleicht nicht tadelnswürdiger als andre Nationen. Wir sind zu geschickt, andre in unsre Händel zu verwickeln, und die Religion ist zu oft von Heuchlern herbeygezogen, um die Partey zu unterstützen, die sie gern haben wollten.

Was die Indianer anbetrift, die sich an die Englische Handelskompagnie und, ich bedaure es sagen zu müssen, auch an ihre Prediger gewöhnt haben, so haben sie sich durch ihre Gesinnungen, Sitten und Gewohnheiten sehr unterschieden. Diese Aenderung ist aber offenbar zu ihrer Verschlimmerung. Denn sie sind ausgearteter geworden, und haben neben ihren stürmischen Leidenschaften, die durch keine Vernunft gezähmt werden, noch die Laster des Lügens und Schwörens von uns unglücklicher Weise angenommen.

Diese Behauptung unterstützt das Zeugniß des Herrn Sarpeant in Neu-England. Dieser erzählt, daß, wenn er auf seiner Reise zu den Schawanese-Indianern, (die mit den Sechs Nationen verbündet und von ihnen abhängig sind) und zu einigen andern Stämmen, sich erbot, sie in der christlichen

Religion zu unterrichten, sie es mit Verachtung verwarfen. Sie schmähten sogar auf das Christenthum und sagten ihm, die Kaufleute lögen, betrögen und verführten ihre jungen Mädchen, ja sogar ihre Weiber, wenn die Männer nicht zu Hause wären. Sie setzten ferner hinzu, daß die Senekas ihnen ihr Land gegeben, aber sie auch verpflichtet hätten, nie von den Engländern die christliche Religion anzunehmen.

Ich will noch ein Beyspiel hinzufügen: Der Gouverneur Hunter beschenkte die Indianer auf Befehl der Königinn Anna mit Kleidern und andern Sachen, worauf sie sehr begierig waren, und da er sie zu einer Versammlung bestellt hatte, die zu Albany gehalten wurde, so sagte er zu ihnen, daß ihre gute Mutter, die Königinn, nicht allein ihre Leiber freygebig mit schönen Kleidern versehen hätte, sondern eben so geneigt wäre, ihre Seele durch Predigen des Evangeliums zu schmücken, und daß einige Missionairs zu ihrem Unterrichte darin, sollten gesandt werden. Da der Gouverneur seine Rede geendigt hatte, stand das älteste Oberhaupt auf und sagte: daß er im Namen aller Indianer ihrer guten Mutter, der Königinn, für die schönen Kleider, die sie ihnen gesandt hätte, dankte; was aber die Prediger anbeträfe, so hätten sie deren schon einige, die, statt ihnen das Evangelium zu predigen, sie zum unmäßigen Trinken, Betrügen und Zanken untereinander verführten; und nun drangen sie in den Gouverneur, ihnen ihre Prediger und einen großen Theil der Europäer, die zu ihnen kämen, abzunehmen. Denn vor ihrer Ankunft wären die Indianer ein edles, nüchternes und unschuldiges Volk gewesen, aber jetzt wären die meisten von ihnen Buben; ehemals hätten sie Gott gefürchtet, und jetzt glaubten sie kaum an sein Daseyn.

Um die Beschuldigung der Engländer so viel als möglich zu verringern, will ich nur bemerken, daß die ihnen angeschuldigte Lasterhaftigkeit und Unsittlichkeit großen Theils den Kaufleuten zuzuschreiben ist, die gewöhnlich ausgemachte Bösewichter erkauften und Leute von schlechtem Charakter dungen, die ihre Waaren unter die Indianer ausführen mußten, und von welchen viele ihren Herrn entliefen, um sich mit den Indianern zu verbinden. Das nichtswürdige Betragen dieser Gattung Menschen hat vorzüglich die Engländer in der Meinung der Indianer herabgesetzt und sie in einem Hasse bestärkt, der nicht so bald, oder nicht so leicht ausgelöscht werden wird.

Beschreibung der Indianischen Tänze u. s. f.

Nach diesem langen Abschweife will ich meine Geschichte von der Zeit an fortsetzen, da ich zu der Stadt der Connaecedagas gegangen war, wo ich einige Monate blieb, indeß ich verschiedene Wanderungen machte, um die Gegenden auszuforschen und häufig Gefangene einbrachte; dieses entging der Aufmerksamkeit des Sir Guy Carleton nicht Denn bey der nächsten Unterredung lobte er mein Betragen und wünschte, daß ich wieder unter seinem Regimente dienen möchte. Ich sagte ihm, ich wäre sehr glücklich, mich dem Vaterlande nützlich gemacht zu haben, und hielte mich durch einen so schmeichelhaften Beweis seines Beyfalls sehr geehrt; aber ob der Dienst eines Volontairs gleich sehr ehrenvoll wäre, so berechtigte er mich doch zu keinem Solde, und es wäre keine Stelle bey einem Englischen Regimente leer. Hierauf machte er mich zum Midshipman am Bord des Schiffes Fell, welches vom Kapitain Baresfer kommandirt wurde und im St. Lorenzflusse lag. In diesem Dienste blieb ich, bis das Schiff nach England befehligt wurde.

D

So bald ich die Flotte verließ, kehrte ich zu dem See der zwey Berge zurück, und fuhr fort, als Dollmetscher mein Möglichstes zu thun und in der Zwischenzeit vervollkommnete ich mich in der Indianischen Sprache, besonders in der der Chippeway's. Auch entschloß ich mich, bey einem Kaufmanne in Dienst zu gehen, um bey der nächsten Gelegenheit nordwestwärts zu reisen. Ich bemühte mich auch, eine vollkommene Kenntniß ihrer Sitten und Gebräuche zu erlangen, und in dieser Absicht nahm ich Theil an ihren Ergötzlichkeiten und ward bald als ein guter Tänzer bekannt. Hiebey wußte ich auch die Melodie der verschiedenen Kriegsgesänge so gut, wie ein Wilder, und da ich nach ihrer Art lebte und an ihren Belustigungen Vergnügen fand, so ward ich bald beliebt bey ihnen und verließ sie ungern.

Der Indianischen Tänze gibt es viele und mancherley, und zu jedem von ihnen ist ein eigener Gesang.

1. Der Kalumet= oder Friedenspfeifetanz.
2. Der Kriegstanz.
3. Der Oberhauptstanz.
4. Der Ausrücketanz.
5. Der Skalpirtanz.
6. Der Todtentanz.
7. Der Gefangenentanz.
8. Der Rückkehrtanz.

9. Der Lanzentanz.
10. Der Hochzeittanz.
11. Der Opfertanz.

Alle diese Tänze verstand ich vollkommen und führte oft die Andern dabey an. Wenn zufällig ein Fremder zu uns kam und ich nicht wollte gekannt seyn, so konnte mich niemand von den Indianern unterscheiden.

Da ich glaubte, daß ich eben so, wie ein Wilder aussähe, stieg ich bey Gelegenheit zu Montreal in ein Kanoe und passirte häufig Posten als ein Indianer. Bisweilen wollte ich mich bey einem Charivari auszeichnen, welches ein in verschiedenen Theilen von Kanada sehr herrschender Gebrauch ist, da sie sich nehmlich mit alten Töpfen, Kesseln und dergl. versammeln und vor der Thür Neuvermählter daran schlagen; aber gewöhnlich, wenn der Mann älter, als die Frau ist, oder die Personen sich zum zweyten Mahle verheyrathen: in diesen Fällen schlagen sie ein Charivari und schreyen entsetzlich laut, bis der Mann gezwungen wird, ihr Schweigen mit einer Geldbuße zu erkaufen, wenn er sich nicht gefallen lassen will, mit den niedrigsten Redensarten beschimpft zu werden. Charivari bedeutet im Französischen eine armselige Art von Musik, und hiervon, glaube ich, hat dieser Gebrauch seinen Ursprung.

Nicht zufrieden, bloß ihre Ergötzungen gelernt zu haben, lernte ich auch, ein Kanoe zu machen. Ich nahm zu diesem Zwecke die Rinde von einem Baume ab, und vollendete das ganze Schiff so gut, als ein Eingeborner. Auch machte ich Makissins, oder Indianische Schuhe von Rehfellen, die, um weiches und biegsames Leder daraus zu machen, zubereitet und durchräuchert werden, und die man mit Stachelschweinborsten und Glaskorallen ziert, an welche bisweilen kleine Schellen gehängt werden. Diejenigen, welche die Mohawks am Großen Flusse (Grand River) verfertigen, werden ihrer vorzüglichen Arbeit und ihres Geschmackes wegen vorgezogen und oft das Paar mit vier Thaler bezahlt; ohne Zierrathen kann man sie gewöhnlich für einen Thaler kaufen. Sie sind angenehmer zu tragen als die Englischen Schuhe. Im Sommer sind sie kühler und im Winter kann man dicke Socken darin anziehen, weil sie weit gemacht werden. Zu ihren Kriegstänzen nähen die Indianer kleine Schellen und Stückchen Blech daran, um eine klingende Musik zu machen, und da ich bey einem Tanze noch eine große Pferdeschelle hinzugethan hatte, die ich dem Oberhaupte, der den Tanz anführte, gegeben, so machten sie eine Musik, die einem Holländischen Konzerte nicht unähnlich war.

Man hält die Wilden für sehr schnell auf den Füßen, aber, diese allgemeine Meinung angenommen, so ist es doch sehr bekannt, daß die Europäer eine kleine Strecke noch schneller durchlaufen können. Ihr Hauptverdienst besteht meiner Meinung nach darin, daß sie eine lange Zeit mit festem Schritte forteilen, welches sie sehr geschickt macht, als Boten durch Wälder zu gehen; und da sie wenig Schlafs bedürfen, und von Wurzeln und Wasser leben können, welches sie sich im Fluge nehmen, so verschwenden sie nicht viele Zeit, um sich zu erfrischen. Auch sind sie bewundernswürdige Schwimmer und scheuen den reißendsten Strom nicht. Durch diese Eigenschaften sind sie sicher eine sehr nützliche Gattung Menschen, und so lange der Engländer noch einige Besitzungen in Kanada behält, muß er sie als einen Schatz betrachten, — in Wahrheit, als eine unumgängliche Nothwendigkeit; und jede Bemühung sollte man anwenden, um sie auf unsrer Seite zu erhalten.

In Ansehung der körperlichen Stärke werden sie von Vielen übertroffen; und selbst in der Jagd kommen ihnen die Virginier in allen Stücken gleich, obwohl ihnen die ganze Welt das Verdienst, gute Schützen zu seyn, zugestehet. Ich erinnere mich, gesehen zu haben, daß einige Amerikaner nach einem großen Taucher, (colymbus arcticus) einem Vogel beynahe von der Größe einer Englischen Gans, schossen. Dieser Vogel ist wegen seines Tauchens berühmt, und gemeiniglich kömmt er erst einige Yards von dem Orte, wo er untertauchte, wieder hervor. Sie schossen in der Entfernung von hundert und funfzig Yards mit einer Büchse verschiednemahl fehl. Ein Indianer, der bey ihnen stand, lachte über sie und nannte sie alte Weiber. Sie verlangten von ihm, daß er seine Geschicklichkeit sollte sehen lassen, welches er auch sogleich that. Er nahm sein Gewehr, legte es an einen Baum, feuerte, und schoß den Taucher durch den Nacken. Ich gestehe, einen bessern Schuß sah ich in meinem Leben nicht, und ich war höchst erfreut, da es meinen Stolz befriedigte, indem es den Amerikanern von den Wilden, für die ich immer eine Vorliebe besaß, eine günstige Meinung beybrachte.

Dieser Vogel ist wegen der Gestalt seiner Füße merkwürdig; da ich aber keine anatomische Kenntnisse besitze, so kann ich ihn nicht kunstmäßig beschreiben. Sie sind so eingerichtet, daß er kaum gehen kann, weßwegen man ihn selten am Lande sieht. Bey ruhigem Wetter erhebt er sich mit großer Beschwerlichkeit aus dem Wasser und fliegt wie vom Winde getrieben, von welchem er auch abzuhängen scheint. Die gewöhnliche von den Indianern angenommene Art, die Vögel zu tödten, besteht darin, daß sie einen dickbelaubten Zweig am Vordertheile ihres Kanoes befestigen, um sich zu verbergen, bis sie näher herbeygerudert sind, und wenn sie bis zur gehörigen Entfernung gekommen, so feuern sie, obgleich nicht allemal glücklich. In der Sprache der Chippeway's heißt er Maunk, welches mit dem Französischen Worte manquer, fehlen, zutrifft, weil er nehmlich seiner Furchtsamkeit wegen schwer zu schießen ist. Ihr hartes und dickes Fell wird getrocknet und zu einem Gehäuse gebraucht, worin sie ihre Gewehre gegen die Nässe verwahren.

Ich war es nun müde, bloß mit Wilden zu leben, und machte eine Exkursion nach Montreal, wo es mir angetragen wurde, als Dollmetscher in die nördlichern Gegenden zu gehen. Zuerst hatte ich nicht Lust, es anzunehmen, als mir aber einiger Gehalt angeboten wurde, nahm ich nach reiflicher Ueberlegung diese günstige Gelegenheit, auf den Weg zu einem Leben zu kommen, von welchem ich, wo nicht Vergnügen, doch wenigstens Nutzen fest erwartete, an. Aber ach! wie oft habe ich überflüssigen Grund gehabt, es zu bereuen, daß ich dahin ging, wohin sich meine Neigungen wandten!

Am vierten May 1777 verließ ich Montreal mit zwey großen birkenen Kanoes, die die Franzosen Hauptkähne nennen. In jedem hatten wir zehn Kanadier, da die Menge der Trageplätze viele Leute erfordert, um die Waaren über das Land fortzuschaffen, welches auf den Schultern geschehen muß. Da ihre Art zu reisen, von der der Engländer so wesentlich verschieden ist, so will ich sie umständlich beschreiben.

Die Kanoes werden zu Trois Rivieres verfertigt. Sie sind insgemein acht Klafter lang und anderthalb breit, mit Birkenrinde bedeckt und mit faserigen Wurzeln sehr dicht genähet. Nach diesem Umfange wird jedes vier Tonnen tragen. Sie werden im Frühjahre, so bald es das Eis erlaubt, nach La Chine, einem Dorfe neun Meilen über Montreal, gebracht.

La Chine hat seinen Namen von folgender Geschichte bekommen. Herr La Salle, der nachher von zweyen seiner eignen Leute in Kanada im Jahre 1686 ermordet wurde, bemühte sich sehr, einen Weg nach China zu entdecken, der kürzer als der bekannte wäre; an diesem Orte begegnete ihm aber ein Unfall, der seinen Plan vereitelte, und er mußte also die Reise nach Osten unterlassen. Dieserwegen nannten die Kanadier diesen Ort aus Spott La Chine, oder China, und seitdem ist er unter diesem Namen bekannt.

Hier werden die indianischen Waaren sorgfältig an Bord gebracht, die trocknen in Ballen von ungefähr achtzig Pfund, und Rum, Pulver und Bley in kleinen Tonnen. Die Reise von Trois Rivieres nach La Chine ist langweilig und mühsam, weil man wider den starken Strom muß, und wenn nicht gerade ein günstiger, beträchtlicher Wind das beständige Rudern unterstützt, so wird man gar nicht von der Stelle kommen. Wo das Wasser seicht ist, müssen die Kanoes mit langen Setzstangen vorwärts getrieben werden, indeß die Leute, die bis an die Knie im Wasser waten, sie an Seilen wider den Strom ziehen; eine abmattende Arbeit, die wohl jede Vorstellung übersteigt. Die Gewohnheit hat indeß die Kanadier sehr fertig darin gemacht, und ich muß der Gerechtigkeit gemäß gestehen, daß sie dieselbe mit ungewöhnlicher Willigkeit übernehmen, obgleich sie bisweilen ausrufen: C'est la misère, mon bourgeois.

Auf dem Wege von La Chine bis Michillimakinak sind sechs und dreyßig Trageplätze. Er beträgt zu Lande und zu Wasser ungefähr neunhundert Meilen, die man bey günstigem Wetter oft in einem Monate machet. Es erfordert große Anstrengung und Sorgfalt, die Kanoes auf den reißenden Untiefen (rapids) zu steuern, wozu auch noch Erfahrung gehört, um sie aufrecht zu erhalten und zu verhindern, daß sie nicht an Steine stoßen, oder sich daran reiben. Denn da sie dünn sind, leiden sie leicht Schaden. Wenn sie durch einen Zufall beschädigt

werden, wie dieß oft geschieht, so wird das Leck mit
Harz, worunter man ein Stück Holzkohle gemischt
hat, verstopft. Das Harz wird durch die Nässe
gleich hart und kann dann dem Andringen des Wassers widerstehen. Ist das Leck aber zu groß, als
daß man es mit dem bloßem Harze stopfen könnte,
so wird zerstoßener und als Mörtel zubereiteter Bir-
kenbast in die Oeffnung geschmiert, dieß mit einem
Stücke Leinewand bedeckt und die Kanten werden
dann mit Harz festgekittet.

Wir setzten dann unsre Reise nach La Bar-
riere fort, welches am Ursprunge des Long Saut,
oder des langen Wasserfalles, eines wegen seines
schnellen Falles sehr gefährlichen Stromes, liegt.
Da, wo er hinunterfällt, haben sich einige Kaufleute niedergelassen, aber ohne das mindeste Glück,
weil sie weder ihren Handel ausdehnen, noch das
Pelzwerk vortheilhaft einkaufen können, da die
Wilden in dieser Gegend den Werth der Felle und
Häute zu gut kennen, als daß man sie betrügen
könnte, wenn sie nicht betrunken sind. Denn das
letzte macht man sich wahrlich nur zu oft zu Nutze.

Von diesem Wasserfalle gingen wir weiter nach
dem See der zwey Berge, woselbst ein Dorf ist, das den
Connecedaga-Indianern gehört und schon beschrieben
ist. Ich hielt mich hier unter meinen alten Freunden
einen Tag auf, als die ganze Zeit, die mir mein

Dienst erlaubte, da es bey diesem Handelszweige den größten Vortheil bringt, früh im Winter zu landen.

Wir reis'ten nach Uttawa, oder Grand River, weiter, indem wir immer an der Küste hinsegelten, bis wir nach dem See Nigissin kamen, woraus der St. Lorenzfluß entspringt *). Dann verließen wir den Huronsee, schifften in den French-River hinein und bey günstigem Wetter weiter nach Michillimakinak, wo wir am siebenzehnten Jun. ankamen.

Die ganze Gegend hat Ueberfluß an wilden Thieren, besonders an Bären, Elendthieren und andern Hirscharten, Bibern, Vielfraßen, Luchsen, Füchsen, Eichhörnchen, Fischen, Wieseln, Ottern, Mardern, Sumpfottern, wilden Katzen, Rakoon's, Wölfen, Muskus-Ratten **) u. s. w. Man findet

---

*) Der große Lorenz-Fluß entspringt wohl nicht aus dem unbedeutenden, seitwärts liegenden See Nipissing, sondern er ist eine mächtige Ergießung der sogenannten Fünf großen Seen und des dahinter liegenden Winnipey und der wiederum mit diesen in Verbindung stehenden Gewässer. Man kann ihn also die Mündung der meisten Wasser dieser ungeheuern Flächen nennen, welche mit mehr als 125 bis 130 Seen überdeckt ist; man s. Zimmermanns kurze Geogr. der Länder um die Hudsons-Bay bey Unfrewitte Beschreibung der Hudsons-Bay.

**) Muskus-Ratte. Castor Moschatus Linn.

hier selten andere als wilde Einwohner, welche ihrer Nahrung von einem Platze zum andern nachgehen, da sie sich nemlich von den Thieren, die sie schießen, nähren, die Skunks *), oder Stinkthiere ausgenommen, die sie niemals essen, es müßte sie denn der äußerste Hunger dazu zwingen.

Herr La Salle erzählt, daß er auf seiner Reise an dem Ufer des Mississippi bey der Nation der Oumas, die an einem Flusse gleiches Namens wohnen, ein ganz außerordentliches Thier sah, das zwischen dem Wolfe und dem Löwen steht. Kopf und Gestalt hat es von dem Ersteren, und Schweif und Klauen von dem Letztern **). Er behauptet, daß es alle andere Thiere anfiele, man aber nie höre, daß es einen Menschen verletze. Bisweilen trage es seine Beute auf dem Rücken, und wenn es sich satt gefressen habe, verberge es das Uebrige unter Blättern, oder an einem andern schicklichen Orte; und alle Thiere scheuten sich so vor ihm, daß sie nichts von dem anrühren wollten, was es übrig gelassen hätte. Die Indianer nennten sie Michibichi, eine Art Tiger, die aber kleiner und nicht so bunt ist, und die man jetzt unter dem Namen Panther kennt.

*) Skunk. Viverra putorius. Linn.

**) Dieß ist wohl der Jaguar. Felis Onca. Linn.

Der Biber ist ein sonderbares Thier; da ihn aber schon so viele Schriftsteller beschrieben haben, so will ich nur das bemerken, was meiner Meinung nach noch nicht angeführt ist. — Bey Tage sieht man ihn selten, nach Sonnenuntergange aber wagt er sich aus seinem Baue heraus, um zu arbeiten, oder für Nahrung zu sorgen. Bey dieser Gelegenheit badet er sich auch. Die größte Sonderbarkeit an ihm ist, daß er seinen Schwanz immer unter dem Wasser behält, um das Steifwerden desselben zu verhüten. Sein Fleisch schmeckt gekocht und gebraten sehr gut, der Schwanz aber am besten. Da ich auf das Kapitel von Leckerbissen gerathen bin, so will ich noch hinzusetzen, daß die Schnauze des Elenthiers sehr geschätzt wird. Vor keinem Thiere in Nordamerika hat man sich zu fürchten, den grauen Bären ausgenommen, der sich gewöhnlich den wärmsten Ort zu seinem Aufenthalte wählt. Wo er hinkömmt, da richtet er schreckliche Verwüstungen an und wüthet nicht allein gegen einzelne Menschen, sondern oft gegen ganze Familien.

Während daß ich mich in Michillimakinak aufhielt, erzählte man mir ein merkwürdiges Beyspiel von Tapferkeit und Edelmuth, welches für den Leser gewiß unterhaltend seyn wird.

Ein Indianischer Knabe von ungefähr funfzehn Jahren stand in einiger Entfernung von dem Fort, als ein Wilder sein Gewehr abschoß und dadurch zufällig einen Engländer tödtete. Als er nun weiter ging und den Knaben, der sich an einen Baum gelehnt hatte, bemerkte, so wollte er ihn gefangen nehmen, weil er nicht von seiner Nation war. Er hatte aus des Knabens Absicht kein Arges, ging also auf ihn zu und nahm ihn beym Arme; der Knabe trat aber geschickt zurück und schoß den Indianer durch das Knie. Hierüber ward dieser so erzürnt, daß er seinen Streitkolben aufhob, um ihn damit niederzuschmettern, als ein andrer Indianer in diesem Augenblicke zu ihm kam und ihn fragte, wer ihn verwundet hätte? „Dieser Bube," antwortete er und setzte hinzu, daß er ihn jetzt skalpiren wollte. Der Andre verhütete dieß blutige Vorhaben und sagte: er wollte den Knaben beschützen; denn er wäre zu brav, als daß er schon sterben sollte. Er brachte ihn nun nach dem Fort, wo ihn der kommandirende Offizier kaufte, um vorzubeugen, daß ihn der verwundete Indianer nicht tödtete.

Beschreibung
des
Obersees (Lake Superior) und der Gebräuche bey einer Indianischen Adoption.

Da ich Indianisches Korn und hartes Fett, Nahrungsmittel, die alle Kaufleute in die obere Gegend verfahren, eingenommen und meine großen oder Hauptkähne gegen kleinere, die bequemer über die Trageplätze zu bringen und besser eingerichtet sind, in die kleinen Buchten zu laufen, vertauscht hatte, so fuhren wir weiter nach den Wasserfällen von St. Maria, einer engen Straße, die durch zwey Arme, die sich gleich am See von einander trennen, gebildet wird. Hier haben die Indianer ein kleines Fort mit einem Piquet und ungefähr zehn hölzerne Häuser erbaut, wo Englische und Französische Kaufleute wohnen. Ehemals hatte sich die Nation der Sauteurs an dem Fuße des Falles niedergelassen und die Jesuiten hatten nahe dabey ein Haus. Es ist hier Ueberfluß an schönen Fischen, vorzüglich kleinen Hechten, Forellen und Weißfischen von ungewöhnlicher Größe. Wir setzten unsre Reise nach dem Obersee fort. Dieser hieß sonst, dem Herrn von Tracy, den der König von Frankreich im Jun. 1665 zum Vicekönig von Amerika ernannt hatte, zu Ehren, See Tracy. Man schätzt ihn sechshundert Seemeilen (Leagues) im Umfange. Er hat viele große und kleine Inseln. Beym Eingange in diesen See ist ein großer Felsen, der einigermaßen die Gestalt eines Menschen hat, und den die Chippeway-Indianer „Kitchen Manitoo, Herr des Lebens," nennen. Hier halten alle still, um zu opfern, welches darin besteht, daß sie Tobak und andre Sachen ins Wasser werfen. Dieß thun sie, um den Felsen, als den Stellvertreter des höchsten Wesens, für das genoßne Gute, zu danken, indem sie ihm ihren Schmuck und ihre größten Kostbarkeiten willig opfern. Wahrlich ein nachahmungswürdiges Beyspiel der Liebe des Geschöpfs gegen seinen Schöpfer! Es ist ein untrüglicher Beweis, daß der Mensch im Stande der Natur selbst ohne die geringste Verfeinerung seine Abhängigkeit von einer unsichtbaren Macht fühlt, ob er gleich seine Meinung unverständig und unwürdig ausdruckt. Gott allein kennt das Herz und wird Jeden nach seiner Erkenntniß richten.

Der Aberglaube ist eine schädliche Pflanze, die sich aber in jedem Klima, von der heißen bis zur kalten Zone, eingewurzelt hat. Da ihre Wirkungen

gen unter gebildeten Nationen, wie man weiß, so verderblich gewesen sind, kann man sich dann noch wundern, daß rohe Nationen so von ihr gelitten haben? Der arme, ununterrichtete Indianer wird dadurch, daß er den Geboten seiner ungelenkten Neigungen gehorcht, und blindlings den Gebräuchen seiner Vorfahren folgt, wenig Strafe auf sich laden. Nicht alle haben die geoffenbarte Religion bekommen, und es ist eine traurige Bemerkung, daß die, welche dieselbe erleuchtet hat, nicht so viel besser, wie die Wilden sind, als man es erwarten sollte.

In diesem Felsen sind verschiedne, oben gewölbte Höhlen, beynahe eine Meile lang, und ungefähr zwanzig Fuß breit. Da das Wasser beständig in Bewegung ist, und sich die Wellen oft so hoch, wie Berge, erheben, welches sich leicht aus seiner Größe abnehmen läßt, so gefriert es nur längs dem Ufer. An einem ruhigen Tage kann man nicht weit vom Lande in sehr tiefem Wasser die Störe gehen sehn. Das Ufer umher ist hoch und felsig, und die Wälder sind sehr dick. Palmen,*) Birken, Eschen, Sprossen, Tannen und Cedern

---

*) Was dieß für eine Palmenart ist, weiß ich nicht, da diese Bäume sonst nicht so hoch gegen Norden hinauf gehen. 3.

wachsen darinn stark und in großem Ueberflusse. Die nordwestliche Handelskompagnie, die zu Montreal ist, hält auf diesem See ein Fahrzeug, um ihre Waaren von Michillimakinac nach dem großen Trageplatze an der Nordwestseite zu bringen, und kehrt dann mit eingehandeltem Pelzwerke ins Binnenland zurück.

Am vierten Juli kamen wir zu Pays Plit, an der nordöstlichen Seite des Sees, an. Wir packten hier unsre Waaren um, und machten die Ballen kleiner, weil uns die Indianer gesagt hatten, daß wir bis zu dem Orte, wo ich überwintern wollte, noch hundert und achtzig Trageplätze hätten. Beym Landen sahen wir in einiger Entfernung eine Anzahl Indianer, welches uns antrieb, des Tausches wegen unsre Ladung so schnell, als möglich, in Ordnung zu bringen, und uns fertig zu machen, sobald unser Geschäft geendigt wäre, wieder an Bord zu gehen. Wie Alles in gehörige Sicherheit gebracht war, ging ich zu den Indianern. Ich schätzte sie auf hundert und funfzig Mann, von denen die Meisten von den Chippeway-Stämmen, und die Uebrigen von der Völkerschaft der Wasses waren. Sie gaben mir Fische, gedörrtes Fleisch und Felle, wofür ich sie mit Kleinigkeiten wieder beschenkte. Das Oberhaupt, das „Matchee Quewish" hieß, hielt eine Versammlung, und da er fand, daß ich ihre Sprache verstand, bot er es mir an, mich zum Waffenbruder aufzunehmen. Ob ich gleich diese Feierlichkeit noch nicht ausgestanden hatte, so wußte ich doch einigermaßen, wie sie beschaffen war, weil mir andre Pelzhändler von der Pein gesagt hatten, welche sie bey ihrer Adoption hatten ausstehen müssen, ob sie gleich erklärten, daß man mit ihnen sehr gnädig verfahren wäre. Demungeachtet beschloß ich, mich ihr zu unterziehen, weil man es der Furcht würde beygemessen haben, wenn ich die mir zugedachte Ehre ausgeschlagen hätte, und hiedurch hätte ich mich der Achtung derer, von denen ich vielen Vortheil zu ziehen dachte, und mit welchen ich meines Dienstes wegen eine geraume Zeit leben mußte, unwürdig gemacht.

Die Aufnahme geschieht folgendermaßen. — Zuerst wird von, in Bärenfett geschmortem, Hundefleische mit Heidelbeeren ein Gastmal bereitet, woran, nach ihrer Erwartung, Jeder von Herzen Theil nehmen muß. Wenn die Mahlzeit vorbey ist, wird der folgende Kriegsgesang gesungen. „Herr des „Lebens! sieh uns gnädig an! Wir wollen einen „Waffenbruder aufnehmen, der Verstand zu haben „scheint, dessen Arm Stärke zeigt, und der sich „nicht weigern wird, sich dem Feinde entgegen zu „stellen."

Wenn der Aufzunehmende nach dem Kriegsgesange kein Zeichen der Furcht von sich gibt, so behandelt man ihn mit vieler Ehrfurcht und Hochachtung: Denn Muth ist bey den Wilden nicht nur eine unentbehrliche, sondern auch die größte Empfehlung. Dann wird er auf ein Bieberfell gesetzt, und mit einer Kriegspfeife beschenkt, woraus er rauchen muß, und die schon bey allen Waffenbrüdern herumgegangen ist, und um seinen Nacken wird ein Wampum-Gürtel gehängt.

Das Calumet, oder die indianische Pfeife ist weit größer, als die, woraus die Indianer gewöhnlich rauchen. Sie ist von Marmor, Stein, oder Thonerde, und nach der Sitte der Nation roth, weiß, oder schwarz; doch werden die rothen am meisten geschätzt. Der Stiel ist ungefähr vier und einen halben Fuß lang, von starkem Rohre oder Holze gemacht, und mit Federn von mancherley Farben, wozwischen eine Menge Schnüre von Weiberhaaren auf verschiedne Art geflochten sind, geschmückt. Der Kopf ist schön polirt, und zwey Flügel sind daran befestigt, und geben ihm die Gestalt eines Merkurstabes. Dieß Kalumet ist das Symbol des Friedens; und die Wilden halten es so in Ansehen, daß sie glauben, wenn sie einen Vertrag, wobey sie es gebraucht haben, brächen, sie sich das größte Unglück zuziehen würden.

Der Wampum ist von verschiednen Farben, doch gewöhnlich weiß oder schwarz. Ersterer wird von der inwendigen Seite einer Meerschnecke, letzterer von Mießmuscheln verfertigt. Beiden wird die Gestalt der Korallen gegeben, und nachher werden sie durchbohrt, um sie auf Leder ziehen, und so zu Gürteln machen zu können.

Diese Gürtel dienen zu verschiednen Zwecken. Wenn eine Versammlung gehalten wird, so werden sie bey den Reden übergeben, und richten sich in Größe und Zahl der Reihen nach den Begriffen, die die Indianer von der Wichtigkeit der Versammlung haben. Oft haben sie auch beide Farben. Die, welche man dem Sir William Johnson, dessen Andenken in Indien unsterblich seyn wird, übergab, bestanden aus verschiedenen Reihen, und waren auf beyden Seiten schwarz, in der Mitte aber weiß. Daß das Weiße in der Mitte war, sollte den Frieden bedeuten, und daß der Weg zwischen ihnen gut und offen wäre. In der Mitte des Gürtels war die Figur eines Demants von weißem Wampum gemacht, und diese nennen die Indianer das Versammlungsfeuer.

Als Sir William Johnson mit den Wilden eine Versammlung hielt, so faßte er das eine Ende des Gürtels, und das indianische Oberhaupt das andre. Wenn das Oberhaupt Etwas zu sagen hatte, so fuhr es mit dem Finger längs den weißen Streifen hinunter, wollte aber Sir William reden, so berührte er den Demant in der Mitte.

Diese Gürtel sind auch die Akten vormaliger Verhandlungen, und da sie von verschiedener Gestalt gemacht werden, können sie die Indianer leicht entziffern. Sie gehören zu jedem Vergleiche mit den Weißen. Wenn ein Strang oder Gürtel des Wampum zurückgeschickt wird, so ist dieß ein Zeichen, daß man den vorgeschlagenen Vergleich nicht annimmt, und die Unterhandlung zu Ende ist.

Doch ich kehre von meinem Abschweife zurück. Wenn die Pfeife herum gegangen ist, so wird von sechs hohen Stangen, die in dem Boden befestigt, und oben zugespitzt sind, ein Schwißhaus errichtet. Es wird dann mit Fellen und Decken behangen, um die Luft abzuhalten. Der innere Raum kann nur drey Mann fassen. Der zu adoptirende wird dann nackt ausgezogen, und geht mit zwey Oberhäuptern in die Hütte. Nun werden zwey recht heiß gemachte Steine hereingebracht, und an die Erde geworfen. Ferner wird in einem Napfe von Birkenholz Wasser hineingetragen, und mit Zedernzweigen auf die Steine gesprengt, damit der davon aufsteigende Dampf ihm in starke Ausdünstung bringt, und seine Schweißlöcher öffnet, um sie für den andern Theil der Ceremonie empfänglich zu machen.

Ist die Ausdünstung nun am stärksten, so verläßt er das Haus, und springt ins Wasser. Sobald er aus demselben wieder herauskömmt, wirft man ihm eine Decke über, und führt ihn nach der Hütte des Oberhaupts, wo er folgende Operation ausstehen muß. Er muß ausgestreckt auf dem Rücken liegen, und das Oberhaupt zeichnet mit einem spitzigen, in Wasser, worin Schießpulver aufgelöset ist, getauchten Stecken die Figur, die er machen will. Hierauf prickelt er den aufgezeichneten Theil mit zehn Nadeln, die in Mennig getaucht, und in einem kleinen hölzernen Handgriffe befestigt sind, und wenn er an die stärkern Umrisse kömmt, so macht er mit einem Flintensteine einen Einschnitt ins Fleisch. In die Zwischenräume, wo kein Mennig sitzt, wird Schießpulver eingerieben, und hievon rührt die Abwechselung von roth und blau her. Die Wunden werden dann, damit sie nicht eitern, mit Nelkenholz (pinkwood) gebrannt.

Da diese Operation zu verschiedenen Zeiten verrichtet wird, so dauert sie zwey bis drey Tage. An jedem Morgen wird der Theil mit kaltem Wasser, das auf ein Kraut, Namens Pockqueesegan, gegossen ist, gewaschen. Dieses Kraut sieht wie englischer Buchsbaum aus, und wird von den Indianern unter ihren Toback gemischt, um ihn etwas zu mildern. — Während der Operation werden die Kriegsgesänge gesungen, und von einer rund umher mit Schellen behangenen Klapper, die sie **Chesfagnoy** nennen, und die immerfort geschüttelt wird, begleitet, damit man das Wimmern, welches eine solche Pein auspreßt, nicht hören kann. Wenn diese Ceremonie vorbey ist, geben sie dem adoptirten einen Namen. Ich bekam den Namen **Amik**, oder **Bieber**.

Um die Geschenke des Matchee Quewisch, für welche ich ihm nur erst einiges Spielwerk wieder gegeben hatte, zu erwiedern, und zu zeigen, wie sehr ich mich über die mir erzeigte Ehre freute, beschloß ich, ihnen noch einige Geschenke zu machen. Ich ging deßhalb mit den Anführern nach einer Gegend am Lande, wohin ich von meinen Leuten die ihnen zugedachten Waaren hatte bringen lassen, und gab ihnen Skalpirmesser, Streitkolben, Mennig, Toback, Glaskorallen u. dgl. und endlich Rum, diese unumgängliche Nothwendigkeit, ohne welche ich mir ihr ernstliches Mißfallen würde zugezogen haben, ich hätte ihnen übrigens alles mögliche geben mögen. Unsere Kanoes waren umgelegt, die Waaren gehörig in Sicherheit gebracht, und den Kanadiern befahl ich, so lange, als wir kampirten, Tag und Nacht beständig Wache zu halten. Diese Vorsicht ist unumgänglich nothwendig, weil die Indianer in der Trunkenheit gewöhnlich Unfug treiben. Auch in diesem Falle war unsre Vorsicht von dem größten Nutzen; denn sie erhielten sich mit dem Rum, den sie bekommen hatten, drey Tage und drey Nächte hindurch in steter Trunkenheit, und tödteten in ihrer Freude vier von ihrer Gesellschaft. Der Eine von ihnen war ein vornehmes Oberhaupt, und wurde von seinem Sohne verbrannt. Weil er ein berühmter Krieger war, wurde er mit den gewöhnlichen, bey den Wilden gebräuchlichen Ehrenbezeigungen begraben, als mit einem Skalpirmesser, einer Streitkolbe, Glaskorallen, Farbe u. s. w. einigen Stücken Holz, um auf seiner Reise zum andern Lande sich Feuer anmachen, und einem Becher von Baumrinde, um auf derselben daraus trinken zu können.

Am 21sten gingen wir wieder an Bord. Der Trupp Indianer versicherte bey dem Abschiede mit den ausdrucksvollesten Worten, daß sie mit unserm Betragen höchst zufrieden waren. Da es aber gewöhnlich ist, hier Geleitsmänner von einem See zum andern zu nehmen, so dung ich zwanzig Chippewans, mich auf meiner Landreise nach Grande Côte de la Roche zu begleiten. Diesen Weg müssen wegen des großen Wasserfalles, dessen Höhe man an der Mündung des Nipegon auf sechshundert Fuß schätzt, alle Kaufleute machen. Er ist aber für die Träger sehr ermüdend, weil sie mit beträchtlichen Lasten steile Hügel ersteigen müssen, weßwegen man auch hier zwey oder drey Tage zu bleiben pflegt, damit sie wieder Kräfte sammeln können.

Wir verließen La Grande Côte de la Roche mit gutem Muthe, und reiseten nach dem See Alemipigon, wo wir einen andern Trupp Wilde von derselben Nation antrafen. Es wurde eine Versammlung gehalten, und wir beschenkten uns gegenseitig. Wir blieben hier zehn Tage, und hatten uns am See gelagert. In dieser Zeit fiel nach einer schrecklichen Szene des Zanks und der Unruhe, die durch die zerstörenden Wirkungen des Rums veranlaßt war, unter den Indianern ein Scharmützel vor, worinn drey getödtet und zwey verwundet wurden.

Der See Alemipigon, oder Nipegon, ist ungefähr hundert Meilen lang, und versieht die Wilden mit einer großen Menge Fische. Auf dem Lande gibts Ueberfluß an wilden Wurzeln und sehr viele Thiere. Der Indianer, die hier ihre Jagd haben, sind ungefähr dreyhundert. Sie sind sehr wild und abergläubig.

Am ersten August reisten wir mit funfzehn Indianern, die uns nicht allein als Führer, sondern auch bey den Landungsplätzen als Träger dienen sollten, ab. Wir lebten von Fleisch und Wurzeln, um unser Korn und hartes Fett für den Winter zu sparen. Mit Sonnenuntergang gingen wir immer ans Land, und mit Sonnenaufgange wieder in die Kanoes zurück. Wir setzten unsre Reise fort, und kamen zum See Eturgeon, oder Stör-See (Sturgeon L.) Wir hielten uns hier nicht so lange auf, daß ich eine besondre Beschreibung davon machen könnte, habe ihn aber in meiner Reise nach dem See Manontoye, auf welcher wir des schlechten Wetters wegen daselbst auf drey Tage ans Land gehen mußten, beschrieben.

Am fünf und zwanzigsten September kamen wir an den See La Mort, oder Todtensee (Dead Lake) der nordöstlich vom See Alemipigon liegt. Er hält ungefähr sechzig Meilen im Umfange, und das Ufer ist niedrig und morastig. Sein Wasser hat einen sehr unangenehmen Geschmack, wird aber doch von den Wilden viel gebraucht. Denn in der Zeit, daß ich hier überwinterte, entdeckte ich nicht weniger als fünf und dreißig verschiedene, ungefähr drey Fuß breite, Wege, die vom Walde nach dem Ufer des Sees gehen. Er hat viele Fische. Im Winter friert er über, und das Eis geht erst im April wieder auf. Die Indianer, die sich hier versammeln, sind gute Jäger, aber sehr wild. Die Chippeway's sind nicht so begierig nach Putz, als die andern Wilden, besonders die Stämme, die weit von Michillimakinac wohnen: und dieß ist leicht zu erklären. Denn da hier noch Eis ist, wenn wir in England schon den letzten Frühlingsmonat haben, und der Winter schon früh im Oktober anfängt, so wenden sie die Zwischenzeit an, Kanoes zu verfertigen und auszubessern, kleine Fußreisen zu machen, sich mit Schwimmen und andern bey den Wilden gewöhnlichen Zeitvertreiben zu ergötzen. Auf überflüßigen Putz können die wenig denken, welche beständiger Mangel zur äußersten Anstrengung, um den täglichen Unterhalt zu erwerben, zwingt, und die nicht vorsichtig genug sind, einen Vorrath an Lebensmitteln auf den Winter zu sammeln. Die Indianer sind, von den wildesten bis zu den gebildetsten, im Ganzen äußerst träge, und wissen sich was hierauf. Denn sie glauben, arbeiten, wäre unter der Würde des Krieges, und alle häuslichen Sorgen und Verrichtungen wären das Geschäft des Weibes allein. Diese Abneigung gegen Arbeit rührt nicht von Furcht oder Abscheu vor Beschwerden her, sondern diese übernimmt und trägt im Gegentheile wohl kein Volk mit größerem Vergnügen, als sie; besonders bey ihren Ergötzungen, deren es mancherley Arten gibt, und von denen viele Anstrengung und Mühe erfordern. Sie sind eingerichtet, sie zu tüchtigen Kämpfern zu bilden, und zugleich ihre Glieder durch die starke Ausdünstung, die sie erregen, geschmeidig zu machen, daß sie mit mehrerer Leichtigkeit jagen können.

Ihr Lieblingsspiel, das Ballspiel, ist sehr ermattend. Ihr Ball ist ungefähr von der Größe eines Kricket-Balls, von Hirschleder gemacht, und mit Haaren ausgestopft. Er wird mit ungefähr zwey Fuß langen Stöcken, die unten breit zulaufen, und wie ein Racket, nur mit größern Maschen, geflochten sind, vor- und rückwärts geschlagen. Da die Rackets mit Hirschsehnen bespannt sind, so wird der Ball durch ihre Federkraft sehr weit getrieben. Das Spiel wird von zweyen gespielt, und besteht darinn, daß Einer dem Andern den Ball wegzufangen sucht, und ihn nach einem ungefähr vier hundert Yards entfernten Ziele, an welchen zwey hohe Stangen, etwa in der Weite einer kleinen Thür aufgesteckt sind, hinschlägt. Wer den Ball zwischen die beiden Stangen bringt, hat gewonnen. Die Indianer spielen mit sehr guter Laune, und sogar, wenn es Einem von ihnen in der Hitze des

Spiels einfällt, den andern mit seinem Stecken zu schlagen, so wird es nicht geahndet. Doch diese Zufälle vermeidet man sehr vorsichtig, weil man weiß, daß ihre starken Schläge oft einem einen Arm, oder ein Bein, zerbrechen.

Athtergran, oder Fehle nicht, fange alle, ist auch eine Lieblingsergötzung bey ihnen, woran die Weiber gewöhnlich Theil nehmen. Es wird mit einer Anzahl schwarzer und weißer Bohnen, worunter eine kleine Flecken hat, und der König genannt wird, gespielt. Sie werden in eine flache, hölzerne Schaale gelegt, und wechselsweise von beiden, die einander gegenüber auf der Erde sitzen, geschüttelt. Wer so geschickt ist, so zu schütteln, daß die gefleckte Bohne aus der Schaale herausspringt, bekömmt von dem andern so viel Bohnen, als sie Flecken hat: die übrigen Bohnen aber gelten nichts.

Die Knaben sind sehr geschickt im Reifetreiben, besonders sah ich die Cahunaga-Indianer sich oft in diesem Spiele auszeichnen. Es spielen so viele Knaben, als grade zusammen kommen. Einige treiben alsdann den Reif fort, und andre schießen mit Pfeil und Bogen danach. Hierinn haben sie es zu einer erstaunlichen Fertigkeit gebracht, und können einen Reif im schnellsten Laufe aufhalten, indem sie einen spitzen Pfeil in seinen Rand schießen. Und dieß können sie in einer beträchtlichen Entfernung zu Pferde und zu Fuß. Auch treffen sie auf funfzig Yards einen kleinen Vogel, und schießen auf funfzehn Yards einen Heller von einem Stocke hinunter. Lanzen und Streitkolben führen sie mit eben so viel Geschicklichkeit.

Niederlassung an dem See la Mort, nebst den Unternehmungen einer Handelspartie.

Die Beschwerden, welche meine Kanadier ausgestanden hatten, machten es nothwendig, daß wir uns auf die Winterquartiere anschickten, und dieß war die Ursache, warum ich mich an dem See la Mort niederließ. Auch fing es an, kalt zu werden, und es war zu befürchten, daß wir sehr strenges Wetter haben würden. Dieß war noch ein Bewegungsgrund mehr. Nachdem wir uns erfrischt, und die Kanoes in Sicherheit gebracht hatten, mußten mir zwey Indianer einen zum Bauen bequemen Ort anzeigen. Wir ließen uns dicht am Ufer nieder, und errichteten daselbst ein hölzernes Gebäude, das dreyßig Fuß lang, zwanzig Fuß breit, und in zwey Zimmer abgetheilt war, worinn wir unsere Waaren legten. Zunächst brachten wir unsere Kanoes in die Wälder, um sie zu verbergen, und verwahrten den Rum unter der Erde, außer einer geringen Quantität, die wir zum unmittelbaren Gebrauche zurückbehielten.

Sobald

Sobald wir alle häuslichen Dinge in Ordnung gebracht hatten, waren wir auf unsre Winterfeuerung bedacht, weil das Holz bey strenger Witterung sehr schwer nach Hause zu bringen ist. In müßiger Zeit jagten wir, um unsern Vorrath an Lebensmitteln zu vermehren, der sonst unsere Haushaltung nicht hinlänglich würde versorgt haben; denn wir durften es nicht wagen, auf die ungewisse Ankunft der Wilden zu rechnen, die nur zuweilen den Kaufleuten Fleischspeisen bringen. Der Schnee fing nun an sehr häufig zu fallen, und wir konnten ohne Schneeschuhe keine sehr weite Streifereyen ins Land machen. Vierzehn Tage lang hatten wir sehr gute Jagd, und fingen eine Menge kleiner Thiere zu unserer täglichen Nahrung. Dieß war eine sehr große Hülfe, da es unser Korn und Fett rettete. Wir hatten hier ungefähr drey Wochen gelegen, als ein großer Trupp Wilde ankam. Da ich nur acht Kanadier bey mir hatte, und unsere Anzahl also verhältnißmäßig geringe war, so wollte ich sie mit der größten Vorsicht behandeln, weil im Fall sie sich betrinken sollten, unser Eigenthum geplündert, und unser Leben aufgeopfert werden könnte. Glücklicherweise hatte ich recht standhafte Leute, die sich sehr an die Nordwest-Indianer gewöhnt hatten. Wir waren gegenseitig mit einander zufrieden, weil noch kein Rauchhändler vorher daselbst überwintert hatte. Der Oberanführer, der sich Kesconnet nannte, machte mir ein Geschenk mit Häuten, getrockneten Speisen, Fisch und wildem Hafer; eine Höflichkeit, die ich sogleich auf eine ihm sehr angenehme Art erwiederte. Die übrigen Wilden kamen darauf in mein Haus, und zwar Einer nach dem Andern, welches man ein indianisches Defilé nennt; dabey sangen sie Kriegsgesänge, und tanzten. Sie setzten sich alle auf die Erde, ihren Anführer ausgenommen, der mit vieler Würde in der Mitte stand, und folgende Rede hielt:

„Angaymer Nocey, wa haguamissey Kaygo ar-
„wayyor kee zargetoone oway barthtyage Nishin-
„norbay nogome cawwickca Kitchee Artawway win-
„nin, kitchee morgussey cargoneek neennerwind
„zargetoone artawway neennerwind debwoye Nocey
„barthtyage meekintargan omar appeemeenequy,
„mackquah, amik, warbeshance menoach Kegonce."

„Es ist wahr, Vater, ich und meine junge „Mannschaft sind glücklich, Euch zu sehen. Weil „der große Herr des Lebens einen Kaufmann ge„sandt hat, mit uns armen Wilden Mitleid zu ha„ben, so wollen wir so viel, als möglich, jagen, „und Euch alles bringen, um euch mit Pelzwerk, „Häuten und Fleischspeisen zu versehen."

Diese Rede zweckte eigentlich darauf ab, mich zu bewegen, ihnen noch mehrere Geschenke zu machen. Ich befriedigte ihre Erwartung und gab ihnen zwey Fässer Rum, jedes von acht Gallons mit einer geringen Portion Wasser vermischt, so wie dieß gewöhnlich alle Kaufleute zu thun pflegen, fünf Rollen Tabak, funfzig Skalpirmesser, Flinten, Pulver, Schrot, Kugeln ꝛc. Den Weibern gab ich Knöpfe, Spielzeug ꝛc. und jedem der acht Oberhäupter des Trupps ein nordwestliches Feuerrohr, ein Kallikohemde, ein Skalpirmesser von der besten Art und überdieß noch eine Quantität Ammunition. Diese Geschenke wurden mit einem lauten Yo hah, ihrer Freudensbezeigung, angenommen.

Die Weiber, welche bey allen Gelegenheiten Sklavinnen ihrer Männer sind, erhielten Befehl, Hütten aufzubauen. Sie bewerkstelligten dieß auch in ungefähr einer Stunde, und nun war alles zur Fröhlichkeit fertig. Der Rum, den man aus meinem Hause holte, wurde zu ihrem Wigwaum (eine Art Zelt) gebracht, und sie fingen an zu trinken. Dieß Fest dauerte vier Tage und Nächte, und ob wir gleich aus Vorsicht ihre Schießgewehre, Messer und Streitkolben in Sicherheit gebracht hatten, so wurden doch zwey Knaben getödtet und sechs Männer von drey indianischen Weibern verwundet. Auch wurde einer von den Oberhäuptern ermordet, welches mich nöthigte, verschiedene Sachen zu seinem Begräbnisse herzugeben, damit sie die gewöhnliche

Zeremonie bey ihrer Beerdigung verrichten konnten. Diese Lustbarkeiten sind für jeden Theil sehr nachtheilig, und setzen den Kaufmann in große Unkosten; und doch kann er sie ihnen nicht ohne Gefahr verweigern. Den fünften Tag waren sie alle nüchtern, bezeigten wegen ihres Betragens sehr viel Reue und beklagten bitterlich den Verlust ihrer Freunde.

Am 26sten October reiseten sie zur Jagd ab. Dieß war uns äußerst angenehm, da wir während ihres Aufenthalts kaum zu uns selbst gekommen waren. Beym Einsteigen in ihre Kanoes sangen sie den Todten-Kriegsgesang: „Wabindam, Kitchen Mannitoo, haguarmissey neatissum," oder: „Herr des Lebens, siehe mich gnädig an, du hast mir Muth gegeben, meine Adern zu öffnen."

Als wir das Holz auf den Winter in einer bequemen Entfernung aufgeschichtet hatten, brachten wir unsere Fischnetze in Ordnung. Das Eis war drey Fuß dick und der Schnee sehr tief. Diesen mußten wir zuvor wegschaffen, ehe wir Oeffnungen ins Eis hauen konnten, um unsere Netze hineinzusetzen. Wir waren in unserer Fischerey sehr glücklich, denn wir fingen in zwey Monaten ungefähr achtzehnhundert Pfund Fische, die wir zum Frieren mit den Schwänzen an Stöcke aufhingen und dann aufeinander packten. Dieß war für uns ein wichtiger Ge-

winn, weil die Fischerey mitten im Winter sehr unbedeutend ist und man wenig darauf rechnen darf,
daß die Indianer zurückkehren und die Kaufleute mit
den nöthigen Lebensmitteln versehen.

Im Sommer gehen die Fischer auf die Seen
und Flüsse, und sie thun an der Mündung eines
tiefen Stromes oder einer Bucht gewöhnlich einen
sehr guten Fang. Im Anfange des Winters hauen
sie eine große Oeffnung ins Eis und stellen Netze
aus. Mitten im Winter machen sie eine kleine
Oeffnung, worin sie angeln; und zuweilen hauen sie
zwey Oeffnungen in einer graden Richtung in das
Eis und lassen eine Linie an dem Ende eines Stocks
von einer Oeffnung zur andern gehen, womit sie
das Netz unterm Eise oft mit glücklichem Erfolge
fortziehen. Des Winters beschäftigt sich die Hälfte
Menschen täglich mit der Fischerey, ob dieß gleich
bey strenger Witterung eine sehr beschwerliche Arbeit ist.

Im Anfange des Januars 1778 war unser Vorrath an Lebensmitteln sehr geschmolzen und wir hatten nur noch etwas Fischroggen, den wir in warmen
Wasser auflöseten um davon zu leben. Wegen des
äußerst strengen Wetters konnten wir nicht nach unsern Netzen sehen; und ob wir gleich aus Mangel
an besserer Nahrung sehr in Noth waren, so mußten
wir doch zu Hause bleiben, ein großes Feuer unter-

halten und fast beständig auf unsern Decken liegen, dieß schwächte uns außerordentlich. Als wir einige Zeit in diesem unthätigen Zustande gewesen waren und der Hunger uns sehr quälte, schlug ich meinen Leuten vor, Marderfallen zu machen, dieß thaten sie auch mit dem größten Vergnügen. Sie verfertigten eine hinlängliche Anzahl und stellten sie ungefähr zwey Meilen von dem Hause auf. Indeß sie sich damit beschäftigten, blieb ich allein zurück, weil, wenn etwa die Wilden ankämen, jemand zu Hause seyn mußte. Den ersten Tag waren meine Leute glücklich und kamen mit zwey Racoons, drey Hasen und vier Bisambibern zurück. Hiervon speiseten wir den folgenden Tag. Dieß half uns freylich nicht ganz aus der Verlegenheit, aber es erleichterte unsere Lage doch sehr, setzte uns in den Stand, das Geschäft, das wir unternommen hatten, mit mehrern Kräften fortzusetzen und ruhig auf bessere Tage zu warten.

In kurzer Zeit hatten wir wieder Nichts und meine Leute wurden verzagt. Dieß bewog mich, eine Reise nach dem See Manontoye vorzuschlagen, wo wir mußten, daß H. Schaw, gleichfalls ein Rauchhändler, überwintert hatte. Hier wollten wir uns bemühen, einigen wilden Reiß zu erlangen, der dort, wie mir die Indianer erzählten, in den Morästen wüchse. Die Kanadier billigten den Plan und sagten, sie hofften bis zu meiner Rückkehr ihr Leben hinhalten zu können. Vor meiner Abreise waren wir gezwungen, einen treuen Hund zu tödten, der Joseph Boneau, einem von meinen Leuten, gehörte. Dieß ging uns sehr nahe, denn das Thier war uns nicht nur sehr zugethan, sondern auch sehr nützlich. Den nächsten Morgen zog ich meine Schneeschuhe an und beredete einen Indianer und seine Frau, die zufälligerweise mit sechs Hasen von der Jagd zurückgekehrt waren, mich zu begleiten, indem ich ihnen versprach, sie bey meiner Rückkehr mit Rum zu bezahlen. Sie willigten ein, und ein Glück, daß sie es thaten, da ich ohne Führer den Weg nicht würde gefunden haben.

Wir reiseten mit den sechs Hasen ab und brachten vier Tage zu, ohne etwas zu schießen. Dieß war zwar sehr unangenehm, allein wir lebten doch ziemlich gut von dem kleinen Vorrathe, den wir bey uns hatten. Am vierten Tage, ungefähr eine Stunde vor Sonnenuntergang kamen wir an eine kleine Bucht, die zu tief war, als daß wir hätten durchwaden können. Indeß der Indianer mir ein Floß machen half, um hinüberzusetzen, weil es bey so kaltem Wetter und gegen einen so starken Strom gefährlich war, durchzuschwimmen, sah ich mich umher und vermißte seine Frau. Ich war darüber um so mißvergnügter, weil die Sonne eben untergehn wollte und mir sehr daran lag, das gegenüberstehende Ufer zu erreichen, damit wir uns vor dem Finsterwerden daselbst lagern könnten. Ich fragte den Indianer, wo sie wäre. Er lächelte und sagte mir, er glaube sie sey in den Wald gegangen, um ein Rebhuhn zu fangen. Etwa in einer Stunde kehrte sie mit einem neugebornen Kinde in ihren Armen zurück, kam auf mich zu und sagte auf Chippewäisch: „Oway Saggonash Payshik Shomagonish," oder, „hier, Engländer, ist ein junger Krieger." Man sagt, die Indianischen Weiber brächten ihre Kinder mit sehr wenig Schmerzen zur Welt; allein ich glaube, daß dieß bloß eine Vermuthung ist. Sie sind freylich stark und abgehärtet, indeß dieß beweiset noch nicht, daß sie von den gewöhnlichen Gefühlen ihres Geschlechts bey solchen Gelegenheiten frey seyn sollten. Ein junges Weib von der Ratten-Nation lag einen Tag und eine Nacht in den Geburtswehen, ohne einen Seufzer auszustoßen. Die Macht des Beyspiels wirkt auf ihren Stolz und erlaubt nicht, daß diese armen Geschöpfe eine Schwäche verrathen, oder den Schmerz ausdrucken, den sie fühlen; wahrscheinlich damit der Mann sie seiner künftigen Aufmerksamkeit nicht unwürdig hält und Mutter und Kind verachte. Er würde es ihr auch bey irgend einer Gelegenheit zu verstehen geben, daß das Kind, wenn es ein Knabe ist, niemals ein

Krieger werden und, wenn es ein Mädchen, zaghaft bleiben und keins von beyden also sich zu einem wilden Leben schicken würde.

Man wird, wie ich glaube, nicht in Abrede seyn, daß die Indianischen Weiber ihre Kinder mit eben so vieler Zärtlichkeit lieben, als sich dieß die Eltern in den gebildetesten Staaten nur rühmen können. Ich könnte zur Unterstützung dieser Behauptung viele Beyspiele anführen. Eine Mutter säugt ihr Kind bis ins vierte oder fünfte und zuweilen bis ins sechste oder siebente Jahr. Von ihrer Kindheit an bemühen sie sich, ihnen den Geist der Freyheit einzuflößen. Sie schlagen und schelten ihre Kinder nicht, damit der kriegerische Muth, der ihr künftiges Leben und ihren Charakter schmücken soll, nicht geschwächt werde. Sie bedienen sich bey keiner Gelegenheit Zwangsmittel, um die Freyheit, womit sie ihrem Wunsche zufolge denken und handeln sollen, nicht zu unterdrücken. Sterben ihre Kinder, so beklagen sie ihren Tod mit unverstellten Thränen und weinen selbst Monate lang an ihrem Grabe. Von den Biscatonges, oder auf Französisch Pleureurs, einer Nation Wilde, sagt man, daß sie bey der Geburt eines Kindes bitterlicher weinen, als bey ihrem Tode, weil sie den Tod nur als eine Reise ansehn, von welcher sie wieder zurückkeh-

ren werden; ihre Geburt aber für den Eingang in
ein Leben voll Gefahren und Unglück halten.

Wird ein Kind zu Sommerszeit geboren, so
geht die Mutter gleich nach der Geburt mit dem
Kinde ins Wasser und taucht es unter. Darauf
wird es in eine kleine Decke gewickelt, auf ein fla=
ches Brett, das die Gestalt eines Sargbodens hat,
gebunden und mit trocknem Moße bedeckt. Oben,
wo der Kopf liegt, wird ein Reif übergespannt,
um ihn vor Verletzungen zu verwahren. Im Win=
ter wird es in Häute und Decken eingehüllt. Bey
der Sommerhitze wirft man Gaze über den jungen
Wilden, um die großen Mücken (Musquitoes) ab=
zuhalten, die in den Wäldern sehr beschwerlich sind.
Das Brett, worauf das Kind liegt, wird vorn an
dem Kopfe der Mutter mit einem breiten gestrickten
Gürtel festgebunden und hängt auf ihren Rücken
herab.

Als die Franzosen Kanada in Besitz nahmen,
hatten die Weiber weder Linnen noch Windelzeug.
Ihr ganzes Kindergeräth bestand aus einer Art
Trog mit trocknem Staube von faulem Holze ange=
füllt, der so weich ist, wie die feinsten Daunen und
sehr gut die Feuchtigkeiten des Kindes einsaugt. In
diesen Trog legte man das Kind, bedeckte es mit
Fellen, und band es mit starken, ledernen Riemen

feſt. Man wechſelte ſo oft als nöthig mit dem Staube ab, bis das Kind entwöhnt war.

Bey den einigermaßen kultivirten Indianern füttern die Weiber ihre Kinder mit Muß, den man, wenn es zu haben iſt, aus türkiſchem Weizen und Milch zubereitet. In den nördlichern und von den Europäern entferntern Theilen nimmt man dazu wilden Reiß und Hafer, der von der Spreu gereinigt, zwiſchen zwey Steinen zerrieben und in Waſſer mit Ahorn=Zucker *) gekocht wird. Dieß hält man für eine ſehr nahrhafte Speiſe, und mit Fleiſchbrühe von Fiſchen und andern Thieren, wovon ſie einen Ueberfluß haben, zubereitet, muß es nothwendig dem Kinde eine geſunde und ſtärkende Nahrung geben. Bey verſchiedenen Indianiſchen Stämmen macht man das Muß aus Sagavite **), das von einer Wurzel, die ſie Toquo nennen und von der der Brombeerart iſt, kömmt. Dieß wird gewaſchen und getrocknet, darauf gerieben und zu einem Teiche gemacht, der gebacken ganz angenehm ſchmeckt aber ſehr zuſammenziehend iſt.

Bey dem Stör=See hielten wir uns wegen des ſchlechten Wetters drey Tage auf. Dieß gab mir

---

*) Maple Sugar weiß ich nicht anders zu geben.

**) Sagavite muß wohl ein Präparat aus dieſen Wurzeln ſeyn.   Z.

zu einigen Beobachtungen über diesen See Gelegenheit, die ich nicht machen konnte, als ich ihn auf meinem Wege nach dem See la Mort passirte.

Diesen See kann man, nach den Berichten der Indianer, etwa in fünf Tagen überschiffen; seine Breite beträgt an einigen Theilen ungefähr dreyßig Meilen. Es liegen eine Menge kleiner Inseln in demselben, die Ueberfluß an Hasen, Rebhühnern und wilden Vögeln haben. Die Indianer, die ihn besuchen, sind die Hawonzask oder Musquash, die die Chippewäische Sprache reden. Sie führen gewöhnlich keine so umherstreifende Lebensart, als die Chippewä's überhaupt. Sie verlassen selten das Binnenland und sind vortreffliche Jäger. Herr Carver gibt auf seiner Charte ein Dorf an, das nach dem Flusse St. Croix führt, und wie er sagt, den umherstreifenden Chippewäs gehört; allein, ich glaube, man kann die ganze Nation, sehr wenige ausgenommen, im strengsten Sinne des Worts Umherstreifer nennen.

Den ersten Rasttag schossen wir einen Hasen. Aus seinen Schenkelbeinen machten wir Fischangeln und köderten sie mit dem Fleische. Die Linien verfertigten wir aus der Rinde des Weidenbaums, die wir in Reiser zerschnitten und fest zusammendrehten. Unsere Arbeiten gingen sehr glücklich von Statten, denn wir fingen nicht allein für jetzt einen hinreichenden Vorrath, sondern hatten auch für den übrigen Theil der Reise zu dem See Manontoye genug.

Am Tage vor unsrer Ankunft tödteten wir zwey Ottern, die ich H. Schaw zum Geschenke bestimmte. Ich zweifelte nicht, daß ihm etwas Fleischspeise wegen der strengen Jahrszeit sehr angenehm seyn würde, weil ich glaubte, daß seine Lage, außer daß er mit Hafer versehen war, eben so schlecht sey wie die unsrige. Als wir ungefähr noch sechs Meilen von dem See waren, trafen wir eine kleine Partey Indianer an, die uns durch die Erzählung eines schrecklichen von den Hudsonsbay-Wilden veranlaßten Tumults beunruhigten. Drey von ihrem Trupp, sagten sie, wären getödtet, und sie glaubten, H. Schaw sey ihrer Wuth aufgeopfert, weil sie sie hätten berathschlagen hören, den Rauchhändler zu plündern. Sie beklagten sehr, daß sie ihm nicht hätten beystehen können, da sie nicht einmal stark genug wären, das ihnen selbst zugefügte Unrecht zu rächen. Sie versprachen indeß, mich auf den Weg und so nahe an H. Schaw's Haus zu bringen, als es ihre Sicherheit erlaubte.

Nachdem wir etwas Erfrischung zu uns genommen hatten, setzten wir unsere Reise fort, bis wir etwa noch zwey Meilen von dem Hause waren. Hier hielten es die Indianer für klug, uns zu verlassen, wünschten mir einen glücklichen Erfolg, verließen den Fußsteig und zogen sich, um nicht gesehen zu werden, in den Wald zurück, woselbst sie bis zu meiner Rückkehr zu warten versprachen. Mein Indianer und seine Frau wollten ebenfalls aus Furcht vor den Hudsonsbay-Wilden nicht weiter gehn. Ich war in einer sehr unangenehmen Lage und überlegte, wie ich einem meiner Mitbrüder helfen und zugleich mich selbst vor Gewaltthätigkeiten sichern könnte. Ich verließ mich auf mein Glück, womit ich gewöhnlich diese Art Tumulte, die durch Trunkenheit veranlaßt werden, unterdrückte. Ich war überzeugt, daß ich so gut, wie irgend jemand die Natur der Indianer bey solchen Gelegenheiten kannte, und zweifelte gar nicht, daß, wenn ich meine Bemühungen, den H. Schaw aus seiner gefährlichen Lage zu retten, vergeblich seyn sollten, ich selbst doch wenigstens im Fall eines Angriffs sicher entkommen könnte. So wie nun eine angenehme Idee sehr oft eine andere erzeugt, und nach und nach Zutrauen in der Seele erweckt, so stellte ich mir schon im Voraus mit vielem Vergnügen H. Schaw's Befreyung vor. Durch diese schmeichelhaften Hoffnungen aufgemuntert, entschloß ich mich, alles anzuwenden, um ihm so bald als möglich, zu helfen, und setzte daher sogleich meine Reise fort. Ich war ungefähr noch eine Viertelmeile von der Scene der Unruhe entfernt, als ich sehr laut und lärmend das Kriegsgeschrey

hörte. So sehr ich mich an ein solches Geschrey gewöhnt hatte, so wurde ich doch äußerst unruhig,
und schon wankte ich in meinem Entschlusse, denn
ich wußte, daß die Wuth der Indianer, wenn sie
erst einen gewissen Grad erreicht hat, keine Gränzen
kennt, und daß es äußerst schwer ist, sie mit jeman=
den wieder auszusöhnen, auf den sie unglücklicher=
weise einen Haß geworfen haben. Allein der Gedanke, mich als ein Krieger zu betragen, und die
Erinnerung an die Zeit, wo ich zu Pays Plat auf-
genommen wurde, begeisterte mich so sehr, daß ich
es für unmännlich hielt, vor der Gefahr zu zittern;
und kaum hatte ich mich durch das Gehölz gedrängt,
als ich die höllischen Geister, denn einen andern Namen kann ich ihnen nicht geben, vor mir sah.

Ich lag einige Minuten im Hinterhalt, bis ich
Einen von ihnen in Chippewäischer Sprache aus=
rufen hörte: „Haguarmissey mornooch gunnisar
Cushecance," oder: „Ich will die Katze nicht töd=
ten," so nannten die Indianer H. Schaw wegen
seiner schwachen Stimme. Dieß überzeugte mich,
daß er noch lebte, aber in großer Gefahr wäre. Ich
eilte so schnell als möglich, zu dem Hause, und fand
die Wilden, sowohl Männer als Weiber völlig trunken. Die Hütten waren niedergerissen, die Kanoes
fortgetrieben und das Ganze bildete die schrecklichste
Scene, die ich je sah. Ein alter Indianer und

eine Frau, die, wie ich nachher erfuhr, seine Mutter war, lagen todt auf dem Schnee am Ufer. Ich versuchte mehreremal ins Haus zu kommen, allein die Wilden hielten mich zurück, küßten mich und sagten mir, daß sie mich liebten, aber daß ich der Katze nicht zu Hülfe kommen müßte. Zuletzt überredete ich sie mit unbegreiflicher Schwierigkeit, mich anzuhören. Es war mir äußerst angenehm, daß mir nur dieß gelang; denn jedem andern, der nicht völlig Herr der Sprache und des Charakters der Wilden und zugleich kaltblütig und gelassen genug war, ihren Unsinn mit Geduld und Mäßigung anzuhören, würde es äußerst schwer gewesen seyn.

Ich wandte mich also an den nüchternsten von den Oberhäuptern und fragte ihn um die Ursache ihres Streits. Er sagte mir, H. Schaw wäre ein Hund und keine Katze, denn er hätte ihnen den Rum abgeschlagen; er und die übrigen schätzten sich zwar glücklich, mich zu sehen, weil sie gehört hätten, daß ich gegen die Wilden immer sehr gut gesinnt wäre, aber ich möchte ja nicht darauf denken, der Katze beyzustehn, denn sie wären Herr von dem Wigwaum und nicht er, und sie hätten sich entschlossen, allen Rum, den er in Besitz hätte, vor Tages Anbruch wegzunehmen.

H. Schaw's Haus konnte sehr eigentlich ein Fort heißen, weil es durch hohe Pallisaden gesichert war,

war, die es den Indianern schwer machten, sich demselben zu nähern. Auch hatte er die Vorsicht gebraucht, sowohl das äußere als das innere Thor zuzuschließen. Ich sagte dem Anführer, es wäre nicht meine Absicht, mich in ihre Sache zu mischen; ich käme nur zufälligerweise auf meinem Wege nach Lac de Rouge hier vorbey und wollte mich bloß hier aufhalten, um etwas Erfrischung zu nehmen. Dieß hörte er mit dem größten Vergnügen, weil er wußte, daß H. Schaw nur einen Mann im Hause hätte und die übrigen mit dem Dollmetscher Lebensmittel aufsuchten, so daß sie nach meiner Abreise bey ihren Unternehmungen sehr wenig Widerstand finden würden. Ich sahe, sie bestanden so sehr darauf, ihren Vorsatz auszuführen, daß, wenn ich die geringste Absicht oder Neigung verrathen hätte, dem unglücklichen Manne beyzustehn, man mich höchst wahrscheinlich ohne viel Zeremonie würde abgethan haben. Die Wirkung des Rums, den sie schon getrunken hatten, hatte so sehr ihre Begierden erhöht, daß nichts weniger als der Besitz des ganzen Vorraths sie befriedigen konnte; und ich bin überzeugt, daß wenn die Hälfte von ihnen umgekommen wäre, die übrigen ohne Anstand ihr Leben bey dem Versuche würden gewagt haben. Um allen Verdacht zu vermeiden, der wahrscheinlich sowohl für H. Schaw als mich selbst würde unglücklich gewesen seyn, ver-

G

ließ ich das Oberhaupt und wartete auf eine bequeme Gelegenheit unentdeckt zurückzukehren. Zum Glück hatten die Indianer noch nicht allen Rum getrunken, der ihnen von H. Schaw gegeben war. Das Oberhaupt ging so bald ich ihn verließ, wieder in seine Hütte, um seinen Rausch zu vermehren, und die Unterhaltung, die zwischen uns vorgefallen war, mitzutheilen; denn die übrigen waren bald nachher als die Unterredung anging, weggegangen.

Als ich bemerkte, daß die Küste leer war, ging ich heimlich zu dem Fort und sprach laut auf Französisch und Englisch. H. Schaw und sein Mann hörten mich und waren, als sie mich an meiner Stimme erkannten, vor Freuden außer sich. Der Mann, der ein Kanadier war, freuete sich am meisten, weil er zum erstenmal unter den Wilden überwinterte und sich also sehr fürchtete. Bey meiner Ankunft hörte ich ihn mit der größten Freude ausrufen: „Mon Dieu, que je suis content! Notre ami est arrivé, autrement nous serions foutu. Je conte assurément, que nous serons bientôt libre mon cher bourgeois." Er öffnete sogleich das Thor; ich ging schnell hinein und wünschte ihm Glück wegen der Aussicht das Vorhaben der Indianer zu vereiteln; denn ich wäre entschlossen mein Möglichstes anzuwenden und mit ihnen zu leben oder zu sterben. H. Schaw dankte mir für meine Freundschaft und gab mir sogleich einen genauen Bericht von der Unruhe. Die Hudsonsbay=Indianer, sagte er, wären mit sehr wenig Pelzwerk zu ihm gekommen; sie hätten darum gehandelt und er hätte ihnen mehr Rum dafür gegeben, als sie mit Recht hätten verlangen können; allein statt damit zufrieden zu seyn, wären sie noch auf mehrern bestanden; und in der Trunkenheit hätten sie einen Indianer und seine Mutter getödtet, und den Versuch gemacht, sein Haus mit einem feuerfangenden Holze in Brand zu stecken *), das sie brennend an die Spitzen der Pfeile befestigt und abgeschossen hätten. Als er mit seiner Erzählung zu Ende war, munterte ich ihn auf, Muth zu fassen und rieth ihm, wenn die Indianer wieder kämen, ihr Vorhaben auszuführen, ganz gleichgültig gegen ihre Drohungen zu scheinen.

Wir waren noch mitten im Gespräche begriffen, als ich drey Oberhäupter nicht weit vom Hause bemerkte, die sich sehr ernsthaft mit einander unterredeten. Ich vermuthete gleich, daß sie darüber berathschlagten, wie sie am besten ihr Vorhaben ins Werk setzen wollten. Als sie näher kamen, rief ich ihnen zu, und bat sie ins Haus zu kommen. Sie kamen sogleich einer nach dem andern herein. Man

---

*) Punk wood ist wohl der dort gewöhnliche Nahme eines hieher vorzüglich gebrauchten Holzes.

sahe ihnen die Verrätherey aus den Augen, denn sie waren zu ernsthaft mit ihrem Vorhaben beschäftigt, als daß sie sich hätten ganz verstellen können. Ich sprach mit ihnen ohne alle Zurückhaltung und fragte sie ganz freundschaftlich, ob sie nüchtern wären; allein ehe sie mir antworten konnten, waren die übrigen vom Trupp vor dem Thore, kamen aber nicht herein. Ihr Oberhaupt sagte mir nun, sie wären sehr nüchtern und bezeigten über ihr Betragen eine große Reue; auch habe jetzt das starke Wasser seinen Einfluß verloren, sie sähen ihre Thorheit ein und der böse Geist hätte gewiß ihre Herzen verlassen.

Ich sagte ihnen, der Herr des Lebens wäre über sie erzürnt und sie verdienten, wegen ihres schlechten Betragens gegen den Rauchhändler, der sie wie ein gütiger Vater behandelt und alle ihre Bedürfnisse befriedigt hätte, daß sie auf ihren Jagden gar kein Glück machten. Ich bot ihnen darauf etwas Tabak zum Rauchen in der Versammlung dar, was sie auch annahmen, und indem ich den Anführer ernsthaft anblickte, redete ich den Trupp auf folgende Art an:

„Keennerwind Ojemar woke, kee wabindan indenendum kee kee noneydone Kitchee Mannitoo, ojey candan opin weene aigther ojey petoone now. wetting guyack debarchemon kay gait nin oathty hapadgey nee woke keennerwind equoy kee janis goyer metach nogome gudderbarchemon hunjyta. O, nishshishshin artawway winnin Kaygait nee zargetoone artawway winnin metach kakaygo arwayyor Matchee Mannitoo, guyyack neennerwind oathty mornooch kee appay omar neegee."

„Ihr Oberhäupter und ihr übrigen des Stam=
„mes, deren Augen offen sind, ich hoffe, ihr wer=
„det den Worten meines Mundes Gehör geben. Der
„Herr des Lebens hat mein Gehirn geöffnet und ge=
„macht, daß mein Athem gute Worte strömet.
„Mein Herz fühlt für Euch, eure Weiber und Kin=
„der; und was ich jetzt rede, kömmt aus der Wur=
„zel der Empfindungen für meinen Freund, dem
„dieß Haus gehört und der mir gesagt hat, daß sein
„Herz bey eurer Ankunft für Euch offen gewesen
„wäre; allein seiner Güte ungeachtet hätte sich Euer
„der böse Feind bemächtigt, der ihn sehr unglücklich
„gemacht hätte. Er hoffte indeß, der Herr des Le=
„bens würde eure Gesinnungen ändern und Euch
„wieder zu den guten Indianern machen, die ihr
„sonst zu seyn pflegt." Auf diese Rede antwortete
einer der Oberhäupter folgendes:

„Kaygait Amik, kee aighter annaboycaſſey omar hapadgey; O, nishshishshin kee debarchemon nogome neennerwind ojey stootewar cock innor nee doskeennerwaymuy kee debwoye neecarnis hapadgey sannegat neennerwind ha nishinnorbay kaygwotch annaboycassey ozome Scutthaywabo ojey minniguy neennerwind angaymer Amik, shashyyea suggermarsh cockinnor nogome mornooch toworch payshik muccuk Scutthaywabo ojey bockettynan Cushshecance warbunk keejayp neennerwind ojey boossin; — haw, haw, haw."

„Es ist wahr, Biber, ihr habt einen starken „Verstand, er versüßt uns eure Worte, und wir „verstehen Euch alle. Wir wissen, Freund, von „euren Lippen strömt Wahrheit. Es ist sehr trau- „rig für uns Indianer, daß wir nicht den Verstand „der weißen Menschen haben, um zu wissen, wenn „wir genug von dem starken hitzigen Wasser getrun- „ken haben; aber wir hoffen die Katze wird das „Fell von seinem Herzen werfen und es so rein ma- „chen wie die unsrigen sind. Wir hoffen auch, er „wird sein Herz noch einmal öffnen, und uns ein „kleines Faß von dem starken Wasser geben, da- „mit wir auf die Gesundheit unsers Bruders und „unsrer Schwester trinken können, die wir in das „ferne Land geschickt haben; und morgen mit An- „bruch des Tages wollen wir abreisen."

H. Schaw versprach ihnen auf meinen Rath ihre Bitte zu gewähren, mit der Bedingung, daß sie ihr Versprechen erfüllen und so lange sie hier blieben, nicht einmahl den Rum schmecken sollten. Ich machte ihnen diesen Entschluß bekannt, sie kehrten in ihre Hütten zurück und ließen uns in ruhigem Besitze des Forts.

Die Indianer hielten sich die ganze Nacht ruhig, dieß ließ mich hoffen, daß der ihnen versprochne Rum die gewünschte Wirkung gethan hätte; allein ich schmeichelte mir zu sehr, denn das Aergste hatten wir noch nicht überstanden. Sie versammelten sich mit Tagesanbruch und verlangten den Rum, der ihnen auch sogleich gegeben wurde. Sie stiegen darauf in ihre Kanoes und fuhren ab ohne ihre Todte zu begraben. Dieß war etwas sehr ungewöhnliches und machte mich unruhig, denn kein Volk erweiset mit mehrerer Achtung dem Körper der Verstorbenen die schuldige Pflicht als sie. Ich vermuthete, der böse Geist wäre noch immer in ihnen, und sie hätten sich nur ein wenig entfernt um den Rum zu trinken. Wir schickten uns deßwegen zu einem Angriff an, luden acht und zwanzig norstwestliche Feuerröhre und ein Paar Pistolen, setzten uns ans Feuer und warteten bis sie zurückkehren und das Vorhaben, das meine glückliche Ankunft bis jetzt verhindert hatte, ausführen würden. Ungefähr in einer Stunde kamen sie an und sangen ihre Todten-Kriegsgesänge. Jeder Krieger war nackt und vom Kopfe bis zum Fuße schwarz bemahlt. So wie sie sich dem Hause im indianischen Defile näherten, wiederholte ein

Jeder folgende Worte: Mornooch ioworch gunnesar cushshecance neennerwind ojey dependan O wakaygan," oder: „Wenn wir auch die Katze nicht tödten wollen, so gehört uns doch dieß Fort mit Allem, was darin ist."

Indeß sie so sangen, machten wir unsere Gewehre zurechte und legten sie so, daß wir im Nothfalle sogleich Gebrauch davon machen konnten. Wir waren entschlossen uns standhaft zu vertheidigen, obgleich ich und H. Schaw nur allein waren, denn der Indianer war in den Wald geflohen.

Ich stellte den Kommandeur vor und verlangte von H. Schaw, genau meinen Befehlen zu gehorchen und ja nicht eher zu feuern, als bis ich das Signal gäbe; denn ich wußte, daß der Tod eines einzigen Wilden, selbst wenn wir uns auch nur vertheidigten, die übrigen so rasend machen würde, daß wir unmöglich ihrer Wuth entgehen könnten. Unsere Lage war wirklich sehr kritisch und wir handelten daher mit so vieler Kaltblütigkeit, als Leute, die zum Tode bestimmt sind, nur thun konnten. Glücklicherweise fiel mir ein Gedanke ein, den ich sogleich in Ausführung brachte. Ich ging ins Vorrathshaus, rollte ein Faß Schießpulver in den äußern Raum und schlug den Boden heraus. Kaum war ich damit fertig, so rückten schon die Wilden mit Speren und Streitkolben bewaffnet vors Thor und

Einer sagte zum Andern: "Keen etam," oder: "Ihr geht zuerst." Wir standen bereit, sie zu empfangen und gaben ihnen zu verstehn, daß wir uns nicht fürchteten. Einer von dem Trupp trat ins Haus und ich sagte zu ihm ernsthaft: "Ha wa neyoe shemagonish equoy kee tertennin marmo?" oder: "Wer unter euch alten Weibern ist ein braver Soldat?" und sogleich hielt ich das gezogene Pistol auf das Faß Schießpulver und rief mit großen Nachdruck aus: "Cockinnor marmo neepoo nogome;" oder: "Wir wollen heute alle sterben." Als sie diese Worte hörten, liefen sie alle aus dem Thore und schrien: "Kitchee Mannitoo ojey petrone Amik O mushkowar haguarmissey yang," oder: "Der Herr des Lebens hat dem Biber große Stärke und Muth verliehen." Die Weiber flohen mit der größten Eile, stießen ihre Kanoes ins Wasser und fuhren so schnell ab als sie konnten. Die Männer, die vorhin betrunken waren, wurden nüchtern und ruderten so schnell als möglich nach einer dem Hause gegenüberliegenden Insel. Bald darauf kam ein Kanoe mit sechs Weibern ans Ufer, um wieder Frieden zu stiften; allein ich schlug alle Aussöhnung aus und sagte ihnen, sie hätten mich sollen eher kennen, mein Name wäre Biber, alle Indianer wüßten, daß ich ein Krieger wäre und daß sich mein Herz nicht so leicht erweichen ließe. Die Weiber kehrten sogleich zurück und nahmen die Todten mit sich. Dieß war mir ein hinreichender Beweis, daß sie nicht die Absicht hatten, uns wieder zu beunruhigen.

Auf die Weise wurden wir durch eine glückliche Gegenwart des Geistes von dem unvermeidlichsten Verderben und vielleicht auch von dem martervollsten Tode gerettet.

Ich kann nicht umhin zu bemerken, wie nothwendig es für einen Rauchhändler ist, daß er kaltblütig, gesetzt und im Nothfalle brav aber nicht rasch oder übereilend sey. Die Indianer sind genaue Beobachter der menschlichen Seele, und an jener sichtbaren Ruhe erkennen sie leicht den wahren Muth, und unterscheiden ihn von Verstellung. Es ist bekannt, daß kein Volk in der Welt den Muth auf eine so grausame Probe stellt und mit einer solchen wilden Neugierde bey der Hinrichtung ihrer Feinde die Wirkungen der ihnen angethanen Martern beobachtet, als die Indianer. Selbst die Weiber sind desto freudiger, je mehr sie den unglücklichen Leidenden mit dem Tode kämpfen sehen. Oft aber wirkt dieser Geist auch auf den leidenden Theil so sehr, daß ihm selbst die schrecklichsten Qualen nicht einen Seufzer auspressen. Ein Paar Beyspiele aus H. Adair's Geschichte der amerikanischen Indianer bestätigen die Wahrheit der Erzählungen, die man von der außerordentlichen Geistesstärke der Indianer macht.

Vor einigen Jahren, als die Schawano-Indianer ihre Wohnungen verlassen mußten, machten sie auf ihrem Wege einen Muskohge-Krieger, mit Namen der alte Scrany zum Gefangenen. Sie schlugen ihn ganz grausam, und verurtheilten ihn zur schrecklichsten Marter. Er hielt dieß aus ohne die mindeste Unruhe zu zeigen, seine Mienen und sein ganzes Betragen waren so, als wenn er nicht den geringsten Schmerz litte. Er sagte seinen Verfolgern mit trotziger Stimme, er wäre ein Krieger, seinen meisten kriegerischen Ruhm hätte er sich auf Unkosten ihrer Nation erworben, und er wollte ihnen auch im Tode zeigen, daß er ihnen noch eben so überlegen wäre, als wenn er seine tapfern Landsleute gegen sie anführte. Er wäre zwar in ihre Hände gefallen, und hätte sich, als er den heiligen Kriegsbogen gegen seine verwünschtesten Feinde geführt habe, durch irgend ein Vergehen des Schutzes der göttlichen Macht unwürdig gemacht, allein er hätte noch so viel Tapferkeit, daß er sich mit noch ausgesuchtern Martern strafen könne, als ihr ganzer verächtlicher unwissender Haufe im Stande wäre; und er wollte dieß thun, wenn sie ihn losbänden und ihm einen von dem glühenden Flintenläufen gäben. Der Vorschlag und die Art des Vortrags schien so außerordentlich kühn und ungewöhnlich, daß man ihm seine Bitte gewährte. Darauf faßte er plötzlich das eine Ende des glühenden Flintenlaufs, schwengte es von einer Seite zur andern, bahnte sich so seinen Weg durch die bewaffnete und erstaunte Menge, sprang von einem steilen und hohen Ufer in einen Arm des Flusses, schwamm durch, lief über eine kleine Insel und setzte auch durch den andern Arm, mitten unter einem Regen von Kugeln. Eine große Anzahl von seinen Feinden waren dicht hinter ihm; allein er entging ihnen doch endlich in einen Brombeerenbruche und kam so, zwar nackt und zerfetzt, in sein Vaterland.

Die Schawano-Indianer nahmen auch einen Krieger von der Anantoocah-Nation gefangen und stellten ihn mit ihren gewöhnlichen grausamen Feyerlichkeiten an den Pfahl. Er hatte ganz gleichgültig die größte Marter ausgestanden, als er ihnen verächtlich sagte, sie wüßten nicht, wie sie einen braven Feind strafen müßten; er wollte es sie daher lehren, und die Wahrheit seiner Versicherung bestätigen, wenn sie ihm nur Gelegenheit dazu geben wollten. Er verlangte also eine Pfeife und etwas Tabak von ihnen und setzte sich, so nackt wie er war, auf die brennenden Fackeln der Weiber, die innerhalb des Kreises lagen, und rauchte ganz ruhig seine Pfeife fort. Hierauf erhob sich ein Oberhaupt und sagte, sie sähen deutlich genug, daß er ein Krieger wäre und sich nicht zu sterben fürchte, auch hätte ihm sollen das Leben geschenkt werden, wenn er nicht von dem Feuer verletzt und nach ihren Gesetzen demselben geweihet wäre. Indeß sollte man doch, ob er gleich ein sehr gefährlicher Feind und seine Nation ein verrätherisches Volk wäre, sehen, daß sie wahren Muth zu schätzen wüßten, selbst bey einem, der auf Unkosten des Lebens von so vielen ihres geliebten Volks mit Kriegesstreifen geschmückt wäre; und darauf machte er aus Barmherzigkeit mit seiner freundschaftlichen Streitkolbe allen seinen Schmerzen ein Ende. Obschon das dankbare aber blutige Instrument einige Minuten vorher, ehe es ihm den Streich versetzte, bereit lag, so konnten doch die Zuschauer nicht bemerken, daß der Leidende seine Stellung oder die Standhaftigkeit seiner Mienen im geringsten veränderte.

In vielen Fällen wird der Tod unter den Indianern eher gesucht als gefürchtet, und besonders wenn sie alt und zum Jagen nicht mehr stark oder geschmeidig sind. Der Vater bittet denn den Sohn, ihm sein Klima zu verändern, und der Sohn übernimmt vergnügt das Amt eines Henkers, und setzt dem Leben seines Vaters ein Ziel.

Wenn unter den nördlichen Chippewäern der Vater einer Familie sich die gewöhnliche Sitte nicht will gefallen laſſen, ſein Leben ihm und ſeinen Freunden zur Laſt wird, und ſeine Kinder ihn mit ihrer Hände Arbeit ernähren müſſen, ſo laſſen ſie ihm die Wahl, ob er mit einem kleinen Kanoe mit Rudern, mit Bogen und Pfeilen und einer Schale zum Trinken verſehen an das Ufer einer Inſel ausgeſetzt werde und daſelbſt ſterben; oder ob er den Tod nach den Geſetzen der Nation männlich ertragen will. Da man wenige Beyſpiele hat, wo das Letztere nicht vorgezogen wäre, ſo will ich die Zerimonien beſchreiben, die man bey ſolchen Gelegenheiten anſtellt.

Man macht ein Schwitzhaus zurecht, nach eben der Form wie bey der Zeremonie der Adoption, und indeß daß mit dem Alten die Vorbereitungsprobe vorgenommen wird, bezeigt die Familie ihre Freude, daß der Herr des Lebens ihnen die Kenntniß mitgetheilt habe, wie ſie mit den Bejahrten und Schwachen umgehen und ſie in ein beſſeres Land ſchicken ſollen, wo ſie wieder erneuert ſeyn und mit aller Jugendkraft jagen werden. Dann rauchen ſie die Friedenspfeife, feyern ihr Hundsfeſt und ſingen den großen Arzneygeſang, wie folget:

„Wa haguarmissey Kitchee Manniroo Kaygait cockinnor nichinnorbay ojey kee candan hapadgey kee zargetoone nishinnorbey mornooch kee tarpenan nocey keen aighter, O, dependan nishinnorbay, mornooch towarch weene ojey mishcoot pockcan tunnockay." — „Der Herr des Lebens gibt Muth. Es ist wahr, alle Indianer wissen daß er uns liebt, und wir geben ihm unsern Vater, damit er in einem andern Lande jung seyn mag und jagen kann."

Die Gesänge und Tänze werden wiederholt, und der älteste Sohn gibt seinem Vater mit einer Streitkolbe den Todesstreich. Dann nehmen sie den Körper, bemahlen ihn aufs beste, begraben ihn mit den Kriegswaffen und setzen eine Hütte von Rinde auf das Grab, damit die wilden Thiere es nicht zerstören können.

So maßt sich der unaufgeklärte Theil des Menschengeschlechts ein Recht an, einander das Leben zu nehmen, wenn sie es durch ihrer eignen Hände Arbeit nicht mehr erhalten können; sie halten es für Pflicht, das Leben derer zu endigen, denen sie ihr eignes zu verdanken haben, und mit den Armen, die man in kultivirtern Ländern zu ihrer Unterstützung würde gebraucht haben, versetzen sie ihnen den tödlichen Streich *).

*) Diese scheußliche Gewohnheit herrschte vor Alters gleichfalls unter den Wenden. Bey Luchow im Lüneburgischen ist noch ein Wald deßhalb davon benannt, es heißt das Jammerholz. Hier erschlugen die Kinder ihre abgelebten Eltern; man findet eine umständliche Nachricht hierüber in einem der letzten Jahrgänge des Hannöverischen Magazins, wo eine Frau von Lüneburg (von altem adeligen Geschlecht) noch einen solchen armen Vater rettete. Z.

Ich blieb bey H. Schaw bis seine Leute zurück-
kamen und nahm einen indianischen Blockschlitten
mit wildem Reiß und trocknen Reiß beladen und
zwey von seinen Kanadiern zu meiner Hülfe mit.
Auf dem Wege rief ich die Indianer, die mir die erste
Nachricht von der Unruhe bey H. Schaw mittheil-
ten, an dem Orte wo ich sie verließ; allein sie waren
weggegangen. Mein Indianer und seine Frau warteten auf mich und waren erfreut mich wieder zu sehn.
Bey meiner Zurückkunft nach dem See la Mort fand
ich alle meine Leute ganz gesund und munter, denn
sie waren während meiner Abwesenheit sehr gut von
den Wilden mit Lebensmitteln versehen und hatten
meinen Pelzvorrath durch Tausch vermehrt. H.
Schaw's Leute blieben eine Nacht in meinem Hause,
und gingen den folgenden Morgen nach Manotoye ab.

Der Indianer Methode in den Krieg zu ziehen u. s. w.

Der See Manontoye, wo Herr Schaw überwinterte, ist nicht so groß, als der Störsee. Er hat Ueberfluß an schönen Fischen und Wasservögeln, und in seinen Morästen wachsen Hafer, Reis und Krahnsbeeren wild. Inseln sind wenige auf ihm. Es versammeln sich hier ungefähr drey hundert von der Nation der Chippeway's, die sehr wild und kriegerisch sind, und mit den Sioux, die am Mississippi wohnen, bisweilen Krieg führen. Oft sind sie funfzehn Monate von ihren Familien entfernt, und kehren selten ohne einen Gefangenen, oder ein Skalp, zurück.

Es ist sehr wunderbar, wie der Durst nach Blut die Menschen anspornen kann, eine so ungeheure Strecke zu durchwandern, unbeschreibliches Ungemach zu ertragen, da es doch noch ungewiß ist, ob der Erfolg ihre Leidenschaft, die nur ein höllischer Geist ihnen einflößen konnte, befriedigen wird; und wie sie mit unbegreiflicher Zufriedenheit zurückkehren, wenn der Erfolg ihre mühseligen Arbeiten gekrönt hat, mit dem größten Frohlocken die Begebenheiten ihrer Reise erzählen, und dabey lachen können, wenn sie beschreiben, wie Dieser und Jener durch ihre Hand mit dem Tode rang. Die schrecklichsten Handlungen eines Rasenden können nicht grausamer seyn. Glücklich sind die, welche die Wohlthat eines Staats genießen, dessen Verfeinerung und Gesetze sie vor solcher zerstörenden Wuth schützen. *)

Ehe sie in den Krieg gehen, beruft das Oberhaupt eine Versammlung. Alle Anführer bringen ihren Wampumgürtel und ihre Kriegspfeife mit; den Gürtel, um daran ihre vorigen Verträge mit der Nation, die sie bekriegen wollen, nachzusehen, und die Pfeife, um bey dem Versammlungsfeuer daraus zu rauchen. Wenn sie Krieg beschlossen haben, so schicken sie ihre Gürtel und Pfeifen den Feinden, und grüßen diese auf gleiche Weise wieder, so rüsten sie sich sogleich mit der festesten Entschlossenheit zum Morden.

Die Erzählung des Emilius Montague gibt ein treffendes Beyspiel dieses schrecklichen Blutdurstes, und ich will es mit des Verfassers Worten anführen.

*) Es klingt dieß Lob der Civilisation doch wirklich in dem Munde unsres Verfassers sonderbar genug! Z.

„Ein Missionär der Jesuiten erzählte mir über
„diesen Gegenstand eine Geschichte, die niemand
„ohne Schaudern anhören wird. Ein indianisches
„Weib in seiner Mission fütterte ihre Kinder mit
„einem gefangenen Engländer, den ihr Mann ein-
„gebracht hatte. Sie hieb ihm sogleich einen Arm
„ab, und gab den Kindern das strömende Blut zu
„trinken. Als der Jesuit ihr die Grausamkeit dieser
„Handlung vorhielt, sah sie ihn starr an, und sagte:
„Ich will Krieger aus ihnen haben, und darum füt-
„tre ich sie mit Speise von Menschen."

Als ich zu Cataraqui, der Loyalisten Haupt-
niederlassung in Kanada, war, trafen sich hier zufällig eine Parthey Mohawks und Messesawgers.
Da sie ihre Häute und ihr Pelzwerk mit den Kaufleuten gegen Rum umgesetzt hatten, so lagerten sie
sich, um diesen zu trinken. Als er anfing zu wirken, bildeten sie sich ein, sie wären von verschiedenen Nationen, und weil die Mohawks sich immer
eine gewisse Superiorität anmaßen, so machte der
Rausch sie stolz. Zuletzt entstand ein Streit, und
ein Messesawger wurde ermordet, und ihm das
Herz aus der Brust gerissen. Dieß wollten sie
rösten, es kam aber ein Engländer, der grade vor
der Hütte vorbey ging, dazwischen, und beredete sie,
es aufzugeben.

Die Männer und Weiber der Indianer scheinen beständig ihre Aufmerksamkeit darauf zu richten, den zarten Kindern Begriffe von Heldenmuth einzuflößen, und sie ihnen so tief einzudrücken, daß weder Vernunft noch Gerechtigkeit sie leitet. Ist es deßwegen ein Wunder, wenn jede Handlung in ihrem Leben auf Stillung ihres Durstes, die ihnen angethanenen Beleidigungen zu rächen, abzielen wird? Wenn diese Gesinnungen auf ihr künftiges Betragen so sehr vielen Einfluß haben werden? Es gibt aber demungeachtet von diesen Bemerkungen eine Ausnahme, nemlich ihr Betragen gegen die Pelzhändler, die sie bisweilen derbe abprügeln müssen, wenn ihre Betrunkenheit hoch steigt. Ich muß zu ihrer Ehre gestehen, daß ich nie gesehen habe, daß sie sich dieser Schärfe wegen rächten, nachdem sie wieder nüchtern geworden waren. Das Einzige war, daß sie wol sagten; — „Freund, du „hast mich vorige Nacht geschlagen, aber ich will es „nicht achten. Vielleicht hatte ich es verdient; — der „Trunk hat mich zu dem dummen Streiche verführt." Oder, wenn sie sich ja noch einigen Verdruß merken lassen, so legt ein Gläschen Rum alle Streitigkeit wieder bey. Wenn sie aber völlig nüchtern sind, könnte es ihrer Strenge wegen nach meiner Ueberzeugung höchst gefährlich werden, und man muß sich dann sehr davor hüten.

Ob sie gleich diese blutdürstigen Gesinnungen oft auslassen, und nur zu häufig ausführen, so gibt's doch Beyspiele, daß sie auch Mäßigung und Vernunft bewiesen haben.

Als ich auf dem Pimistiscotyan-Landungsplatze, der am See Ontario ist, war, hatte ich zu meinem und meines Eigenthums Schutze einen großen Hund. Als ein Indianer, vom Trunke lustig, kam, und nach Rum fragte, mochte er das Thier wahrscheinlich schlagen, und es packte ihn sogleich in die Wade, und verwundete ihn schrecklich. Der Indianer ging wieder nach Hause, und klagte nicht eher, als am folgenden Morgen, da er mich sprechen wollte. Ich ging zu ihm, und er erzählte mir, wie ihn der Hund behandelt hätte, und sagte, er hoffte, daß ich ihm zum Ersatz für die Strümpfe, die ihm der Hund zerrissen habe, ein Paar neue geben würde. Um seine Wade aber kümmerte er sich wenig, weil er wüßte, daß sie bald wieder heilen würde. Ich erfüllte sogleich sein Ansuchen, und gab ihm noch obendrein eine Bouteille Rum. Er schien sehr vergnügt darüber zu seyn, und ich habe nachher nichts mehr davon gehört.

Doch ich komme auf ihre Art, in den Krieg zu gehen, wieder zurück. Die Weiber und Kinder ziehen oft in ihren Kanoes voraus, und singen dabey Kriegslieder. Weil sie sich sehr scheuen, in der

Dunkelheit zu reisen, gehen sie jeden Abend mit Sonnenuntergang ans Land. Acht und vierzig junge Krieger werden in vier Abtheilungen bey ihnen postirt, um des Nachts Wache zu halten. Sie sind bewaffnet mit Musketen, Bogen und Pfeilen, und einigen Scottéwigwas, oder Fackelrinde, um zu leuchten, wenn sie etwa überrumpelt würden.

Dieß ist gehörig getrocknete Birkenborke, und wird von den Indianern zum Leuchten gebraucht, wenn sie die Fische mit den Lanzen schießen. Sie ist an einem, ungefähr sieben Fuß langen, Stocke befestigt, und entweder am Vordertheile des Kanoes aufgesteckt, oder wird von demjenigen getragen, der den Lanzenführer bedienen, und zugleich das Kanoe steuern muß.

Die Indianer selbst ziehen mit Tagesanbruche aus, und setzen, ohne sich an das Wetter zu kehren, ihre Reise fort, bis sie in des Feindes Land kommen, da bann die äußerste Vorsicht angenommen wird, die man sich nur denken kann.

Wenn Krieg zwischen den Mississippi-Indianern ist, so tödten sie Männer und Weiber, die Kinder führen sie aber weg, um sie an die Pelzhändler zu verkaufen, welche sie als Sklaven nach Montreal herunter schicken. Die Knaben fügen sich nicht so gut, als die Mädchen, unterthan zu seyn, weil sie hartnäckiger sind, und von Natur den Ge=

danken der Sklaverey mehr verabscheuen. Sie sind auch stolzer und rachsüchtiger, und werden nicht anstehen, ihre Herren zu ermorden, um sich der vermeinten Beleidigung wegen zu rächen. Die Mädchen sind gelehriger, und ahmen eher die verfeinerten Sitten nach. Weil sie an das häusliche Leben nicht gewöhnt sind, so sind sie zuerst kränklich, werden aber der Veränderung bald gewohnt, und ziehen dann die gebildetere Lebensart derjenigen, in welcher sie erzogen sind, vor.

Wenige Tage nach meiner Ankunft am See La Mort kam ein Trupp Wilde vom Rothen See, den die Indianer Misqui Sakiegan nennen, an, wie auch einige vom See Shabeechevan, oder dem Unkrauts-See. Der rothe See (Red Lake) hat seinen Namen von einem merkwürdigen Umstande, der zwey Kriegern von der Nation der Chippeway's begegnete, als sie an seinem Ufer jagten. Wie sie sich nemlich nach Wilden umsahen, entdeckten sie in einiger Entfernung ein seltsames Thier, das so groß war, als sie noch nie eines gesehen. Sie folgten ihm so nahe nach, als es die Klugheit erlaubte, und beschlossen, es auf gutes Glück zu erlegen zu suchen. Sein Gang war langsam und schwerfällig, und es blieb stets am Ufer. So wie sie näher kamen, konnten sie es deutlicher sehen, und entdeckten, daß sein Fell mit etwas bedeckt war, das wie Moos aussah. Dieß vermehrte ihr Erstaunen, und nach gemeinschaftlicher Berathschlagung fuhren sie fort, sich diesem Wesen zu nähern, und feuerten mit Kugeln darauf; diese schienen aber gar keinen Eindruck zu machen. Sie feuerten wieder, aber mit eben so wenig Erfolg. Nun zogen sie sich etwas zurück, setzten sich nieder, und sangen ihre Kriegslieder, indem sie sich an den Herrn des Lebens wandten, und seine Unterstützung verlangten, um dadurch das Thier erlegen zu können. Sie glaubten nemlich, Matchee Mannitoo, oder der böse Geist, stecke in der Gestalt dieses Ungeheuers. Nun standen sie auf, verfolgten es wieder, und schossen beide zu gleicher Zeit, und dieser Schuß war von Erfolg, und machte, daß sich das Thier umwandte. Sie setzten also ihr Feuer fort, bis das Thier ins Wasser sprang, und ihnen aus den Augen kam. Von dem Umstande, daß es das Wasser mit seinem Blute roth färbte, hat dieser See seitdem den Namen des rothen Sees.

Es werden hier Fische in großem Ueberflusse gefangen, und in den Morästen wächst der wilde Reis in großer Menge; auch hat das feste Land an allen Arten jagdbarer Thiere mehr, als sie brauchen. An der nordwestlichen Seite sind verschiedene Flüsse und Wasserfälle. Die Indianer fischen und jagen hier im Winter sehr gern, weil es gemeiniglich, selbst bey der größten Kälte, sehr einträglich ist. Vom rothen See bis zum See Le Sel, oder Salzsee (Sale Lake) sind nach dem Berichte der Indianer vierzehn kleine Trageplätze und zwey und zwanzig Buchten. Der See le Sel ist sehr klein, seicht und morastig. Er ist nicht länger, als drey Meilen. Es gibt in ihm außer Aalen, Welse *) und Hechten wenig Fische, an Muskusratten und wilden Vögeln hat er aber Ueberfluß. Von diesem See bis zum See Caribou, oder Rennthier=See (Reindeer Lake) sind acht Tagereisen, und man muß über fünf Buchten und drey Trageplätze.

Der See Caribou, oder in der indianischen Sprache Atcequee, ist ungefähr dreißig Meilen lang, und hat verschiedne kleine Inseln, die wie die Tausend Inseln (Mille Isles) im St. Lorenzflusse über Montreal aussehen. Das Wasser ist tief und klar, und der Grund fest. Er hat Reichthum an großen Forellen, Weißfischen, Hechten und Stören, und ist mit einer Kette von hohen Bergen umgeben. Vor einigen Jahren hatte sich hier ein französischer Pelzhändler niedergelassen, seit den letzten Jahren wohnt hier aber niemand mehr.

H 5

*) Silurus Catus. Linn. Dieser Wels ist dem Silfelis wohl ähnlich, muß aber doch nicht mit ihm von einerley Art seyn. Z.

Von hier bis zum See Schabeechevan rechnen die Indianer für zehn Tagereisen, die über dreyzehn Trageplätze und eben so viele Buchten gehen. Da ich hier den Winter des folgenden Jahres zubrachte, so will ich ihn, ob ich gleich auf einem andern Wege dahin kam, erst dann beschreiben, wenn ich werde erzählt haben, was mir unter der Zeit begegnete. Vom See Schabeechevan bis zum See Arbitibis kömmt man über drey kleine Seen, acht Buchten und fünf Trageplätze. Der See Arbitibis ist sehr groß, und das Land umher felsig und bergig. Er versieht die Indianer mit Fischen und wilden Vögeln. Die Wasserthiere sind in diesem Welttheile sehr häufig, ohne Zweifel um den vielen Stämmen der Wilden, die ihre Nahrung an die Seen treibt, zum Unterhalte zu dienen. Am nördlichen Ende dieses Sees ist ein starker Wasserfall, der von einem Flusse entsteht, der ungefähr zwanzig Meilen lang ist, sehr reißend strömt und gefährliche Untiefen hat. Das Ufer ist sandig, und das Land umher niedrig. Vom See Arbitibis ist der Krähennest-See (Crow's-nest L.), den die Indianer Cark Cark Safiegan nennen, nicht weit. Sein größter Umfang beträgt kaum mehr, als zwey Seemeilen, und ist bloß wegen einer kleinen Insel merkenswerth, die in seiner Mitte liegt, und auf welcher ungefähr vierzig hohe

Palmbäume stehen, worin die Krähen ihre Nester bauen, und die sie deßwegen Cark Cark Minnesey nennen. Die Fische in diesem See bedeuten nicht viel, weil es mehrentheils Arten von Schwertfischen sind, und diese essen die Indianer selten. Wenn man von hieraus weiter geht, kommt man an einen langen Trageplatz. Ungefähr in seiner Mitte ist ein hoher Berg. Am Ende dieses Trageplatzes ist ein Fluß mit Namen Cark Cark Seepi, oder Krähenfluß (Crow's River), der mit einem starken Strome ungefähr dreißig Meilen vom Neeshshemaince Sakiegan, oder dem See der zwey Schwestern (L. of the two Sisters) herkömmt. Dieser heißt so, weil hier zwey Ströme zusammen kommen und sich mit einer großen Mündung in den See ergießen. Die Indianer von der Hudson's Bay haben hier reichliche Jagd. An seinem Ende ist ein Trageplatz, der ungefähr eine Viertelmeile lang ist, und zu einem außerordentlich schmalen Flusse führt, der ungefähr funfzig Seemeilen lang ist, und sehr stark strömt. Das Ufer an beiden Seiten ist sehr hoch, und läßt den Schiffern zu wenig Licht. Um gegen seinen starken Strom kämpfen zu können, beschiffen ihn die Indianer so leicht, als möglich, beladen. Die Hudson's-Bay Kompagnie bekömmt sehr viel Pelzwerk von diesem Flusse her.

Weil meine Hauptabsicht bey der Herausgabe meiner Reisen war, dieß Land, welches bis jetzt noch so wenig ausgekundschaftet ist, zu beschreiben, so habe ich es entweder nach meiner eigenen Erfahrung, oder nach den zuverläßigsten Nachrichten, die ich von den Wilden nur bekommen konnte, gethan. Ich bin hierin Carver'n gefolgt, der bey seiner Ankunft am großen Trageplatze eine große Menge Kilistinoe- und Assinipoil-Indianer antraf, von welchen er Nachrichten von verschiedenen Seen und Flüssen bekam, welche er dann darnach beschrieb.

Man muß bemerken, daß zwar die Indianer und selbst ihre Weiber sehr geschickt sind, mit Holzkohle, worunter Bärenfett gemischt ist, auf Baumrinde Gegenden abzuzeichnen, die Länge einer Tagereise aber sehr ungewiß ist, und folglich kein geographischer Unterricht daraus erwachsen kann. Ich glaube, diese Bemerkung bedarf keines andern Beweises, als nur der Erinnerung, daß ihre Zeichnungen vorzüglich aus Seen und Flüssen bestehen, weil sie selten viel zu Lande reisen; und wenn sie einen Weg übers Land bezeichnet haben, so ist dieß wol nur ein kleiner Trageplatz, über welchen sie mußten, um ihre Reise auf ihrem Lieblingselemente wieder fortsetzen zu können. Da aber wahrscheinlich Wenige meine Nachrichten in der Absicht, auch hinzureisen, lesen werden, so bin ich doch im Stande gewesen, sie für den größten Theil der Leser genau genug geben zu können. Ich bedaure sehr, daß ich diesem Werke nicht mehr Vollkommenheit geben kann, habe aber doch die Zuversicht, daß diejenigen, die ihre Zuflucht zu demselben nehmen, um in Handelsgeschäften sich dadurch zu belehren und zu leiten, es höchst nützlich finden werden. Ein Indianer mag mit dem Strome, oder wider denselben schiffen, so nennt er den Weg, den er von Sonnenaufgang bis Untergang macht, eine Tagereise. Diese Ungewißheit macht es jedem, der als Pelzhändler reist, sehr schwer, mit Gewißheit mehr angeben zu können, als wie lange die Indianer von diesem See zu dem reisen müssen. Mit eben dem Rechte, womit Herr Carver auf seiner Landkarte von den Armen des St. Louis=Flusses, die am Ende der West=Bay in den Ober=See fließen, sagt, sie wären erst wenig bekannt, kann ich bemerken, daß es sehr schwer ist, die östlichen und westlichen Arme des Sees Alemipigon, oder Nipegon geopraphisch zu beschreiben. Fehler dieser Art wird die bekannte Billigkeit meiner Landsleute gewiß verzeihen, da ich sie versichern kann, daß ich mich aufs höchste bemüht habe, die Beschreibung der Plätze in Hinsicht ihrer Entfernung und Lage so deutlich, als möglich, zu machen; und die Charte wird es hoffentlich völlig thun.

Fernere Begebenheiten des Verfassers mit den Indianern; ihr Aberglaube, ihre Eifersucht u. s. f.

Ich habe nun Nachricht von den verschiedenen Seen, Flüssen u. s. w., welche ich vom See La Mort ab passirte, gegeben, und will nun meine Erzählung von der Rückkehr vom See Manontoye an, wo ich Herrn Schaw zu Hülfe gekommen war, fortsetzen.

Wenige Tage nachher kam ein anderer Trupp Wilde mit Häuten, Pelzen und einigen Lebensmitteln. Sie blieben zwey Tage bey mir, und machten sich durch Rum lustig, den ich ihnen so sparsam gab, als ich es ohne Verdruß zu erregen, konnte, und sie reisten zuletzt sehr friedlich ab. Am drey und zwanzigsten Februar kam ein andrer Trupp, der, Männer, Weiber und Kinder zusammen genommen, ungefähr achtzig Mann stark war. Sie brachten gedörrtes Fleisch, Hafer, Bärenfett und acht Packen Bieberfelle, welches ich ihnen, wie gewöhnlich, für Rum abkaufte. Sie berauschten sich darin, und in dieser Fröhlichkeit wurde ein

Weib getödtet, und ein Knabe schrecklich verbrannt. Am dritten Tage reisten sie sehr vergnügt über ihre Aufnahme wieder ab, und wir hatten großen Vorrath an Lebensmitteln. Da das Wetter sehr gelinde ward, sandte ich meine Leute nach dem See, um nach den Netzen zu sehen, die beynahe einen Monat unter dem Eise gewesen waren, weil der starke Frost, früher darnach zu sehen, nicht erlaubt hatte. Sie waren zu unserm größten Leidwesen beynahe verrottet, und ganz leer; weil aber einer von meinen Kanadiern so gut, wie ich, Netze stricken konnte, so besserten wir die schadhaften Stellen wieder aus, und fingen so viel Fische, daß wir bis zum Aprill davon leben konnten.

Auch Herr James Clark hatte die starke Kälte sehr empfunden. Er gehörte nämlich zu der Gesellschaft, von der fünf Leute am See Savan vor Hunger und Kälte starben. Dieser See hat sehr wenig Fische, und liegt ungefähr hundert und funfzig Meilen von meinem Winterquartiere. Die Wilden mußten der Jagd wegen so tief in die Wälder gehen, daß sie ihn nicht unterstützen konnten. Nach den übereinstimmenden Nachrichten sowol der Kaufleute in den nordwestlichen Gegenden, als der Wilden, die bey mir einkehrten, war es der härteste Winter, dessen sie sich erinnern konnten.

Um diese Zeit kam auch ein großer Trupp Chippeway's an, der mir sein Wild verkaufte, und sich bey seinem Rausche friedlich verhielt. Unterdessen, daß dieser Trupp bey mir war, ereignete sich ein besondrer Umstand, den ich erzählen will.

Ein Theil des indianischen Religionsaberglaubens besteht darin, daß sie glauben, Jeder von ihnen habe seinen Totam oder guten Genius, der über ihn wache. Dieser Totam, glauben sie, nehme eine oder die andre Gestalt eines Thieres an, und tödten, jagen, oder essen deswegen nie das Thier, von welchem sie glauben, daß ihr Totam so aussähe.

Einem von diesem Truppe, dessen Totam ein Bär war, träumte am Abend vor ihrer Abreise, daß, wenn er nach einem morastigen Stücke Landes gehen würde, das am Fusse eines hohen Berges ungefähr fünf Tagereisen von meiner Hütte lag, er einen großen Rudel Elenthiere und andrer Hirsch- und Thierarten sehen würde; es müßten ihn aber wenigstens zehn gute Schützen begleiten. Als er erwacht war, erzählte er seiner Gesellschaft diesen Traum, und bat sie, mit ihm zu gehen; sie schlugen es aber aus, weil es ihnen um, und ihr Jagdgebiet näher wäre. Die Indianer haben eine abergläubige Achtung für ihre Träume, und diese Unwissenheit und Allgewalt des Beyspiels ist bey ihnen bis

zu

zu einem hohen Grade gestiegen. So glaubte auch dieser, er müßte das thun, und ging allein hin, da seine Begleiter nicht mitwollten. Er sah auch die Thiere, von denen ihm geträumt hatte, feuerte sogleich und schoß einen Bären. Bestürzt über diesen Vorfall und voll Furcht vor dem Mißfallen des Herrn des Lebens, den er hiedurch höchlich beleidigt zu haben glaubte, sank er nieder und lag da eine Zeit lang ohne Bewußtseyn. Wie er wieder zu sich selbst kam, stand er auf und ging so gut als er konnte, nach meinem Hause zu; auf diesem Wege begegnete ihm aber ein andrer Bär, warf ihn nieder und zerkratzte sein Gesicht. Wie der Indianer wieder nach seiner Heimath gekommen war, erzählte er diesen Vorfall, und setzte in seiner Einfalt hinzu, daß der Bär ihn gefragt, was ihn habe bewegen können, seinen Totam zu schießen? — Er habe hierauf geantwortet: wie er auf den Rudel gefeuert, habe er nicht wissen können, daß sein Totam darunter gewesen; er wäre sehr betrübt über sein Unglück und hoffte, er würde Mitleiden mit ihm haben. Der Bär habe ihn hierauf gehen lassen und ihm gesagt, er sollte künftig vorsichtiger seyn und allen Indianern diese Begebenheit erzählen, damit ihre Totams sicher wären und der Herr des Lebens nicht über sie ergrimmte. — Wie er in mein Haus trat, sah er mich sehr ernst an und sagte: Amik, hunjey ta Kitchee Annascar

J

tissey nind, o Totam, cauwicka nee wee geossay sannegat debwoye, oder: „Biber, mein Glaube ist verloren, mein Totam ist erzürnt, ich werde nie wieder auf die Jagd gehen können."

So seltsam, wie diese Idee eines Verhängnisses, oder, wenn ich so sagen darf, des Totamismus, auch ist, so haben sie doch nicht die Wilden allein gehabt, sondern man könnte aus der Geschichte viele Beyspiele anführen, die beweisen, wie sie nicht bloß in dem Kopfe des Pöbels und der Unwissenden gesessen hat. Ich will nur eins beybringen: In Justamonds Geschichte des Privatlebens Ludwig XV wird unter einigen Lebensumständen des berühmten Samuel Bernard, eines Wechslers am Französischen Hofe, gesagt, daß er abergläubig, wie der gemeine Mann seiner Nation, nemlich der Jüdischen, war, und ein schwarzes Huhn hatte, wovon er glaubte, daß sein Leben abhinge. Er sorgte sehr für dasselbe, und der Verlust dieses Thiers war wirklich das Ziel seines Lebens, im Januar 1739.

Träume stehen bey den Indianern in großer Achtung, und dieß nützen sie bisweilen auf eine sehr listige Art und erreichen dadurch ihre Absicht. Ich will zu der Leser Unterhaltung ein Beyspiel anführen.

Als Sir William Johnson einmal in einer Versammlung mit einer Partey Mohawks saß, so erzählte ihm das vornehmste Oberhaupt, daß ihm diese Nacht geträumt habe, Sir William hätte ihm ein schönes besetztes Kleid gegeben, und er glaube, es sey das, welches er anhabe. Sir William lächelte und fragte ihn, ob ihm das wirklich geträumt? und der Indianer betheuerte es sogleich. Gut dann! sagte Sir William, so müßt ihr's auch haben, und sogleich zog er es aus, und da das Oberhaupt auf sein Wort sich auch ausgezogen hatte, so zog er ihm das schöne Kleid an. Der Indianer ward hoch erfreut, und da die Versammlung aufbrach, ging er mit sehr guter Laune und einem whoah! ihrem Ausdrucke großer Freude, weg.

In der nächsten Versammlung erzählte Sir William dem Oberhaupte wieder, er hätte sonst nicht zu träumen gepflegt, seitdem er ihn aber in der Versammlung getroffen, habe er einen sonderbaren Traum gehabt. Da der Indianer ihn gern wissen wollte, stand Sir William zuerst etwas an, erzählte ihm aber zuletzt, daß es ihm geträumt, er habe von ihm einen Strich Landes, der sich ungefähr neun Meilen am Ufer des Mohawflusses hingezogen hätte, bekommen, um sich ein Haus darauf bauen zu lassen, und ihn zu einer Niederlassung zu machen. Das Oberhaupt lachte, sah ihn sehr vergnügt an und sagte: wenn ihm das wirklich geträumt habe, so sollte er ihn haben; er wollte aber nicht wieder mit ihm träumen, denn er habe nur ein besetztes Kleid bekommen, und Sir William wäre nun im Besitz eines großen Bettes, in welchem seine Vorfahren oftmals geschlafen hätten. Sir William nahm nach einer von den Oberhäuptern unterzeichneten Indianischen Verschreibung das Land in Besitz, und gab ihnen zum Beschlusse dieses Geschäfts etwas Rum. Es ist jetzt ein beträchtliches Landgut, die Amerikaner haben es ihm aber seit dem Kriege mit allen seinen Gebäuden u. s. f., die viel werth sind, genommen. Es liegt an dem Ufer, welches den German Flats gegenüber liegt, hat aber bey weitem nicht so guten Boden, als diese. Denn vielleicht ist wohl nirgend in Amerika besseres Land zum Bebauen, als die German Flats.

Während des Indianischen Krieges waren die besten Truppen der Loyalisten vom Flusse Mohawk versammelt, und man gab allgemein zu, daß sie an Standhaftigkeit, Tapferkeit und Treue nicht könnten übertroffen werden. Die Regierung that ihr Möglichstes, viele von ihnen in ihre Dienste zu ziehen, und gab ihnen deßwegen Land in Kanada und Neuschottland, und denen, die der Armuth wegen es verlangten, auch Ackergeräth. Sie sind jetzt im blühenden Zustande, und werden ohne Zweifel bey jeder Gelegenheit sich als Freunde und Beschützer Großbrittanniens beweisen.

Bey dem strengen Wetter entkam ich noch eben glücklich einem Streite mit einem Indianer, der gerade bey mir war, und den ich auf der Jagd und zum Verfertigen der Marderfallen brauchte. Die Veranlassung dazu war Eifersucht auf seine Frau, die ein junges hübsches Weib (Sguaw) von der Rat Nation und jung und hübsch war, und die er für untreu hielt.

Da es mir knapp an Lebensmitteln ging, und ich außer dem Indianer mit seiner Frau nur einen treuen Kanadier zu Hause hatte, so trug ich dem Ersteren auf, eine Partie Marderfallen zu machen, und sie auf zwey auseinander laufenden Wegen aufzustellen. Wie er ungefähr zweyhundert fertig hatte, so machte er zum Köder Fischköpfe daran, weil die Thiere diese sehr gern fressen und setzte sie in den Wald. Wie er zurückkam, gab ich ihm etwas Rum für seine Mühe. Eine gute Zeitlang ging er alle Tage hin und untersuchte sie, und da der Fang glücklich war, so gab ich ihm immer eine Belohnung, die zu seiner Zufriedenheit gereichte. Da er verschiedene Tage leer nach Hause gekommen war, so hatte ich ihn im Verdachte und ließ ihn statt nach den Fallen zu sehen eine andre Arbeit verrichten, und er weigerte sich nicht dagegen. Ich sagte dem Kanadier also meinen Argwohn und befahl ihm, auf den Wilden Acht zu geben, und er sah ihn auch den folgenden Tag im Walde sich Rebhühner zum Essen zubereiten. Wie der Indianer also am Abend zu Hause kam und seinen Rum foderte, so wollte ich ihn ihm nicht geben und sagte, er verdiene keinen. Dieß verdroß ihn, und er sah mich böse an und sagte: ich behandelte ihn schlecht. Denn wenn er schon mit seinen Fallen nicht glücklich wäre, so hätte er doch dieselbe Arbeit davon. Er sähe immer darnach, so wie ich es ihm befohlen hätte, müßte sie also aufstellen, und so den ganzen Tag darauf verwenden. Diese Entschuldigung änderte nichts in meinem Betragen, und ich antwortete ihm: das Wetter wäre zu schlecht, als daß man Rum holen könnte. Nun fing er an zu glauben, daß ich Argwohn auf ihn hätte und um sein Faullenzen wüßte, öffnete mir also gleich sein Herz und sagte mir ganz frey heraus, daß er auf mich eifersüchtig wäre; er hätte nicht nach den Fallen gesehen, um mich mit seiner Frau nicht zusammen kommen zu lassen, welches leicht hätte geschehen können, wenn er weiter vom Hause weggegangen wäre; und er hätte deßwegen sich näher beym Hause aufgehalten, um auf sie achten zu können, weil er wüßte, daß sie ihre Augen auf mich geworfen hätte: wenn ich ihm aber Rum geben wollte, womit er den bösen Geist vertreiben könnte, so wollte er sich bemühen, meine Beleidigung zu vergessen.

Ich hielt es für rathsam, ihm diesen Argwohn zu benehmen, und gab ihm also zwei Gallonen Rum, eine Rolle Tabak, ein Hemd, ein Paar Strümpfe, ein Skalpirmesser u. dergl. und verschiedenes für seine Frau. Wie er diese Geschenke bekommen hatte, rief er seiner Frau, mit ihm zu trinken und dem Kaufmanne mit frohem Herzen für seine große Güte zu danken. Als sie ein wenig lustig wurden, fing er an zu singen, und ich hörte ihn oft diese Worte wiederholen: „Mornooch Amik kee zargetoone mentimoyamish." — „Ich will mich nicht darum bekümmern, wenn schon der Biber mein Weib liebt." Dieß gefiel mir nicht, weil ich glaubte, daß seine Eifersucht desto höher steigen würde, je mehr er tränke, und ich wandte auf jeden Fall die Vorsicht an, seine Waffen in Sicherheit zu bringen, damit er mir nicht Leides zufügen könnte. Weil er diese Worte so oft wiederholte, fing seine Frau an zornig zu werden, raufte sich die Haare aus, und zerkratzte sich das Gesicht. Dieß hielt ich für eine günstige Gelegenheit, ihm mein Mißfallen zu bezeigen, und sagte ihm, er wäre ein Narr, daß er eifersüchtig wäre. Ich gäbe ihm den Rum, damit er den bösen Geist dadurch vertreiben sollte; er hätte bey ihm aber die entgegengesetzte Wirkung. Ich hätte von seiner Frau nie etwas Anderes verlangt, als mir Schneeschuhe zu machen und auszubessern, und hätte sie immer für ihre Mühe bezahlt. „Ja, Biber," schrie das Weib, „es ist ein Narr, und ich will ihn prügeln," und sogleich setzte sie es ins Werk und schlug ihn mit einer Bouteille an den Kopf. Ich trat dazwischen und brachte sie auseinander.

Kaum hatte ich den Rücken gewandt, so fing er den alten Gesang wieder an, und hörte nicht eher auf zu singen, als bis er wieder nüchtern war. Dann stand er auf und kam zu mir und sagte: „Biber, ich habe den bösen Geist im Traume gesehen, und er hat mir gesagt, der Kaufmann habe mich beraubet." Aufgebracht über diesen Ausdruck, sagte ich ihm, er spräche nichts als Lügen, und wäre unsinnig, und prügelte ihn tüchtig ab, weil ich dieß für das rechte Mittel hielt, seine üble Laune zu bändigen. Wie er wieder zu Verstande gekommen war, sagte er zu mir: „Biber, du hast Recht, wenn du schon meinen Leib befleckt hast." Ich hielt ihm vor, wie närrisch es von ihm wäre, eifersüchtig zu seyn, er war aber mürrisch und antwortete nicht. Hierauf rief er seiner Frau, sie hörte ihn aber nicht, weil sie schlief. Er rief ihr wieder und fragte nach seinem Gewehre, der Streitkolbe und dem Skalpirmesser. Da ich ihm nichts antwortete, wurde er zornig und sagte zu mir: „Biber, ich will mich ums Leben bringen!" Auch hierauf hielt ich es nicht für rathsam, ihm zu antworten, und er warf sich zur Erde und rief seiner Frau zum drittenmal. Da sie kam und seine verdrießliche Miene sah, sagte sie ihm, er möchte doch nicht auf den Biber zürnen; denn er wäre ein tapfrer Krieger und immer gütig gegen ihn gewesen. Er befahl ihr, eine birkene Schale voll Wasser zu bringen und sorgfältig zwischen des Bibers Beine zu setzen. Unterdeß daß sie weggegangen war, um das Wasser zu holen, sagte er zu mir: „Komm her, Biber! Ich will dir zeigen, daß ich nicht honigsüße Reden führe und will die Wahrheit sagen." Das Weib kam wieder, und machte mit der Schale, was ihr Mann befohlen hatte. Wie sie eine Zeitlang gestanden, sagte er: „Biber, stecke deine Finger in das Wasser und zieh sie nicht eher heraus, als bis ich es dir sage." Ich gehorchte ihm mit der größten Bereitwilligkeit, und zog sie auf sein Verlangen nach ein Paar Minuten wieder heraus. Nun sagte er: „Biber, du weißt, daß der Mann so heißt, weil er Herr der Schwachheit ist, und daß er deßwegen sein Weib schützen muß; und zugleich solltest du, als ein Kaufmann, meine Ehre nicht verletzen. Damit ich dich aber dessen nicht ungerecht beschuldige, will ich dich auf meine eigne Weise prüfen. Biber, sieh erst mein Weib an und dann das Wasser, und zeige mir, wo du deine Finger hineingesteckt hast. Kannst du dieß nicht, so hast du mich sicher beraubt." — Ich steckte meine Finger wieder hinein und zeigte ihm die Stelle. — „Nein!" rief er und sah mich und sein Weib furchtbar an. „So wenig, wie du sicher bist, daß grade dieß die Stelle ist, wo du zuerst den Finger hineinstecktest, so wenig bin ich es, daß du mich nicht geschändet hast; und unterdessen glaube ich dieß eben so fest, als du glaubst, daß die Stelle, die du mir gezeigt hast, die rechte sey." Ich ward freylich bestürzt über sein Mißtrauen, wollte ihn aber nicht aufbringen, und sagte also zu ihm, ich bedauerte, daß er mich der Schändlichkeit, ihn beraubt zu haben, fähig hielte; denn mein Herz wäre so ruhig, wie das stillste Wasser, — machte ihm einige Geschenke und schickte ihn weg, da ich es ihm vorher noch eingeschärft hatte, seine Frau ordentlich zu behandeln, weil sie völlig unschuldig wäre. Wie sie abreis'ten, sagte er mit Lachen zu mir: „Biber, du mußt dir einen Andern anschaffen, der nach deinen Marderfallen sieht."

Bey den nördlichen Wilden straft der Mann insgemein den Ehebruch ohne langes Zögern, indem er sein Weib entweder derbe abprügelt, oder ihr die Nase abbeißt. Es ist für einen Kaufmann sehr gefährlich, in einem solchen Verdachte zu seyn. Denn wenn der Mann berauscht ist, so steigt seine Eifersucht bis zur Raserey, und er muß immer seine Rache erwarten, er mag schuldig oder unschuldig seyn. Wenn des Indianers Blut einmal in Bewegung kömmt, so wächst seine Leidenschaft desto mehr, je mehr Rum er trinkt, wenn er schon im nüchternen Zustande listig genug ist, sie zu verbergen. Denn dieß Getränk hat die verwünschte Wirkung, jedes Fünkchen Eifersucht anzufachen, und dann kennen sie keine Gränzen, bis der Rausch sie völlig übermannt, oder die zurückkehrende Nüchternheit ihnen ihre Vernunft wieder gibt.

Im Anfange des Monats Aprill bekam ich einen Brief vom Herrn Jaques Santeron, der, in gleichen Geschäften, am See Schabeechevan wohnte. Er berichtete mir darin, daß er des Dienens müde wäre, auch sich für seine Arbeit nicht belohnt genug hielte, und sich also zu einem großen Koup entschlossen hätte. Er hätte nemlich eine Anzahl schöner Ballen, und die wollte er an die Hudsonsbay-Kompagnie verkaufen. Morgen früh würde er sein Winterquartier mit vier birkenen Kanoes verlassen, und wollte fernere Nachricht auf Birkenrinde schreiben, und diese an einen von den krummen Bäumen am Ende der großen reißenden Untiefe nageln, wenn ich etwa Willens wäre, diesen Weg zu machen. Er schloß mit großer gayeté de coeur, und wünschte mir und meinen Freunden alles mögliche Gute.

Diese unangenehme Nachricht setzte mich sehr in Erstaunen, vorzüglich weil ich nie von dem kleinsten Zweifel an seiner Redlichkeit gehört hatte. Auch sah ich mich dadurch in meiner Erwartung, daß er auf seiner Rückreise nach dem Pays Plat über mein Winterquartier kommen würde, getäuscht.

Ich hielt es für meine Pflicht, mich möglichst zu bemühen, meine Prinzipale vor dem Verluste so vieler Waaren zu retten, dung mir also durch die Versprechung einer hinlänglichen Belohnung das Oberhaupt Kesconneek mit zwanzig seiner Wilden zu Begleitern nach den krummen Bäumen. Wir reis'ten aufs schnellste ab, und kamen in wenigen Tagen nach dem Orte, wo ich auch das besagte Stück Baumrinde fand, worauf folgendes mit Holzkohle in Französischer Sprache geschrieben war:

„Leben Sie wohl, lieber Freund! Ich reise
„frohen Muthes ab und erwarte guten Kauf für
„mein Pelzwerk. Ich wünsche von ganzem Herzen,
„daß es Ihnen wohl gehen möge. Grüßen Sie
„doch alle meine Freunde. Auf Wiedersehen, lie=
„ber Kamerad!"

Da ich es gelesen und dem Oberhaupte erklärt hatte, sagte dieser: es wäre ein böser Geist. Da er aber sechs Tage vor unsrer Ankunft weggereis't wäre, so könnten wir ihn unmöglich wieder einho=len; er würde nicht weit mehr vom North River seyn, und dieser führte in die Hudsonsbay. Und wenn ich ihn verfolgte, so würde ich dann, wenn die Indianer ihre große Jagd zum Verkaufe bringen, noch nicht wieder zu Hause seyn. Wir kehrten also von diesem fruchtlosen Zuge um, und dieser Betrug schmerzte mich sehr, da ich denken konnte, daß er nie wieder nach Kanada zurückkehren und seine Prinzipale entschädigen würde.

Ich war noch nicht lange wieder zu Hause, als der große Trupp mit dem ganzen Ertrage ihrer Winterjagd, welchen sie Kitchee Artawway nennen, ankam. Es waren ungefähr dreyßig Familien, jede zwanzig Köpfe stark. Wer die meisten Weiber hat, wird für den besten Jäger gehalten, weil er sie durch seinen Fleiß erhalten muß. Die Indianer lachen über die Europäer, daß sie nur eine Frau und diese auf Lebenszeit haben. Denn sie glauben, der gute Geist habe diese zu ihrer Glückseligkeit geschaffen, und nicht, ihre ganze Lebenszeit mit einander zuzubringen, ohne daß ihre Gemüths- und ihre Neigungen sich zusammen paßten.

Da ich ihre Häute und Felle eingetauscht hatte, foderten sie Rum. Ich sagte ihnen, ich hätte nur noch ein kleines Faß, dieß wollte ich ihnen aber bey ihrer Abreise geben, und sie waren damit zufrieden. Wie sie wieder an Bord gehen wollten, ließ ich einen Kanadier in des Oberhaupts Kanoe tragen.

Ich war nun alle meine Waaren los, einige wenige Artikel und eine kleine Portion Rum ausgenommen, die ich aufhob, um sie auf meinem Rückwege nach dem Pays Plat umzusetzen, wenn wir etwa noch einigen Indianern begegnen sollten. Wir ballten also unser Pelzwerk zusammen und verließen am drey und zwanzigsten May den Todtensee. Wir hatten vier kleine birkene Kanoes, die mit Fellen von Bibern, Ottern, Mardern, Sumpfottern, Luchsen, Wolverenen, Füchsen, Bären und andern Thieren stark beladen waren.

Ehe ich weiter gehe und die Vorfälle auf meiner Reise erzähle, will ich der Indianer Methode, die weißen Bären und Büffel zu erlegen, erwähnen. Der große weiße Bär, der gewöhnlich der graue (grizzle) heißt *), ist ein sehr gefährliches Thier. Die Indianer machen gewöhnlich in Trupps von acht bis zehn Mann auf ihn Jagd. So bald sie einen sehen, suchen sie ihn zu umzingeln und machen einen weiten Kreis um ihn. Ist er nun im Laufe, so feuern sie gleich; im Winter treffen sie ihn aber oft daß er sitzt und an seinen Tatzen saugt, und dann

*) Man muß diesen Bären nicht mit den Polar-Bären vermengen; denn so bedeutend dieser hier auch seyn mag, so übertrifft ihn der große, völlig weiße, Polar-Bär sehr. Ueber die Bärenjagd in Nord-Amerika sehe man besonders Pennants arctische Polar-Zoologie, 1 Th.   Z.

nähern sie sich ihm mehr und machen eine doppelte Reihe, wozwischen er durchlaufen kann. Einer muß dann vorgehen und auf ihn feuern, und dieser verwundet ihn auch gemeiniglich. Der Bär springt alsdann auf, um den Indianer zu verfolgen, und läuft zwischen die Reihen, die dann auf ihn feuern und ihn bald erlegen.

Den Büffel brauche ich nicht zu beschreiben. Er ist als ein starkes Thier bekannt. Die Indianer halten seinen Kopf für kugelfest und zielen deßwegen auf seinen Leib und suchen das Herz zu treffen. Wenn sie auf ihn Jagd machen, so errichten sie beynahe eine Meile lang auf beyden Seiten des Weges Schneehütten, weil der Schnee macht, daß er sie nicht wittert, ob er gleich einen sehr scharfen Geruch hat. In eine jede von diesen Hütten stellt sich ein Indianer mit Bogen und Pfeilen, um ihn damit zu schießen, wenn er vorbeykömmt; sie ziehen nehmlich diese Art dem Feuergewehre vor, weil sie dadurch die übrige Heerde nicht verscheuchen. Sobald er fällt, so schlagen sie ihn mit ihrer Streitkolbe todt *).

---

*) Ueber die Büffeljagd sehe man außer dem Pennant u. a. O. noch Umfrevittens Beschreibung der Hudsonsbay. Helmstädt 1791, S. 112 u. f. Dieser Büffel ist entweder der Bos moschatus L. oder Bos Bison Americanus Brisson. Wahrscheinlich wohl der erstere. Z.

Am zweyten Jun. kamen wir an der Trageebene (Portage Plaine) an. Diese heißt so von einem nackten Felsen, der beynahe eine Meile lang ist und an den See Alemigion stößt. Mit Sonnenuntergang gingen wir ans Land. Unsre Gesellschaft war beträchtlich stärker geworden, da zu den sechszehn Kanadiern noch ungefähr zwanzig Indianer vom Stör- und Nipegon-See hinzugekommen waren, die nach der Landessitte die Kaufleute begleiten, um ihnen bey den Trageplätzen zu helfen. Den Tag vor unserer Abreise holten uns einige Kaufleute ein und stiegen auch ans Land. Diese zeigten uns an, daß ein Trupp Indianer, die mit denen vom Nipegon in Feindschaft lebten, in der Nähe wären, und sagten mir, ich möchte die Wilden doch davon benachrichtigen. Die vom Störsee gingen noch vor derselben Ankunft weg, und der andre Trupp hätte auch gern unser Quartier verlassen, da ich ihnen aber sagte, daß ich sie auf meiner Reise brauchte, so ließen sie es sich gefallen, zu bleiben. Doch konnte ich sehen, daß sie es sehr ungern thaten.

Wir sahen bald verschiedene Kanoes, und in ungefähr einer halben Stunde landeten die Indianer. Sie waren von der Nation der Wasses und lebten immer mit unsern Wilden in Streit. Weil sie ein einzelnes Volk sind, so verbünden sie sich selten mit andern Nationen und jagen beständig, und lassen sich

nur

nur im Frühlinge und Herbste hier sehen. Wir nahmen sie sehr freundlich auf, und nachdem wir uns auf die übliche Art gegrüßt hatten, beschenkten wir uns wechselseitig. Sie sagten, sie hätten von einigen Indianern vom Todtensee von mir gehört, und wären begierig gewesen, mich noch zu sehen, ehe ich nach Michillimakinak, welches sie Tecodondoraphie nennen, abreis'te.

Ich merkte bald die Unzufriedenheit meiner Indianer und war besorgt, sie in einiger Entfernung von einander zu halten; alle meine Vorsicht war aber vergebens, und es fiel noch vor meiner Abreise eine schreckliche Begebenheit, als die Folge ihres wechselseitigen Hasses, vor.

Unsere Indianer hatten Hütten aufgeschlagen und fingen an, ihre Arzneygesänge (medicine Songs) zu singen, um die Waffes anzulocken, daß sie an einem Feste, welches sie feiern zu wollen vorgaben, Theil nähmen, um allen Streitigkeiten zwischen ihnen vorzubeugen. Weil ich wußte, daß die Nipegons nicht mehr Lebensmittel hatten, als ich ihnen gab, so argwöhnte ich schon, daß ihre Absichten wohl nicht so friedfertig wären, als sie vorgaben. Ich fragte deßwegen einen Knaben von ihrem Trupp, warum sie denn vorgäben, daß sie einen Schmauß halten wollten, da sie doch keine Lebensmittel dazu hätten. Der Knabe antwortete, die Waffes hätten ihnen gedörrtes Fleisch geschenkt, und mit diesem und Heidelbeeren, die sie sich aufgespart hätten, wollten sie schon ihre Gäste lustig machen. Diese Antwort bestärkte mich in meinem Argwohne, und da sie immer den Kaufmann einladen, wenn sie einen freundschaftlichen Schmauß vorhaben und sie mir nichts hatten sagen lassen, so fürchtete ich, daß ihr Zusammentreffen sehr üble Folgen haben würde.

Da ich diese traurigen Aussichten erwog und nachsann, wodurch ich wohl den Streit verhüten könnte, so wurde ich von einem Wilden, Namens Ayarbee, oder der dicke Mann, unterbrochen. Dieser kam, mir zu berichten, daß die Waffes den Plan hätten, die Nipegon-Indianer umzubringen; er habe ihn von einem alten Weibe aus ihrem Truppe erfahren.

In einer Stunde ungefähr waren die Hütten der Nipegons bereitet, die vorgeblichen Gäste aufzunehmen. Diese hatten sich am Ufer an einem von Cedern und Buschwerk umgebenen hohlen Platze gelagert. Die Nipegons hatten beschlossen, den heimtückischen Absichten ihrer Gäste entgegenzukommen und ihre vorgehabte Verrätherey zu bestrafen, hatten also in die Baumrinde ihrer Hütten Höhlen gegraben und mit groben Schrote geladene Gewehre darin verborgen. Jeder ging an seinen Posten und die Waffes stiegen achtzehn an der Zahl den Hügel hinan, und kamen, mit Messern und hölzernen Schalen versehen, an dem Feste Theil zu nehmen, und wollten auf ein gegebnes Zeichen die Nipegons überfallen. Sie wurden aber auf eine sehr traurige Art in ihren Erwartungen getäuscht; denn wie sie keine dreißig Yards mehr von den Hütten der Nipegons entfernt waren, feuerten diese auf sie, und so blieben sie alle auf der Stelle, ein Mädchen von ungefähr vierzehn Jahren ausgenommen. Dieses war gefährlich verwundet, lief aber mit einem Gewehre hinzu, das es einem Indianer, der im Begriff war, sie niederzumachen, entrissen, und schoß den Ayarben damit durch die Hand. Doch bald darauf wurde es von einem Knaben von den Nipegons, der von gleichem Alter war, mit der Streitkolbe niedergeschmettert und skalpirt. Dieser zeigte in so frühen Jahren schon alle die Wildheit, wodurch die berühmtesten Oberhäupter sich auszeichnen.

So ward die Verrätherey belohnt. Ob ich gleich das Verfahren der Nipegon-Indianer in meinem Herzen nicht mißbilligen konnte, so trauete ich ihnen doch nicht mehr, und hatte schon beschlossen, mich von ihnen zu trennen, als das Oberhaupt zu mir kam, und sagte, er wäre sehr traurig, daß sein Trupp mich nicht ferner begleiten könnte. Denn wenn sie schon jene That nur zu ihrer Vertheidigung begangen hätten, so müßten sie sich doch vor der

Rache der Nation der Waſſes fürchten, wenn dieſe
es erführen, und deßwegen hätten ſie beſchloſſen,
wegzureiſen. Kurz nachher zogen ſie auch die Kanoes
vom Lande, und verließen mich zu meiner größten
Freude. Am folgenden Tage kam eine Parthey
Indianer zu uns, und ich erzählte ihnen dieß Un=
glück. Sie waren ſehr erſtaunt darüber, und ſag-
ten, die Nipegon=Indianer möchten dieſe unbeſon-
nene That wohl noch bereuen, billigten es aber doch
zu gleicher Zeit, daß ſie ſich gegen die Abſichten der
Waſſes geſichert hätten, und viel Pelzwerk beſäßen.
Dieſe Nachricht beunruhigte mich ſehr, weil ich
alſo, wenn dieſe Geſchichte nicht vorgefallen wäre,
ſicher meine Ladung hätte vermehren, und meine
Prinzipale noch zufriedner ſtellen können, ob ich
gleich jetzt ſchon eine anſehnliche Menge Waaren
hatte, und allerdings über den Erfolg meiner Reiſe
vergnügt ſeyn konnte. Die Nipegons machten
vierzehn Ballen von gedörrtem Fleiſche, und nah=
men ſie mit; Häute und Felle verſteckten ſie aber in
den Wäldern, und ich habe nie gehört, daß man ſie
gefunden hat.

Wir ſetzten unſre Reiſe nach dem Störſee
fort, und ſchoſſen daſelbſt bald nach unſrer Ankunft
eine große Menge Vögel, und fingen ſehr viele
Fiſche. Wir fanden hier auch ungefähr funfzig
Hawonzask=Indianer, oder Indianer von der Rat=

Nation, und ich machte mit ihnen einen kleinen Umsatz, vorzüglich mit Rum, weil ich alle meine indianischen Waaren schon los war.

Um meine Neugier zu befriedigen, schob ich meine Reise etwas auf. Es war nemlich ein junges indianisches Mädchen krank geworden, und das Oberhaupt bat mich, hier liegen zu bleiben, und die wundervollen Wirkungen ihrer Arzneyen anzusehen. Sie wäre nemlich sehr schlecht, und müßte ohne schnelle Hülfe, nach seinem Ausdrucke, bald ihr Klima verändern. Ihr Arzt sagte, Matchee Mannitoo, oder der böse Geist, habe ihr eine Bärenklaue beygebracht, und diese würden seine Arzneyen abtreiben. Es wurde also ein Haus errichtet, und das Mädchen bis auf den Matcheecoaty, oder den Unterrock, ausgezogen, und nun mit Mennig bemalt, mit Ruß und Bärenfett beschmiert, und in starken Schweiß gebracht. Dieser linderte auch bald ihre Pein. Während der Operation bat der Arzt den Herrn des Lebens um seinen Beystand, und dankte ihm, daß er ihm die Kenntnisse gegeben habe, die Gesundheit wieder herzustellen. Er gab hierauf ein Dekokt von Wurzeln, und heilte sie völlig. Seine Geschicklichkeit und Art des Verfahrens mußte ich bewundern, des Mädchens Genesung schrieb ich aber bloß der starken Ausdünstung zu, die sie ausstand.

Noch vor unserer Abreise gebar eines von ihren Weibern einen hübschen Knaben, und ich freuete mich sehr über die mütterliche Zärtlichkeit, wie das Kind sog. Die Milch nennen sie Pootooshonarbo, oder den Saft der Menschenbrust, ein Ausdruck, der großen Eindruck auf mich machte. Auch der Mann war sehr aufmerksam, und betrug sich wie ein zärtlicher Vater, und ich gab ihm deßwegen auch etwas Rum, womit er sein Herz erfreuen, und meine Gesundheit trinken könnte. Er schien über mein Geschenk sehr vergnügt zu seyn, und betete zu dem großen Geiste, und dankte ihm für die glückliche Geburt seines Mentimoye: und hun sah er mich sehr ernsthaft an, und sagte mir, wie viel Dankbarkeit er mir für die Freude, die ich ihm machte, schuldig wäre; meine Freygebigkeit gegen ihn und seine Frau bewiesen, daß ich ein braver Krieger wäre; denn sie bedürften des Beystandes so sehr. Der junge Krieger schriee ihm zu, daß er wünschte, ihm für seine Aufmerksamkeit gegen seine Eltern dankbar zu seyn, und die Güte des Saggonash, oder Engländers zu preisen, wäre nur der Wiederhall seines Athems; hierunter verstand er seine Stimme. Als ich ins Kanoe stieg, sagte er: „Lieber, sey stark, und stets wirst du einen „freyen Weg unter den Nipegon-Indianern haben, „komm also sobald, als du kannst, wieder. Unter-

„deß will ich mich bemühen, allen Indianern Deine
„Güte zu erzählen, und wenn wir Dich wiedersehen,
„haben wir hoffentlich eine gute Jagd gehabt, und
„können dir dann zur Vergeltung Deiner Liebe Felle
„und Häute geben." Ich sagte ihm, ich liebte auch
die Indianer, und wäre von den Chippeways zum
Waffenbruder angenommen, und betrachtete mich
als einen von ihrem Stamme. Ich würde auch
sobald, als möglich, mit einer Menge Waaren für
ihre Familien zurückkehren. Mein Herz schmölze
über ihre Liebe. Nun gab ich ihm und seiner Frau
Jedem noch ein Glas Rum — zum Abschiede, und
setzte meine Reise fort.

Am 10ten August landeten wir im Pays Plat
an. Ich traf hier einige Handelskameraden, die
in verschiednen Gegenden des Binnenlandes, beson=
ders in den nordwestlichen, gewesen waren. Hier
warteten wir auf frische Güter von unsern Prinzi=
palen, und legten den Rest der verschiedenen Lebens=
mittel zusammen und erquickten uns damit. Wir
machten uns dabey selbst über unsre knappe Mahl=
zeit lustig, und erzählten unsre verschiedenen Schick=
sale. Aber, Herrn Schaw ausgenommen, dem ich
am See Manontoye mit gutem Erfolge zu Hülfe
kam, hatte keiner von ihnen solche Beschwerlichkei=
ten ausgestanden, als ich. Die Uebrigen hatten

sehr weit von uns überwintert, nemlich am Wege nach dem großen Trageplatze.

Unsre Prinzipale schickten bald nach unsrer Ankunft ihre Agenten mit neuem Vorrathe an Waaren und Lebensmitteln. Mit letztern erquickten wir uns sehr, weil wir eine geraume Zeit weder Korn noch Fett gehabt hatten, und ungefähr vierzehn Monate von Michillimakinac weg gewesen waren. Meine Ladung bestand aus ungefähr hundert und vierzig Ballen Felle, die ich nun in gutem Stande ablieferte, und die frischen Waaren einnahm. Nun nahm ich Abschied von meinen Kameraden, und rüstete mich zu meiner Abreise ins Binnenland, und wollte dieß Jahr bey den Nipegon-Indianern überwintern. Ehe ich meine zweyte Reise beschreibe, kann ich nicht umhin, einige Bemerkungen zu machen, wie sauer ein indianisches Leben wird, besonders dem Dollmetscher und Pelzhändler.

Mein Gehalt war hundert und funfzig Pfund Sterling des Jahrs; und diese verdiente ich sicher, da ich die chippewayische Sprache verstand.

Ich wurde ins Binnenland geschickt bloß mit Korn und Fett, und ohne auf andre Lebensmittel sicher rechnen zu können. Denn Fische haben zu können, hängt sehr von der Jahrszeit ab, und andre Thiere, von der Ankunft der Wilden. Und ob ich gleich in meiner Fischerey glücklich war, und die

Indianer mir oft Lebensmittel zubrachten, so war es doch knapper Unterhalt, und ich stand auf dem See La Mort große Noth aus.

Ich hatte sechszehn Mann, und zufällig noch einen Indianer mit seiner Frau, zu ernähren und zu regieren. Von der Fortdauer ihrer Gesundheit hing sehr mein Leben ab. Ich mußte immer bey der Hand seyn, wenn etwa Wilde ankämen, weil kein andrer ihre Sprache verstand, und hatte deßwegen wenig Gelegenheit zu jagen, und konnte mich auch nicht weit entfernen, weil ich zusehen mußte, ob die Indianer ihre Schuldigkeit thäten, oder nicht. So war ich immer voll Angst, und freute mich, wie der Frühling kam, daß er mich befreyete.

Die beständige Aufmerksamkeit, daß mir keine Waaren genommen würden; die stete Furcht, von einer betrunknen Horde geplündert zu werden; immer Mißhandlungen ausgesetzt zu seyn, ohne sie ahnden zu dürfen; und als ich alle meine Waaren auf das glücklichste vertauscht hatte, doch noch die quälende Sorge zu haben, bis ich die Früchte meiner Arbeit meinen Prinzipalen sicher überliefert hatte; — alles dieß zusammen genommen, so kann wol keine Lage peinlicher seyn. Ich erschrack daher oft, wenn ich bedachte, daß ich mich verpflichtet hatte, den Frühling meines Lebens mit einem Handel zuzubringen, dessen Gefahren und Mühseligkeit kaum irgend ein Gehalt erſetzen kann. Ich glaube, bloß die ſchmeichelhafte Idee, mich als Dollmetſcher über Andre erhaben zu ſehen, brachte mich dahin, daß ich ferner bey einem Poſten blieb, der ſo müh=ſelig zu tragen, und ſo ſchwer auszufüllen war; und ich muß mit der Bemerkung ſchließen: — daß, ob der, welcher ſich einem ſolchen Grade von Stolz überläßt, gleich zu tadeln iſt, ein freyer Mann ihm doch leicht verzeihen wird, weil er weiß, daß er allein der Dulder iſt, und daß, da die hohe Mei=nung von ſich ſelbſt alles Streben des Menſchen lenkt, das Individuum, auf welches ſie den meiſten Einfluß hat, durch die Folgen ſtehen oder fallen muß.

Zweyte Reise.

Ferneres Ueberwintern unter den Nipegon-Indianern; Vorhaben eines Indianers uns zu plündern; unglücklicher Zufall, der einem indianischen Oberhaupte begegnet; — mit genauer Noth entgehe ich der Gefahr von einem indianischen Landstreicher ermordet zu werden; Ermordung des Joseph La Forme, eines Rauchhändlers.

Am 15ten August verließ ich Pays-Plat mit vier birkenen Kanoes und denselben Leuten, die mit mir am See la Mort überwinterten, und kam am Flusse la Pique, der in den obern See fließt, an. Dieser ist etwa sieben Meilen sehr gekrümmt und äußerst tief; er hat einen Ueberfluß an Fischen, besonders Hechten; wovon er auch seinen Namen hat. Beym Landen trafen wir einen großen Trupp Chippeways und einige von der Rattennation an, die sogleich für uns ein Fest aus getrocknetem Fleische, Fischen ꝛc. veranstalteten. Unter ihnen war ein Indianer, Namens Ogashy, oder das Pferd. Er

wurde selbst von seinem eignen Stamme für einen
bösen Indianer gehalten. Seinetwegen mußte ich
während meines hiesigen Aufenthals beständig auf
meiner Huth seyn. Ich handelte Häute und Pelzerey
ein, und gab ihnen etwas Rum, womit sie sich berauschten. Dieses Fest dauerte drey Tage und
Nächte, wobey fünf Männer getödtet, und eine
Frau schrecklich verbrannt wurde. Als der Rausch
verraucht war, fingen sie wie gewöhnlich an, über
die Thorheit ihres Betragens nachzudenken, und
alle, außer Ogashy, verriethen große Betrübniß.
Dieser schien sich im Gegentheil über das vorge-
fallene Unglück zu freuen, und vor meiner Abreise
erfuhr ich, daß er die Absicht hatte, mich umzubringen, und auszuplündern. Um sein niederträch-
tiges Vorhaben zu vereiteln, suchte ich ihn immer
in guter Laune zu erhalten, und ließ ihn in meiner
Hütte schlafen; eine Ehre, worüber er sich sehr zu
freuen schien, und das ihn, wie ich glaube, auf
eine Zeit lang von seinem bösen Vorhaben zurück-
hielt. Freilich fand ich an seiner Gesellschaft kein
Vergnügen, allein ich hielt es für klug, ihn stets
unter Augen zu behalten. Den folgenden Morgen
gab ich ihm ein Glas Rum, und versprach, ihm ein
zwey Gallonen-Faß mit auf den Weg zu geben.
Dieß vertrieb, wie sich die Indianer ausdruckten,
den bösen Geist aus seinem Herzen. Als meine

Leute Alles zum Einschiffen fertig hatten, gab ich dem Anführer des Trupps den Rum, und noch eine Bouteille mehr, als ich dem Ogashy versprochen hatte. Diese war mit einer beträchtlichen Menge Laudananum vermischt, wovon die Uebrigen nichts wußten. Ohne zu vermuthen, was ich gethan hatte, setzte er die Flasche an den Mund, schüttelte mir die Hand, und sagte, „Kee talinimanco negee" oder, „Eure Gesundheit, Freund." Hierbey that er einen tüchtigen Zug, der ihn bald betäubte, und in einen tiefen Schlaf versenkte, worin er, wie ich nachher erfuhr, zwölf Stunden blieb und dadurch ganz unfähig wurde, Unglück zu stiften. Bald nachher schlug ihn ein Indianer, der einen Groll auf ihn hatte, und nur auf eine Gelegenheit wartete, seine Rache zu befriedigen, mit seiner Streitkolbe todt. Sein ältester Sohn verbrannte ihn, und steckte seine Gebeine auf einen hohen Pfahl, weil er das Oberhaupt des Stammes war.

Wir setzten unsre Reise fort, und kamen an einen kurzen Ladeplatz, Portage la Rome genannt, an. Hier hielten wir neun Tage Rasttag, weil wir auf günstigen Wind warteten. Eine Menge Indianer befanden sich hier in derselben Lage.

Sobald der obere See sicher zu befahren war, setzten wir unsre Reise durch starke und gefährliche reißende Untiefen fort, welche uns beständig im

Waſſer hielten und unſere Glieder ſehr angriffen. Bey ſolchen Gelegenheiten, wo große Thätigkeit nothwendig iſt, fällt aller Unterſchied weg, der Herr iſt ſo gut wie der Bediente, und er muß eben ſo ſchwere Arbeiten thun, wie ſeine Untergebene, um ſie zu ihrer Pflicht aufzumuntern, und alle Urſachen zur Klage zu verhüten.

Der Wind war uns günſtig, und wir kamen zu dem Krahnsbeeren-See, ſo heißt dieſer See, wegen der großen Menge Krahnsbeeren, die in den Moräſten wachſen. Hier blieben wir zwey Tage, um uns nach den großen Beſchwerden, die wir wegen der reißenden Untiefen zu überſtehen hatten, wieder zu erfriſchen. Als wir hinlänglich wieder geſtärkt waren, und uns nichts mehr aufhielt, ſo ruderten wir nach einem kurzen Ladeplaße, den man La grande Côte de la Roche nennt, und nahe am Ausfluſſe des Nipegon-Fluſſes liegt. Dieß iſt ein hoher Felſenrücken, über den man muß, um den großen Waſſerfall, deſſen ich in meinen vorigen Reiſen erwähnte, zu vermeiden. Wir hatten um dieſe Zeit ſehr wenig Fleiſchſpeiſen, aber glücklicher Weiſe ſchoſſen wir drey große Bären in der Mitte des Trageplaßes, wovon wir auf verſchiedene Tage zu leben hatten. Ueberdieß führten wir auch noch etwas geräuchertes und getrocknetes Fleiſch mit uns.

Von La grande Côte de la Roche gingen wir zu dem Lac le Nid au Corbeau, oder zu dem Krähennest=See, der etwa zwey hundert Meilen im Umfange hat, und in welchen sich eine Menge kleiner Flüsse ergießen. Es liegen in demselben verschiedene Inseln, die die Indianer reichlich mit wilden Vögeln versehn. Auch findet man hier Bären in Ueberfluß und eine außerordentliche Menge von Biberdämmen, die in gekrümter Richtung ungefähr zehn Meilen weit sich erstrecken.

Der Leser wird bemerken, daß ich in der ersten Reise eine Beschreibung von einem andern Krähennest=See machte, der sehr klein ist, und in dessen Mitte eine Insel mit hohen Palmbäumen liegt, aber wie leicht giebt es in einem so großen Lande zwey Oerter eines Namens.

Während unsers Aufenthalts kam ein Trupp Indianer vom See Arbitibis, die wahrscheinlich mit dem Kaufmanne, womit sie handelten, unzufrieden waren, und nach Michillimakinac gehen wollten. Da sie aber fanden, daß ich ihre Sprache verstand, so tauschten sie mit mir, und machten mir ein Geschenk von Fleisch und Fischen. Es ereignete sich hier ein Zufall, der von übeln Folgen hätte seyn können, und der mir nachher zum unendlichen Nutzen gereichte, weil ich bey allen Verhandlungen mit den Wilden vorsichtiger zu Werke ging.

Da einige von den Oberhäuptern meine nordwestlichen Feuerröhre zu sehen wünschten, so war ich gezwungen, eine Kiste davon zu öffnen. Ich that dieß ungern, weil wir sehr schönes Wetter hatten, und mir sehr daran lag, den Ort zum Ueberwintern zu erreichen, ehe starker Schnee fiel. Nachdem ich ihnen die Flinten gezeigt hatte, luden sie viere, und legten sie bey den Kisten nieder, um sie zu versuchen. Indeß sie sich damit beschäftigten, legte ich die Waaren wieder zurechte, die beym Herausholen der Flinten in Unordnung gekommen waren. Als ich damit fertig war, nahm ich ganz sorglos eine von den Flinten auf, denn ich wußte nicht, daß sie geladen war, und drückte den Hahn ab. Unglücklicherweise schoß ich einem der Anführer ein Ohr ab, und wurde selbst etwas von dem Pulver verletzt, das mir ins Gesicht flog, und mich beynahe ums Gesicht gebracht hätte. Der Schuß kam so plötzlich, und schien so mit Vorsatz geschehn zu seyn, daß mir das Oberhaupt wegen der ihm angethanen Beleidigung die bittersten Vorwürfe machte, und sich zu rächen drohte. Indeß überzeugte ich ihn bald, daß es ein Zufall wäre, und als ich ihm einige Geschenke machte, tröstete er sich über den Verlust seines Ohrs, das sehr groß und schön und ohne einen Bruch war, weßwegen er es besonders schätzte. Es war ein Glück, daß ich ihn

nicht

nicht tödtete, weil wir sonst wahrscheinlich der Rache des Trupps würden aufgeopfert seyn.

Die Indianer sind auf große Ohren sehr stolz, und dehnen sie so weit als möglich aus, daher man sie auch leicht abreißen kann. Es ist sehr gewöhnlich, daß sie sie in der Trunkenheit verlieren, wenn sie aber nur zerrissen sind, so schneiden sie sie mit einem Messer glatt, und nähen die Theile mit einer Nadel und Hirschsehnen wieder zusammen, und nachdem sie in einer Badstube geschwitzt haben, erlangen sie ihre gewöhnliche Heiterkeit wieder.

Den folgenden Tag nahmen wir Abschied, und setzten unsre Reise nach Shecarke Sakiegan oder dem Skunks See, der sehr stark fließt, fort. Bey dem Wasserfalle gibt es sehr viele wilde Gänse und Enten. Hier jagten wir einen Tag, und zwar mit glücklichem Erfolge. Am folgenden Morgen schifften wir uns mit Anbruch des Tages ein, und hatten sehr günstiges Wetter bis wir an den See Schabeechevan oder den Kraut=See kamen. Dieser See hat etwa hundert und achtzig Meilen im Umfange und ist voller kleiner Inseln. Es gibt hier einen Ueberfluß an Fischen, und die Moräste sind voll von wildem Reis und Krahnsbeeren. Er liegt ungefähr sechs Tagereisen vom See la Mort.

Dieser See war das letzte Jahr ein unglücklicher Ort für meine Prinzipale, weil einer von ihren Bedienten, Jaques Senterre, mit einer beträchtlichen Ladung davon ging. Bey meiner Ankunft sah ich mich nach dem Hause um, das er aufgebauet hatte, allein ich konnte nicht die geringste Spur davon entdecken. Wahrscheinlich war er so stolz, daß er ein Freudenfeuer machte, über die Idee sein eigner Herr zu seyn. Am Ende dieses Sees ist ein Wasserfall, der sich aus einem Flusse gleichen Namens herabstürzt, und unmittelbar mit den Gewässern, die von dem Fort Albany innerhalb der Grenzen der Hudsonsbay-Territorien führen, in Verbindung stehn. Man kann ihn ungefähr in dreißig Tagen überschiffen, wobey man aber neunzehn Trageplätze und Buchten, und überdieß vierzehn reißende Untiefen zu passiren hat, die die Reise sehr aufhalten. Die Indianer fahren ohne die geringste Furcht die starken Ströme hinunter und sind selten dabey unglücklich. Sie machen die Reise in einem Drittheil der Zeit, die sie beym Hinauffahren zubringen, ohne Nachtheil für ihre Kanoes. Beym Hinauffahren des Stroms aber werden die Kanoes oft unbrauchbar, und sie sind gezwungen, neue zu machen, ehe sie ihre Reise fortsetzen können. Indeß fehlt es ihnen glücklicher Weise nirgends an Birkenrinde, und sie sind auch so geübt in dieser Arbeit, daß sie

in drey Tagen ein Kanoe machen können, das groß
genug ist, drey Leute mit den nöthigen Bedürfnis=
sen und ihre Pelzwerke und Häute fortzubringen.
Bey diesem See gibt es ungefähr hundert und funf=
zig gute Jäger, die sehr viele Ballen Biber ꝛc. zu=
sammenbringen. Dieß war auch ein Bewegungsgrund, warum ich mich hier niederließ, wozu noch
die Aussicht zu einem großen Vorrathe an Fischen
und Krahnsbeeren kam, die im Winter äußerst wichtig sind.

Nachdem ich die Kanoes in Sicherheit gebracht
und meine Leute mit einer guten Suppe gestärkt
hatte, ließ ich sie bey den Waaren zurück und nahm
zwey Indianer mit, die mir einen bequemen Platz
zum Hausbauen anweisen mußten. Als wir einen
solchen Ort gefunden hatten, ließ ich daselbst ein
Gebäude aufführen, das funfzig Fuß lang, zwanzig Fuß breit und in zwey besondere Zimmer abgetheilt war, wovon das eine zu den Waaren und das
andere zum gemeinen Gebrauche bestimmt wurde.
Den Rum verbargen wir im Walde, brachten alles
gehörig in Ordnung und machten die Fischereywerk-
zeuge zurecht. Als die Seen anfingen sehr fest über-
zufrieren, theilte ich meine Leute in zwey Partien.
Die eine Hälfte wurde zum Fischen bestimmt und
die übrigen, einen Mann ausgenommen, den ich
immer im Hause behielt, mußten für die Feuerung

auf den Winter sorgen. Etwa in drey Wochen war neben dem Hause eine hinreichende Menge Holz aufgeschichtet und die Holzfäller vereinigten sich nun mit der fischenden Partie. Sie waren sehr glücklich in ihren Arbeiten, daß wir also weit ruhiger seyn konnten, als im vorhergehenden Jahre, weil wir nicht fürchten durften Hungers zu sterben.

In etwa zehn Tagen kam ein großer Trupp Indianer mit ihrer Herbstjagd an, von denen mir keiner bekannt war, weil ich so tief ins Land hinein noch nicht überwintert hatte. Es schien ihnen sehr angenehm zu seyn, daß sich ein Rauchhändler unter ihnen niederließ; und besonders, weil ich ihre Sprache redete. Als ich ihnen aber sagte, daß ich auch ein Krieger sey und ihnen die Zeichen der Adoption in meinem Fleische zeigte, waren sie noch weit mehr erfreut. Die Weiber wurden sogleich beordert Hütten aufzuschlagen und ein Fest zu veranstalten. Während dieß geschah, kamen die Indianer einer nach dem andern in mein Haus, setzten sich auf den Boden nieder, fingen an zu rauchen und sahen sehr vergnügt aus. Als ich ihnen Tabak und andere indianische Waaren gegeben hatte, faßte mich das Oberhaupt um den Hals, küßte mich auf die Backe und redete mich mit folgenden Worten an:

„Meegwoitch Kitchee mannitoo, Kaygait kee „zargetoone an Nishinnorbay nogome, shashyyar

„payshik artawway winnin tercushenan, cawween
„Kitchee morgussey, an Nishinnorbay nogome
„cawwickar indenendum. Kaygait kitchee musk-
„kowway geosay haguarmissey waybenan matchee
„oathty nee zargetoone Saggonash artawway; win-
„nin kaygait hapadgey kitchee morgussey an Nis-
„hinnorbay; kaygwotch anna boycassey neenner-
„wind mornooch towwarch nee zargey debwoye
„kee appay omar, cuppar bebone nepewar appi-
„miniqui omar." — „Ich danke dem Herrn des
„Lebens, daß er uns Indianer liebt und uns heute
„einen englischen Rauchhändler sendet, der mir und
„meiner jungen Mannschaft sein Herz öffnen wird.
„Faßt Muth, ihr jungen Leute, laßt eure Herzen
„nicht verschlossen seyn und entfernt den bösen Geist
„von euch. Wir alle lieben die englischen Rauch=
„händler, denn wir haben von ihrem Mitleid gegen
„die Wilden gehört. Wir glauben, daß sie ein
„offnes Herz haben, daß ihr Blut so hell wie die
„Sonne läuft. Es ist wahr, wir Indianer haben
„nur wenig Verstand, wenn wir trunken sind, aber
„wir hoffen Ihr werdet hieran nicht denken, und
„wenn Ihr bey uns bleiben wollt, so wollen wir
„mit Freude für Euch jagen."

Als er seine Rede geendigt hatte, standen sie alle
auf, faßten mich bey der rechten Hand und führten
mich zu ihrer Hütte. So wie ich hineintrat, setzte

mich einer von den Kriegern auf einen großen Biberrock, der für mich zurechtgelegt war und hing mir einen Wampum-Gürtel um den Hals, sang die ganze Zeit, indeß ich und das Oberhaupt aßen, zu dem Herrn des Lebens. Am Ende des Fests nahm ich zwey Indianer in mein Haus, und gab ihnen zwey Fässer Rum und zehn Rollen Tabak, nebst andern Sachen, wofür sie mir alle ihr Pelzwerk gaben. Darauf fingen sie ihr Gelag an. Dieß dauerte drey Tage und Nächte, und das einzige Unglück, was hierbey vorfiel, war, daß einem Kinde von der Mutter der Rücken gebrochen wurde. Als sie noch einen Tag nach dem Rausche geblieben waren, versah ich sie reichlich mit Ammunition auf ihre Winterjagd, und sie reiseten vollkommen vergnügt mit ihrer Aufnahme ab. Ich kann nicht umhin, die Art zu beschreiben, wie ich eine alte Indianische Frau in Ruhe bringen mußte, die weit unruhiger war als die übrigen, und mich beständig um Rum quälte.

Ich goß vierzig Tropfen Cantharitden-Tinktur und eben so viel Laudanum in ein Glas Rum, und als sie zu mir kam und mich sehr ernstlich um stark Wasser bat, gab ich ihr die für sie zubereitete Dosis. Sie trank sie ohne Anstand aus. Sie war schon sehr betrunken und konnte kaum auf den Füßen stehn. Allein hiermit war sie nicht zufrieden und verlangte noch immer mehr. Ich gab ihr noch einmal die Dosis, die sie auch trank und darauf auf den Boden fiel. Ich befahl meinem Kanadier, sie aus dem Hause zu bringen und sie nahe bey ihrem eignen Zelte zu legen, wo sie zu meinem Vergnügen zwölf Stunden in einem tiefen Schlafe blieb. Ich habe das Laudanum immer sehr nützlich befunden, und es ist auch überhaupt als eine nothwendige Sache bey dem Handel mit den Indianern anzusehn, weil dieß nur das einzige Mittel ist, ihre betrunkenen Sinne zu betäuben und das Leben eines Rauchhändlers erträglicher zu machen, denn es thut wenigstens ihrer Tollheit einigen Einhalt.

Am 19ten November kam ein Trupp Indianer mit einigen wenigen Häuten und einer großen Menge getrocknetem Fleische und etwas Bärenfette an, welches ich gegen etwas Rum eintauschte, den ich ihnen rieth mit sich fortzunehmen. Sie erfüllten meinen Wunsch und schifften sich ganz nüchtern ein.

Ich habe immer die Indianer zu bereden gesucht, den Rum mitzunehmen; allein es ist mir selten gelungen. Die Beschwerde, sie zu bewachen, wenn das Getränk an zu wirken fängt, ist unbegreiflich, der Gefahr unsers Lebens und Eigenthums nicht einmal zu gedenken.

Nach ihrer Abreise blieb ich beynahe einen Monat lang nur mit einem einzigen Manne zu Hause; die übrigen waren mit Fischen beschäftigt und sahen nach den Marderfallen. In beyden waren sie glücklich, aber vorzüglich in dem Erstern, und brachten beynahe achttausend Forellen, Hechte und Weißfische zu Hause, die wir, wie gewöhnlich, zum Frieren aufhingen. Bey eintretender Kälte wird jeder des Tages zweymal gespeiset, und diese Regel beobachteten wir beständig, obschon der Vorrath sehr beträchtlich war.

Im Anfange des Dezembers kam ein neuvermähltes Paar an. Ich gab ihnen etwas Rum, wovon sie sehr lustig wurden. Als ich bemerkte, daß die Frau bey guter Laune war, bat ich sie mir ein Liebeslied zu singen; welches sie mit Vergnügen that.

Das Lied.

„Debwoye, nee zargay ween aighter; payshik
„oathty, seizeebockquoit shenargussey me tarbis-
„coach nepeech cassawicka nepoo, moszack pe-
„martus, seizeebockquoit meteek."

„Es ist wahr, ich liebe nur ihn, dessen Herz dem
„süßen Safte gleicht, der aus dem Zuckerbaume
„fließt und mit dem Palmlaube verbrüdert ist, das
„immer lebt und zittert."

Ich dankte ihr für das Lied, gab dem Manne eine Bouteille Scuttaywabo, und verließ sie, damit sie ihre Herzensfreude genießen konnten. Da ich ihnen nicht so viel gegeben hatte, daß sie sich davon berauschen konnten, so durfte ich keinen eifersüchtigen Paroxismus befürchten. Noch immer war mir die Begebenheit am See la Mort gegenwärtig, da ich so glücklich davon kam. Den Morgen darauf reiseten sie ab und bezahlten mich sehr gut für meine Geschenke mit einigen Biber-, Bären- und Otter-Häuten.

Einige wenige Tage nachher langte ein Indianer mit seinen beyden Weibern und drey Kindern an; sie kamen sogleich in mein Haus und setzten sich ans Feuer. Ich glaubte etwas Arglistiges in ihrem Gesichte zu entdecken und beobachtete sie deßhalb sehr genau. Ich fragte ihn, ob er auf seiner Jagd glücklich gewesen sey? Er sagte mir, er glaube, der Herr des Lebens sey auf ihn erzürnt, denn er hätte ohne Erfolg auf verschiedene Thiere alles Pulver und Bley verschossen. Dieß war eine figürliche Redensart und überzeugte mich, daß er ein Faulenzer seyn müßte und daß er das, was er nöthig hätte, nicht wieder bezahlen könnte. Er fügte noch hinzu, seine Familie habe seit einigen Tagen nichts zu leben gehabt, und er hoffe, ich werde ihre Herzen erfreuen, und freundschaftlich gegen sie seyn. Ich ließ also einen großen Kessel ans Feuer setzen und kochte einige Fische, die sie mit großem Appetite verzehrten, besonders die Weiber und Kinder.

Ich befragte ihn wegen seiner Jagdreviere. Er sagte mir, er wäre von der Hudsonsbay so weit hergekommen. Er hätte gehört, daß sich einige Rauchhändler an den Skunks-See aufhielten und wüßte, daß dort sehr viel Thiere wären, er hoffte also eine große Anzahl Häute zu bekommen. Ich wußte gewiß, daß dieß falsch war, und hielt ihn für einen Landstreicher; denn er wäre sicher nicht so weit gereiset, wenn die Bediente der Kompagnie-Forts nicht mit ihm unzufrieden gewesen wären und er Kredit gehabt hätte. Er sahe mich sehr ernsthaft an und fragte, ob ich ihm eine Flinte, eine wollene Decke und Ammunition anvertrauen wollte; ich schlugs ihm aber ab. Dieß mißfiel ihm, er ging aus dem Hause, Einer von ihnen rief ihm, der Andere folgte ihm heraus und sagte ihm etwas leise. In wenigen Minuten kam er zurück und erneuerte seine Bitte und sagte: „Wagt Ihr es nicht, mir vierzig Häute anzuvertrauen? Ich will sie Euch im Frühlinge bezahlen." Ich sagte ihm, ich kreditirte nur guten Jägern, und ich wüßte gewiß, daß er ein träger unthätiger Vagabonde wäre. Dabey rieth ich ihm zu seinem eignen Stamme zurückzukehren und bey ihnen Hülfe zu suchen, weil sie ihn besser kennen müßten, als ich. Dieser so strenge Vorwurf, womit ich sein Ansuchen beantwortete, schien den bösen Geist in seinem Herzen zu erwecken, er ließ mich unter dem Einflusse des Matchee Mannitoo, ging zu seinem Kanoe und schien in einem tiefen Gespräche mit seinen Weibern begriffen zu seyn.

Mein Bediente sah sie und beobachtete sie sehr genau. Er bemerkte, daß der Indianer sich bemühte, das Ende von seiner Flinte abzufeilen, um es unter seiner Decke verbergen zu können. Als er sie verkürzt und geladen hatte, kehrte er zurück und hatte sie unter seiner Kleidung verborgen. Dieß Benehmen war ein überzeugender Beweis von seiner teuflischen Absicht. Ich befahl meinem Bedienten, sich an die eine Seite des Thors zu stellen, und ich nahm meinen Posten an der andern und wartete bis er ins Haus kommen würde. So wie er über die Schwelle trat, schlug ich ihn mit einem Holzscheite zu Boden, nahm ihm seine kurze Flinte weg, und prügelte ihn so, daß wir ihn in sein Kanoe tragen mußten, wo ihn seine Familie erwartete. Ich befahl ihnen, sich gleich vom Lande zu entfernen, mit der Drohung, wenn sie sich weigern würden, sollte sein Kanoe in Stücken zerschlagen und seine Familie fortgetrieben werden. Die Weiber und

Kinder schienen sehr in Noth zu seyn und gehorchten mit großem Widerwillen meinen Befehlen. So wurde ich diese saubern Gäste los und entging, wie man bald sehen wird, einer Gefahr, die mich und meinem Bedienten gewiß ins größte Verderben würde gestürzt haben.

Wenige Tage nach ihrer Abreise kam ein Indianer an und berichtete mir, daß H. Joseph la Forme, ebenfalls ein Rauchhändler, der sich an dem See la Sel niedergelassen hatte, von einem Wilden, dessen Statur er mir beschrieb, getödtet sey. Ich zweifelte keinen Augenblick, daß es derselbe war, der mich hatte umbringen wollen. Ich erzählte dem Indianer jeden Umstand seines Betragens und die Rache, die ich an ihm genommen hätte. Er freuete sich über meine glückliche Rettung, weil der Wilde als ein böser Mensch bey dem ganzen Stamme bekannt wäre, denn er hätte vergangenen Herbst seinen Bruder und eins von seinen Weibern ermordet, und deßwegen wollte ihn auch der Stamm, wozu er gehörte, nicht unter sich leiden. Ich war sehr begierig jeden Umstand zu erfahren, und bat ihn also mir die Sache genau zu erzählen. Er hatte es, wie er sagte, von einem Wilden gehört, dem er zufälligerweise begegnet wäre, und dem der Mörder selbst alles umständlich erzählt hat. Der Indianer setzte nehmlich, als ihm seine Absicht auf mich mißlungen war, mit boshaften Anschlägen seine Reise fort, und kam zu Joseph la Forme's Haus. Er ging hinein und bat um Rum und Tabak, der ihm auch gegeben wurde. La Forme schöpfte Verdacht, als er sahe, daß der Indianer nichts zu handeln hatte. Er bat La Forme, ihm einige Sachen auf Kredit zu geben; allein La Forme schlug es ihm ab, und sagte, er wäre ein schlechter Jäger und hätte ein hartes Herz. Dieser unüberlegte Vorwurf brachte ihn sehr auf, und als er bemerkte, daß weiter keiner im Hause war als der Rauchhändler, denn seine Leute waren zum Fischen ausgegangen, sahe er die Gelegenheit ab, und indem sich La Forme bückte, um seine Pfeife anzustecken, schoß er ihn durch den Kopf, nahm einige wenige Sachen aus dem Hause und ging davon.

Auf diesen Bericht schickte ich sechs Indianer mit einem treuen Kanadier aus, um La Forme's Waaren in Sicherheit zu bringen. Dieß gelang ihnen auch, und sie brachten alle Pelterey, Kaufmannswaaren, ꝛc. wie auch des Rauchhändlers Leute mit, die ich in meinen Dienst nahm. Etwa sechs Wochen nachher schlug den Mörder einer von seinem Stamme, den er vorher beleidigt, und der von seiner neuen Schandthat gehört und ihm seine

Niederträchtigkeit vorgeworfen hatte, mit der Streitkolbe todt, schnitt ihm den Kopf ab und brachte ihn in mein Haus, um ihn meinen Indianern zu zeigen.

Das unglückliche Schicksal La Forme's giebt uns ein trauriges Beyspiel von der gefährlichen Lage aller indianischen Rauchhändler und kann zugleich denen zur Lehre dienen, die sich etwa in der Folge in einen Handel mit den Wilden einlassen sollten, daß es oft weit klüger ist, seinen Zorn zu verbergen als ihn auszulassen.

Wir gerathen aus Mangel an Lebensmitteln in große Noth; — werden durch die glückliche Ankunft einiger Indianer gerettet. — Erzählung einer der abscheulichsten Thaten eines gewissen Janvier, der bey H. Fulton, einem Rauchhändler in Diensten steht. — H. Fulton bringt ihn zum Geständniß und bestraft ihn wie ers verdient hat. — Besuch eines Rauchhändlers von der Hudsonsbay-Kompagnie. — Einige Bemerkungen diesen Handel und das Betragen der Kompagnie gegen ihre Bediente betreffend.

Am Ende des Januar 1779 kam ein Trupp von der Ratten-Nation an, die nach Shekarkistergoan oder dem Skunk's-head-See, der zwischen dem See Nipegon und dem See Manotoye liegt, gehen wollten. Sie brachten mir Lebensmittel und Pelterey, die ich, wie gewöhnlich, gegen Rum eintauschte. Sie tranken sehr viel davon, doch ohne ein Unglück anzurichten. Nach ihrer Abreise kamen wir mit unsern Lebensmitteln zu kurz, weil wir jetzt wegen La Forme's Leute, die ich in meinen Dienst genommen hatte, einen weit größern Haushalt führten. Wir hatten nur noch ein wenig Fisch und etwas wilden Reiß oder Menomon, der in Muccncks oder Kasten von Baumrinde aufbewahrt wird. Hiervon mußte ich und siebenzehn Mann leben. Jeder bekam täglich nur eine Hand voll Reiß und einen kleinen Fisch, ungefähr zwey Pf. am Gewichte, welches mit einander gekocht wird und eine angenehme Suppe gibt. Ich habe mich oft gewundert, daß man sich der Fischbouillon nicht allgemeiner bedient, da sie doch eine sehr schmackhafte Speise ist; allein ich habe zu wenig medizinische Kenntnisse, um von ihrer Heilsamkeit oder ihrer ernährenden Kraft sprechen zu können. Störbouillon ist zwar ein delikates Essen und läßt einen angenehmen Geschmack auf der Zunge zurück; allein da es, wie ich aus eigner Erfahrung weiß, den Hunger nur noch mehr reizt, so sollte man sie nur genießen, wenn man immer genug zu essen haben kann. Dieser Fisch ist sehr gemein in Albany und wird das Pfund zu Pf. Yorkcurrant verkauft. Das Fleisch nennt man albanisches Rindfleisch.

Da es noch immer sehr stark fror und sich keine Indianer sehen ließen, die unsere Bedürfnisse befriedigten, so mußten wir die Hare von den Bärenfellen ſellen reißen und die Haut braten. Dieß ſchmeckt wie Schweinefleiſch und war mit etwas tripe de roche gekocht, unſere ganze Nahrung.

Tripe de roche oder Hawercoon iſt ein Kraut, das auf den Felſen wächſt. Es iſt ſehr ſchwammig und ungeſund und verurſacht heftige Schmerzen in den Eingeweiden und nicht ſelten einen Durchfall. Ich weiß, daß die Rauchhändler in den nordweſtlichen Gegenden öfters dieß Uebel ausgeſtanden haben. Einige von ihnen haben es bey ſtrenger Witterung vierzehn Tage hinter einander eſſen müſſen, und dieß ſchwächt außerordentlich. Wenn ſich das Uebel nicht zu einem Durchfalle ſchlägt, ſo verurſacht es ein heftiges Erbrechen und zuweilen Blutſpeyen mit Krämpfen in den Eingeweiden.

In dieſer großen Noth rieth ich meinen Leuten Marderfallen zu machen und ſie wie im letzten Winter beym See la Mort in den Wäldern aufzuſtellen. Dieß befriedigte uns zwar zuweilen, aber nur auf eine ſehr kurze Zeit unſre Bedürfniſſe. Endlich kam ein Trupp Indianer mit zehn Blockſchlitten an, die mit Speiſen und Pelterey beladen waren. Dieß rettete uns und gab uns neuen Muth. Meine Leute entdeckten ſie in der Entfernung, und ob ſie gleich durch Hunger ſehr geſchwächt waren, ſo zogen ſie doch ihre Schneeſchuh an, um ihnen entgegen zu eilen.

Es ist außerordentlich, was der Mensch aushalten und wie sehr die Aussicht einer nahen Rettung ihn stärken kann. Jede schmerzhafte Erinnerung überstandner Leiden verschwindet sogleich und neues Leben scheint durch alle Adern zu strömen. Denen, die im beständigen Luxus leben und nicht wissen, was es heißt, mit saurer Mühe sein Brot verdienen, ist die Freude ganz unbekannt, wenn man unerwartete Lebensmittel erhält und in der Wildniß Tafel halten kann. Der Hunger ist der beste Koch, und mit Pope zu reden: „heißt Genießen, Gehorchen." — Wie angenehm ist ein solcher Gehorsam!

Da die Indianer unsre traurige Lage an unsern magern Gesichtern sahen, so gaben sie uns allen ihren Vorrath, der aus Bären, Racoons und Elenthieren bestand. Sogleich wurde der Kessel aufs Feuer gesetzt und wir speiseten mit den frohesten Herzen. Die Indianer genossen indeß die Freude unsern Hunger zu stillen.

Bey der Grausamkeit, die die Wilden zeigen, besitzen sie doch Tugenden, die der menschlichen Natur Ehre machen und uns Beyspiele von Großmuth und Gutmüthigkeit geben, die das gefühlvollste Herz verrathen. Ihnen sind die niedrigen entehrenden Empfindungen, die so vielen von dem aufgeklärtern und wohlhabendern Theile des Menschengeschlechts

Schande machen, gänzlich unbekannt, und sie würden, so viel ich ihren Charakter kenne, über das filzige Betragen derer erröthen, die die Fürsehung mit Ueberfluß gesegnet hat.

Als wir abgespeiset hatten, bat das Oberhaupt, denn eher wollte er uns nicht stören, um etwas Tobak. Er hatte einige Zeit geraucht, als er mir sagte, er habe mir eine traurige Geschichte zu erzählen, die ihm von einigen Indianern mitgetheilt wäre, und H. Fulton beträfe, der sich damals zu Schekarkistergan aufhielt. Er wäre so sehr davon gerührt, daß er sie kaum erzählen könne. Ich bat ihn, seine Pfeife auszurauchen, und ein Glas Rum zu trinken, ehe er seine Geschichte anfinge, und zugleich äußerte ich ihm meine Verwunderung, daß ich gar nichts Merkwürdiges gehört hätte, da doch vor wenigen Tagen ein Trupp von der Rattennation von diesem See zum Handeln hergekommen sey. Er sagte mir, er wäre dem Truppe begegnet, und hätte ihnen die Sache erzählt, und sie wären ganz erstaunt darüber; weil aber H. Fultons Leute noch nicht vom Fischen zurück gekommen wären, als sie den Ort verlassen hätten, so wäre die That erst nach ihrer Abreise bekannt geworden.

H. Fulton mußte durch das, was man cawway oder Losen nennt, seine Leute in zwey Parteyen theilen. Die Eine wurde zum Jagen und Fischen bestimmt, und die andere mußte bey dem Herrn bleiben. Die Fischereypartey bestand aus Karl Janvier, Franz St. Ange, und Ludwig Dufresne, lauter geborne Kanadier, die mit Aexten, Eishacken und Werkzeugen zum Fischen versehen, abreiseten, und nach acht Tagen an einen bequemen Ort kamen. Hier baueten sie eine Hüttte, worin sie einige Zeit ziemlich gut lebten; allein da es ihnen an Fischen fehlte, und sie auf der Jagd auch nicht glücklich waren, so kamen sie beynahe um. In dieser Lage bemächtigte sich, wie sich das Oberhaupt ausdruckte, der böse Geist des Herzens des Janvier. Weil er der stärkste Mann unter seinen Gefährten war, so konnte er auch weit länger den Hunger aushalten, und dieß setzte ihn in den Stand, bald nachher ein teuflisches Vorhaben auszuführen. Er hatte sich nämlich vorgenommen, den ersten Indianer, der ihn in den Weg käme, zu tödten, und es auch seinen Gefährten gesagt. Als ihre Noth sehr groß war, bemerkte Janvier in einiger Entfernung einen Wilden mit einer Last auf dem Rücken. Er ging den Augenblick wieder in die Hütte, und kündigte seinen armen entkräfteten Kameraden ihre herannahende Rettung an. Diese standen sogleich auf, und eilten, so schnell als es ihnen ihre erschöpften Kräfte erlaubten, aus der Hütte. Der Indianer kam an, legte seine Last ab, die nur aus zwey Ottern und zwey Hasen bestand, und gab sie dem Janvier. Dieser nahm sie mit großer Freude an, und als er ihnen die Haut abgezogen hatte, kochte er sie ohne sie rein zu machen in dem Kessel; so groß war ihr Hunger. Sie hatten bald ihr schmackhaftes Gericht aufgezehrt. Aus der Begierde, womit Janvier aß, und dem Vergnügen, das er in seinem Gesichte verrieth, wenn er den Wilden ansah, schöpften seine Gefährten die Hoffnung, er habe den übereilten Entschluß, den er gefaßt hatte, vergessen, und hielten ihn für keinen so abscheulichen Bösewicht, daß er auch nur einen Gedanken hegen sollte, dem Mann zu schaden, durch dessen Hülfe ihr Leben gerettet sey. Am folgenden Morgen sagte ihnen der Indianer, daß er sie nicht ferner unterstützen könne, weil er keine Ammunition habe, er wolle aber zu H. Fulton gehen, um noch Vorrath zu holen.

Janviers Herz war selbst bey der Güte, die er genossen hatte, unerbittlich. Er bat den Wilden, ihm einen großen Holzstamm aus Feuer legen zu helfen, weil seine Gefährten zu schwach dazu wären. Der Indianer that es mit Vergnügen, und indem er sich bückte, um den Stamm aufzuheben, schlug ihn Janvier mit einer Axt zu Boden, und zog ihn vor die Hütte, schnitt ihn auf, und legte mit der unempfindlichsten Grausamkeit so viel Fleisch von seinem Retter in den Kessel, als er zu einem Mahle für zureichend hielt. Nachdem es zubereitet war, nöthigte er St. Ange und Dufresne, daran Theil zu nehmen, und zwang sie, das Kreuz zu küssen, das auf seiner Brust hing, und bey allen Heiligen zu schwören, daß sie diese That nicht entdecken wollten. Zugleich drohete er ihnen, daß, wenn sie es thäten, sie ein gleiches Schicksal haben sollten. Durch seine Drohungen in Furcht gesetzt, und überzeugt, daß er sie erfüllen würde, versprachen sie feyerlichst seinen Befehlen zu gehorchen. Als sie vom äußersten Hunger gezwungen den ersten Ekel überwunden hatten, aßen sie sehr unmäßig von dem schrecklichen Mahle. Bald nachher wurden sie krank, und bekamen heftige Krämpfe. Während ihrer Krankheit klagten sie leise einander, daß dieß davon herrühre, weil sie das Fleisch des Indianers gegessen hätten. Janvier hörte sie unvermerkt, nannte sie Narren und feige Schurken, fragte sie, ob sie sich etwa fürchteten, daß der Wilde wieder aufleben würde, und mit hämischem Lachen bat er sie, ihm doch zu sagen, was sie fürs beste Stück an den Menschen hielten? Die armen Leute antworteten bloß, sie wären sehr krank und könnten die Ursache davon nicht sagen. In wenigen Tagen war der Indianer, weil sie keine andre Speise hatten, aufgezehrt, und Janvier beschloß, wenn er kein andres Fleisch erlangen könnte, wieder Menschenfleisch zu essen. In dieser Absicht suchte er Gelegenheit mit St. Ange Zänkerey anzufangen, weil Dufresne es nicht wagen durfte, sich in den Streit zu mischen. Janvier wollte indeß doch in Dufresne's Augen so untadelhaft wie möglich scheinen, er suchte deßwegen auf eine listige Art die Streitigkeit in die Länge zu ziehen, bis er behauptete, er könne seinen Zorn nicht länger mäßigen, und den Dufresne fragte, ob er nicht glaube, daß St. Ange das Schicksal des Indianers verdiene, weil er sich hätte merken lassen, er wolle das Geheimniß, was er zu verschweigen so feyerlichst geschworen, entdecken. Dufresne wagte es nicht, ihm zu widersprechen, und sagte also, er glaube daß S. Ange tadelhaft sey. Auf diese Antwort schlug ihn Janvier sogleich mit der Axt todt. Dann schnitt er ihn auf, und kochte einen Theil davon. Dufresne war gezwungen mit davon zu essen, und durfte nicht die geringste Abneigung blicken lassen. Zum Glück für Dufresne wurde die Witterung gelinder, und da sie reichlich mit Fischen versehen waren, beschlossen sie zu ihrem Herrn zurückzukehren. Janvier, berauscht von der Ideen seiner Ueberlegenheit, zwang Dufresne, ihn auf einem indianischen Blockschlitten nach H. Fulton's Hause zu ziehn — eine grausame Zumuthung, und ein schrecklicher Dienst für einen schwachen ausgemergelten Mann! Allein, weil er wußte, daß er sich nicht widersetzen konnte, so machte er aus der Noth eine Tugend, und gehorchte dem Tyrannen mit scheinbarer Fröhlichkeit. Auf der Reise wurde er oft an seinen Eid erinnert, und an die unglücklichen Folgen, die ihn treffen würden, wenn er je das Geheimniß verriethe; weil es ihm, wie Janvier versicherte, den augenblicklichen Tod zuziehn würde.

H. Fulton war über ihre Rückkehr sehr erfreut, denn er hatte seine Leute nöthig, weil die Indianer täglich mit ihrer Winterjagd ankamen. Bald nach ihrer Ankunft fragte er nach St. Ange, aber erhielt keine Antwort. Er richtete sich darauf grade an Janvier. Dieser sagte, er wäre mit einem Oberhaupte Namens Onnemay oder der Stöhr, den H. Fulton kannte, auf die Jagd gegangen, und würde bald zurückkehren. Einer von den Kanadiern widersprach ihm, und sagte, das könne nicht wahr seyn, weil Onnemay den Tag vor ihrer Zurückkunft das Haus verlassen hätte. Janvier sagte, er könnte sich vielleicht in des Oberhaupts Namen geirrt haben, weil er nicht sehr mit der indianischen Sprache bekannt wäre, und Dufresne änderte aus Furcht vor einer Entdeckung Janvier zu gefallen vorerst das Gespräch.

Es vergingen mehrere Tage, und St. Ange kehrte nicht zurück. Janvier wurde wieder gefragt, der ihnen eben das sagte, was er vorhin gesagt hatte. Er berief sich wegen der Wahrheit seiner Versicherungen auf Dufresne, der sie bestätigen mußte.

H. Fulton war noch nicht ganz zufrieden, und befragte sie einzeln. Von Janvier konnte er keine Nachricht erhalten, aber Dufresne wankte, und sagte zuletzt, er habe geschworen es nicht zu entdekken, aber St. Ange würde niemals zurückkehren. — H. Fulton bemühte sich, ihn zu überzeugen, daß es kein Verbrechen sey, einen erzwungenen Eid zu brechen. Er würde vielmehr die schrecklichste Sünde begehen, wenn er die Wahrheit verhelen wollte. Er fügte noch sehr listig, um ihn zur Entdeckung der That zu bewegen, hinzu, wenn er überzeugt wäre, daß er ganz unschuldig sey, so könnte er keinen redlichen Beweggrund haben, ein Geheimniß daraus zu machen, und er dürfte sich auch nicht vor der Rache Janviers fürchten, denn er verspräche ihm, ihn vor allem Unglück, das durch die Entdekkung entstehen könnte, zu schützen. So überzeugt und aufgemuntert entdeckte Dufresne die ganze Sache, bat aber zugleich um H. Fultons Geheimhaltung, die dieser ihm auch versprach, bis sie wieder hierüber sprechen würden, wo er alsdann jeden Umstand in Janviers Gegenwart erzählen sollte. Die übrigen Leute drangen verschiedentlich in Janvier, ihnen doch einige Nachricht über St. Ange's

Abwesenheit zu geben, allein immer schwieg er. Einige gingen gar so weit, daß sie ihm ganz deutlich zu verstehn gaben, er wüßte nur zu viel von ihm, allein er behandle ihre Bitten mit Gleichgültigkeit.

Nachdem H. Fulton alle seine Güter in Ordnung gebracht hatte, schickte er sich an, sein Winterquartier zu verlassen, und, wie alles dazu fertig war, reiseten sie ab. Die erste Nacht nach ihrer Abreise lud H. Fulton ein Paar Pistolen, und machte im voraus seine Leute mit der Entdeckung, die Dufresne gemacht, und der Strafe, die er dem Bösewicht zugedacht hatte, bekannt. Er kam aus seinem Zelte und stellte sich an das Feuer, um welches die Kanadier herum saßen. Das Gespräch über St. Ange wurde absichtlich erneuert, und H. Fulton merkte an, daß es grausam sey, ihn in dem Walde bey den Indianern zu lassen, und machte besonders Janvier darüber Vorwürfe, weil er der Erste von der Parthie wäre, und also am meisten zu verantworten hätte. Janvier wurde ärgerlich, daß man diesen Gegenstand noch einmal wiederhole — denn der Schuldige ist leicht aufzubringen — und sagte, St. Ange könnte für sich selbst sorgen, er hätte nicht die Aufsicht über ihn. Darauf wurden Dufresne Vorwürfe gemacht, der verabredtermaßen die ganze That entdeckte, und Janviers Betragen umständlich erzählte. Janvier suchte sich auf der Stelle wegen der Verläumdung, wie er es nannte, zu rächen, und leugnete mit der größten Verwegenheit, und den feyerlichsten Versicherungen, weswegen man ihn angeklagt hatte. H. Fulton hielt es nun für Zeit, sich dazwischen zu mischen, und ihn wo möglich zu verwirren. Er fragte ihn also, „was das beste Stück am Menschen sey? Janvier antwortete sehr verwegen, wer Menschenfleisch gegessen hätte, würde das leicht sagen können. Allein als man zu wiederholten Mahlen in ihn drang, und er nicht mehr Acht auf sich hatte, sagte er sehr aufgebracht, die Füße. Die Gesellschaft, durch dieß Geständniß aufgemuntert, setzte ihm noch immer mehr zu, bis er zuletzt die Handlungen gestand, weßwegen man ihn anklagte, und erklärte, daß er in einer ähnlichen Lage seinen eignen Bruder tödten würde.

H. Fulton konnte seinen Zorn nicht länger unterdrücken, ging auf Janvier zu, und sagte, er wäre der verworfenste Bösewicht, daß er erst einen unschuldigen Indianer, der ihm großmüthig aus der Noth geholfen, getödtet und darauf gefressen hätte; er sey ein Schandfleck der menschlichen Natur, und verdiene nicht einen Augenblick länger zu leben; und ohne ihm Zeit zum Antworten zu lassen, schoß er ihn durch den Kopf. Seine Leute mußten ihn begraben, und den folgenden Morgen setzte H. Fulton seine Reise nach Michillmakinac fort. Hier stellte er sich sogleich bey seiner Ankunft dem kommandirenden Officier vor, der ihn nach einer genauen Untersuchung seiner Leute, auf eine ehrenvolle Art lossprach. Dabey rieth er ihm, sich nicht wieder in diejenige Gegend zu wagen, wo der Indianer getödtet sey, damit die Wilden nicht von der That hörten, und den Tod eines Mitgliedes ihres Stammes rächten, wobey vielleicht der Unschuldige für den Schuldigen leiden müßte.

Im Monat Februar besuchte mich ein Rauchhändler in einem geräuchert ledernem Hemde gekleidet. Er wurde von drey Indianern begleitet, und war fünf Tage von Albany Fort entfernt gewesen. Er sagte, er wäre aus Neugierde gekommen, mich zu besuchen, weil er noch von niemanden gehört, der vorher so tief im Binnenlande überwintert hätte, außer den zur Hudsonsbay-Kompagnie gehörigen Bedienten. Ich hatte um diese Zeit sehr wenige Lebensmittel, und außer H. Joseph La Forme's Kanadier, acht Leute zu unterhalten. Unsere vorzüglichste Nahrung bestand in tripe de roche. Bey seiner Ankunft stand der Kessel mit den Blättern am Feuer. Er fragte, was ich für Speise hätte. Ich ließ etwas aus dem Kessel nehmen, und in eine birkene Schüssel legen. Er schmeckte es, konnte es aber nicht niederschlucken. Ich sagte ihm, dieß sey seit vielen Tagen ein vorzüglicher Theil unserer Nahrung, und wilde animalische Speisen wären schon eine Delikatesse für uns. Mehl hätten wir nur selten, weil die Quantität türkischer Weizen, die wir von Pays Plat hätten mitbringen können, auf den Winter nicht zureichend wäre. Ich machte ihm eine Beschreibung von meiner Lebensart, und er gestand, daß sie mit der bequemen Lage, die er genöße, gar nicht zu vergleichen wäre. Darauf führte ich ihn in mein Vorrathshaus, und zeigte ihm die Ballen Biberfelle, die ich gesammelt hatte. Dieß vermehrte noch sein Erstaunen, weil er nicht begreifen konnte, wie es möglich sey, eine so große Menge Waaren zu transportiren, wofür ich so viel Pelterey, als ich zu besitzen schien, eintauschen konnte. Er bat mich, mit ihm zurückzukehren, und versprach mir, mich mit Lebensmitteln zu versehn. Allein ich sagte ihm, ich hätte mich einmal auf dieß Geschäft eingelassen, wäre vergangenen Winter beym See la Mort in einer gleichen unangenehmen Lage gewesen, und, weil ich nicht erwarten dürfte, unter den Wilden ein so ruhiges Leben zu führen, wie in England, so wäre es meine Pflicht, so lange zu bleiben, bis diese Jahrszeit vorbey wäre. Dann würde ich zurück kehren, und mich für das erlittene Ungemach einigermaßen zu entschädigen suchen, wenn ich von dem mir anvertraueten Handel ordentlich Rechenschaft gäbe und für meine Beschwerden eine Belohnung erhielte. Am folgenden Morgen nahm er von mir Abschied, und wünschte mir die baldige Ankunft einiger Indianer, die mich aus einer so drückenden Noth befreyen, und mich reichlich mit nahrhaftern und angenehmern Speisen versehen konnten.

Diese Höflichkeit eines Bedienten der Hudsonsbay-Kompagnie bewegt mich, einige wenige Bemerkungen zur Vertheidigung dieser schätzbaren Gesellschaft, deren Charakter man so streng, und, wie ich glaube, so ungerechter Weise getadelt hat, zu wagen.

H. Joseph Robson, ein Bedienter der Kompagnie, der sechs Jahr als Aufseher der Gebäude in ihrer Faktorey wohnte, tadelt in einem, vor einigen Jahren von ihm herausgegebenen Werke sehr bitter die Art, wie Gouverneure die von ihm sogenannte uneingeschränkte Gewalt ausüben, und versichert, daß ihre äußerste Tyranney eine beständige Quelle von persönlichem Widerwillen sey. Auch sagt er, „daß der Uebervortheilungshandel (over plus trade) „äußerst unbillig wäre, und eben so sehr der Kom„pagnie wahren Interesse entgegen stände, als er „den Eingebornen nachtheilig sey, die dadurch im„mer mehr und mehr entfernt, und entweder über-

„haupt vom Jagen abgeschreckt, oder doch bewogen „würden, ihre Pelterey zu den Franzosen zu brin„gen. Man muß wissen, daß dieser Uebervortheilungs-Handel aus der den Bedienten gehörigen Pelterey entspringt, die sie durch Tausch mit den Eingebornen für einen niedrigern Preis annehmen, als die Kompagnie festgesetzt hat.

Dieß ist eine harte Beschuldigung, und wenn sie gegründet ist, wirklich eine Ursache zur Klage. Allein es scheint, daß man zu diesem Vorwurfe nicht hinlärglichen Grund hat, denn H. Robson sagt nachher, „daß der Uebervortheilungs-Handel „ihnen sehr wenig helfe, denn einen Theil dieses „unbilligen Gewinstes legten sie immer zu dem Vor„rathe der Kompagnie, um ihre Dienste desto mehr „zu erhöhen, und das Uebrige verwendeten sie zu „ihrem eignen Nutzen, und oft zu Bestechungen, „um ihre Vergehungen zu verbergen und sich in ih„rem Amte zu erhalten." Welche Thorheit, und welches Verbrechen zugleich! daß die Gouverneure so schwach und niederträchtig sind, nur deßwegen Ungerechtigkeiten zu begehen, um einen vorübergehenden Vortheil zu genießen, und Unbilligkeit belohnen müssen, um sich unter der Kompagnie und ihren Mitschuldigen vor den Folgen derselben zu schützen; da sie doch bey einem entgegen gesetzten Betragen eben so reich und mehr geachtet werden könnten, und auch das innere Bewußtseyn haben würden, redlich ihre Pflicht gethan zu haben. Doch diese Ideen verdienen kaum eine Widerlegung. Es ist nicht zu glauben, daß die Kompagnie von diesem Uebervortheilungs-Handel nichts wisse, oder daß sie die Mittel nicht kenne, wodurch ihre Bediente die daraus entspringenden Vortheile erlangen. Wenn sie dieß weiß, und kein Unpartheyischer wird annehmen, daß sie es nicht wisse, so lassen sie nicht nur das Betragen ihrer Gouverneure zu, sondern billigen es auch aus der Ueberzeugung, daß es für das Interesse der Kompagnie wohlthätig ist. Dieß ist nun entweder eine billige Belohnung für die Beschwerden ihrer Bediente, oder es geschieht aus andern Bewegungsgründen, die man, weil dieß Betragen von so achtungswürdigen, und über den Tadel erhobenen Männern gebilligt wird, für weise und klug halten muß.

Ich glaube, es läßt sich sehr schwer beweisen, daß das Betragen der Gouverneure „die Eingebornen gegen das Interesse der Kompagnie abgeneigt gemacht, und ihnen den Muth zum Jagen benommen habe." Das Erstere ist bis jetzt keinesweges ausgemacht, weil ich aus sichern Händen weiß, daß die neue nordwestliche Kompagnie, deren Handel sich bis an die Gränzen der Niederlassungen der Hudsonsbay-Kompagnie erstreckt, sehr wenig von

den

den Indianern aufgemuntert wird. Wären daher die Eingebornen unzufrieden, so würden sie die erste beste Gelegenheit ergreifen, ihren Unwillen zu zeigen, und ihre Pelterey zu den neuen Rauchhändlern bringen. Dieß wäre die natürliche Folge davon. Da sie solches nun aber nicht thun, so ist dieß ein offenbarer Beweis, daß sie der Hudsonsbay nicht abgeneigt seyn müssen.

Er bemerkt ferner, „daß die Grausamkeit und „der Druck, den die Gouverneurs und die Kapi„taine gegen die Unterbedienten ausüben, nicht al„lein brauchbare Leute, in Dienst der Kompagnie „zu treten, abschrecke, sondern auch einen Vorwand „gebe, die Kompagnie schlechter Gesinnungen zu „beschuldigen."

Weil ich viele Jahre lang als indianischer Dollmetscher und Pelzhändler in Privatdiensten stand, so hatte ich freylich wenig Gelegenheit, mit vielen Kompagnie=Bedienten persönliche und vertraute Bekanntschaft zu machen, da ich einen Handel betrieb, der ihrem Vortheile gerade entgegen lief. Dessen ungeachtet kann ich aber von Einigen, mit denen ich umging, mit Zuversicht sagen, daß ich sie in jeder Hinsicht für sehr brauchbare und der Sprache der Eingebornen kundige Leute halte. — So viel zur Beantwortung der Behauptung, „daß brauch„bare Leute vom Dienste der Kompagnie abgeschreckt

„würden." Und die Beschuldigung der Grausamkeit und des Drucks zu widerlegen, brauche ich bloß hinzuzusetzen, was niemand leugnen wird, daß man mit dem Betragen der Obern so zufrieden ist, daß viele länger, als zwanzig Jahre, in ihren Diensten geblieben sind.

Alles zusammen genommen, wird man meines Erachtens sehen, daß die Gouverneurs zu Hause und auswärts völlig so handeln, als es das Beßte der Kompagnie erfordert, und jede andre Art des Betragens auf Anarchie und Verwirrung hinauslaufen würde. Und ich für mein Theil muß gestehen, daß ich nie etwas von persönlichem Widerwillen, worüber Herr Robson so klagt, gehört, sondern vielmehr ein ängstliches Bemühen, in ihre Dienste zu kommen, bemerkt habe.

Herr Carver merkt in seiner Beschreibung von Nordamerika an, „daß die Nationen, welche an „denen Flüssen wohnen, die sich in den See Win„nepeek ergießen, sehr viel Pelzwerk hätten, und „etwas davon nach denen Faktoreyen der Hudsons„bay-Kompagnie brächten, die an der Mündung „des Flusses Bourbon liegen, es aber in man„cherley Hinsicht sehr gern thäten. Denn einige „Assinipoils- und Killistinoe-Indianer, die gewöhn„lich mit den Handelsbedienten der Kompagnie ih„ren Umsatz trieben, sagten ihm, wenn sie eines

„beständigen Zuflusses an Waaren von Michillima„kinac her versichert seyn könnten, sie nie irgendwo „anders handeln würden. Sie hätten ihm Tuch „und andre Artikel gezeigt, die sie in der Hudsons„bay gekauft hätten, und womit sie sehr unzufrieden „gewesen, und geglaubt, daß sie bey diesem Tausche „sehr betrogen wären."

Herr Carver sagt ferner, „daß er diese Nach„richten für wahr hielte, und also dieser Meynung „beystimmen müßte." An einer andern Stelle gibt er aber zu: „daß diese Unzufriedenheit großen Theils „von den Intriguen der kanadischen Pelzhändler „herrühren möge. Daß diese, um die Indianer „von der Hudsonsbay-Kompagnie abzulocken, und „ihr Zutrauen für ihre neuen Prinzipale zu gewin„nen, die Methode hätten, die Waaren der Kom„pagnie bey jeder Gelegenheit herabzusetzen, und „die Vortheile herauszustreichen, die sie davon ha„ben würden, wenn sie bloß mit den kanadischen „Pelzhändlern handelten. Dieses glückte ihnen nur „zu sehr, und hiervon käme die Unzufriedenheit der „Assinipoils und Killistinoes. Aber," setzt er hinzu, „auch die Länge der Reise nach den Faktoreyen „der Hudsonsbay vergrößert sie. Diese erfordert „nach ihrer Rechnung, hin und her zusammen ge„nommen, drey Monate in der Sommerhitze, und „weil ihre Kanoes so schmal sind, so können sie nur

„ein Drittheil ihrer getödteten Biber fortbringen. „Es ist also kein Wunder, daß die Indianer wün„schen sollten, daß Kaufleute gekommen wären, „sich bey ihnen niederzulassen." Da Herr Carver nur als Kaufmann in das Innerste des Landes reis'te, so konnte er keine eigennützige Handelsabsichten haben, und er verdient also in dieser Hinsicht als ein unpartheyischer Beobachter Glauben; und in wie fern seine Bemerkungen darauf abzielen, das Betragen der Hudsonsbay-Kompagnie zu tadeln, oder zu billigen, dieß wird das Publikum beurtheilen.

Eine neue Schrift über den gegenwärtigen Zustand der Hudsonsbay von Hrn. Umfreville, verleitet mich, diesen Abschweiff noch zu vergrößern.

Es hat sich unglücklicher Weise gefunden, daß die Feinde der Kompagnie aus ihrem eigenen Haushalte waren, und also Leute, in die sie Zutrauen gesetzt, und denen sie die Geheimnisse ihres Handels anvertrauet hatten. Streitigkeiten zwischen den Gouverneurs und ihren Untergebenen werden natürlich entstehen, und sind gewiß entstanden, und in solchen Fällen ist niemand gezwungen, und darf niemand gezwungen werden, in dem Dienste zu bleiben, mit dem er nicht zufrieden ist. Es ist aber dann gewiß hinlänglich, den Dienst zu verlassen, und höchst unschicklich, das Interesse, das zu be-

fördern er sonst für seine Pflicht hielt, nun zu
beeinträchtigen; und ich bin der Meinung, daß
er keine Verhandlung und keinen Umstand entdecken
darf, der nicht unmittelbaren Bezug auf die Ur=
sache seiner Unzufriedenheit hat, oder wenn er es
nicht um seinen guten Namen zu erhalten, oder zu
retten, thun muß. Die jetzigen Gouverneurs sind
Leute von großer Rechtschaffenheit, und werden sich
wahrscheinlich nicht herunterlassen, auf diese harten
Vorwürfe, die man ihnen gemacht hat, zu achten.
Da aber wol die erhabenste Tugend durch grundlose
Behauptungen angegriffen wird, so habe ich das
Zutrauen zu den Lesern, daß sie über meine, obgleich
schwache, Bemühung, die Ehre einer so angesehe=
nen Gesellschaft zu retten, nicht unzufrieden seyn
werden. Ich bin nicht gewillt, in diesen Gegen=
stand tiefer einzudringen, und kann nur noch den
Leser, der mehr Befriedigung verlangt, bitten, des
Herrn Robson Schrift zu lesen. Er diente der
Kompagnie, und erklärt Herrn Umfreville für einen
treuen, unpartheyischen Schriftsteller. Nach sei=
nem Berichte wird der Leser über den Grund oder
Ungrund seines Tadels des Betragens der Hudsons=
bay=Kompagnie urtheilen. Eine weitläufigere
Untersuchung der Schrift des Herrn Umfreville
würde die Grenzen überschreiten, die ich mir gezo=
gen habe. Auch kann ich mir nicht denken, daß

diejenigen, welche sie lesen, nicht leicht merken sollten, wie sehr er den Gouverneurs und der Kompagnie Unrecht thut. *)

*) Ich gestehe, daß diese Vertheidigung der Hudsonsbay-Kompagnie nicht alle Zweifel gegen dieselbe hebt; H. Long beruft sich zuletzt selbst wieder auf Robson, dieß thut auch Umfreville, aber mit weit mehrerem Grunde, da Robson offenbar mehr Nachtheiliges von der Kompagnie spricht, als vortheilhaftes, indeß mögen die Beschuldigungen wohl übertrieben, aber gewiß nicht völlig ohne Grund seyn. Z.

Ankunft noch mehrerer Indianer. — Der
Rum fängt an zu mangeln; wir befolgen die
gewöhnliche Methode, den Vorrath daran zu
vergrößern und werden dadurch in Stand ge=
setzt, unsern Handel zu beschließen. — Ab=
schied von den Indianern und Fortsetzung
unsrer Reise nach Hause. — Beschreibung
einer Indianischen Brautwerberey. — Skla=
venleben der Frauen. — Bemerkungen über
die Zuversicht, die die Indianer in den Herrn
des Lebens setzen, u. s. w. — Glückliche
Ankunft im Pays Plat.

Bald nachdem die Kaufleute abgereis't waren, kam
ein großer Trupp, ungefähr von hundert Mann.
Mein Vorrath an Rum war nur noch sehr klein,
und dieß war ein übler Umstand, weil der Rum bey
den Verhandlungen mit den Indianern zu viel be=
deutet, als daß man ihn leicht entbehren könnte.
Bey ihrer Ankunft verlangten sie gleich zu trinken,
ich fuhr aber fort, alle ihre Felle einzutauschen, ehe
ich ihnen einen Tropfen gab. Wie wir fertig

waren, fingen sie an zu lärmen, und ich gab ihnen so viel Rum, als ich entbehren konnte, worauf sie erträglich zufrieden wieder in ihre Kanoes gingen.

Im Aprill kam der letzte Trupp und setzte mich in große Verlegenheit, weil ich nur noch eine sehr kleine Portion Rum, und keine Aussicht, mehr zu bekommen hatte. Ich war also gezwungen, ihn ungefähr noch um ein Fünftheil mehr zu schwächen, als gewöhnlich, und bekam auf diese Weise zwanzig Gallonen sehr erträglichen indianischen Rum. Nachdem ich sie mit Kleidungsstücken und dergl. versehen, und ihr Pelzwerk bekommen hatte, so gab ich ihnen etwas Scuttaywabo zu schmecken und hielt, wie ich eben zu Schiffe gehen wollte, folgende Rede an sie:

„Haguarmissey cockinnor an Nishinnorbay kee
„wabindan cawwickkar nin serpargussey nee zarge-
„toone, keenerwind kaygokee cushendum webatch
„neenerwind tercushenan nepewar annacotchigon
„nin ojey petoone. Wa haguarmissey cockinnor
„neenwendesey bazam Ebeckchek megoyyack deb-
„woye neegee kaygo arwayyor matchee oathty,
„kee cannawendan cockinnor, mokoman, baskey-
„zegan goyer becka, kee minniquy kaygo arvay-
„yor annascartissei woke, mornooch kee permar-
„tissyan cockinnor an Nishinnorbay nogone deb-
„woye negee nepewar artawway winnin ojey zarge-
„toone an Nishinnorbay, keshpin suggermarch

„wennewar metach nin ojey debarchemon kitchee
„ojemaw awassa woity kitchee wakaygan Michilli-
„makinac metach kaygoshish ween ojey bocket-ty-
„waun keenerwind."

„Nun, meine Freunde, faßt Muth! Ich habe
„euch immer gezeigt, daß ich ein gutes Herz habe,
„und ihr wißt Alle, daß ich mitleidig mit euch, eu=
„ern Frauen und Kindern bin. Seyd deßwegen
„nicht traurig, oder laßt euch die Zeit lange dauern,
„die ich von euch entfernt seyn werde. Ich hoffe,
„der Herr des Lebens wird mir Muth und Stärke
„geben, wieder zu euch zurückkehren und euch Waa=
„ren bringen zu können. Jetzt, da ihr wißt, daß
„ich nicht Zucker auf meinen Lippen und keinen Sta-
„chel an meiner Zunge habe, und meine Ohren nicht
„verstopft sind und mein Herz noch frey schlägt, hoffe
„ich, daß ihr eure Messer, Gewehre und Streit-
„kolben abgeben und kein böses Herz haben werdet,
„ehe ihr an zu trinken fangt, damit ich, wenn ich
„wieder komme, euch Alle gesund finde. Ich will
„muthig mit dem großen englischen Oberhaupte zu
„Michillimakinac sprechen und er wird euch sein Herz
„öffnen."

Nach Endigung meiner Rede wurden die Waffen
gesammelt und mir übergeben. Ich gab ihnen nun
eine beträchtliche Menge Rum, worauf sie dann auch
ihre Messer und andere Gewehre wieder erhielten,

um sie zu überzeugen, welche gute Meinung ich von ihnen hätte, und daß ich nicht zweifelte, sie würden meinen Rath befolgen. Nun stieg ich in mein Kanoe, und wie ich mit meiner Hand das Abschiedszeichen machte, wurde mit zweyhundert Musketen salutirt, und ich erwiederte es mit einer Salve. Hierauf reis'te ich frohen Muthes und voll Freude, mein Winterquartier verlassen zu haben, ab.

Bis an den Skunks=Fluß, wo ich, wie ich schon erzählt habe, das Unglück hatte, einem Oberhaupte ein Ohr abzuschießen, reis'ten wir ohne irgend ein erwähnungswerthes Begegniß. Hier kam ich aber mit dem unverheyratheten Paare und Einigen von dem Trupp zusammen, die mir im vergangenen September durch ihre Liebesgesänge so viel Vergnügen gemacht hatten. Da ich gern vollkommne Kenntniß ihrer Sitten und Gebräuche haben wollte, so forschte ich darüber viel nach und erfuhr unter andern Nachrichten der Chippeway's Gebräuche beym Freien. Ich setze voraus, daß die Nachricht hievon denen, die gleiche Neugierde mit mir haben, angenehm seyn wird.

Indianische Gebräuche beym Freywerben und Heyrathen.

Wenn ein Indianer heyrathen will und ein Mädchen nach seinem Sinne sieht, so wendet er sich an ihren Vater und bittet mit folgenden Worten um seine Einwilligung:

„Nocey, cunner kee darmissey kee darnifs nee „zargayyar kakaygo O waterwarwardoossin caw „ween peccan weettey gammat ottertassey memarjis „mee mor."

„Vater, ich liebe deine Tochter. Willst du mir „sie geben, daß die zarten Wurzeln ihres Herzens „sich mit den meinigen verschlingen, so daß der „stärkste Wind, der bläs't, sie niemals trennen „soll?"

Willigt der Vater ein, so wird eine Zusammenkunft veranstaltet. Wenn sich der Bräutigamm nun durch ein Schwitzbad dazu bereitet hat, so kömmt er zu ihr, setzt sich an die Erde und raucht sein Pfeifchen. Hiebey wirft er bis hundert kleine Stückchen Holz, ungefähr von der Länge eines Zolls, eines nach dem andern aus, und so viele das Mädchen in einer birkenen Schale fängt, so viele Geschenke muß der Bräutigamm dem Vater machen. Dieß ist ihm der Kaufpreis für seine Tochter. Hierauf gibt der junge Krieger ein Gastmahl, wozu er die ganze Familie einladet, und wenn die Mahlzeit vorbey ist, so tanzen sie und singen ihre Kriegeslieder. — Wenn diese Freude vorüber ist und der Bräutigamm und der Braut Anverwandte sich gegenseitig beschenkt haben, so zieht ihm der Vater einen Biberrock an und gibt ihm eine neue Flinte und ein birkenes Kanoe, und das Fest ist vorbey.

Als die Franzosen im Besitz von Kanada kamen, waren die Heyrathsgebräuche der Indianer sehr abenteuerlich.

Wenn der Liebhaber seiner Geliebten seine Neigung entdecken wollte, so besorgte er eine Zusammenkunft mit ihr. Diese war stets des Nachts und in Gegenwart verschiedener ihrer Freundinnen, und Folgendes ward in ihr vorgenommen:

Er trat in die Hütte, deren Thür gewöhnlich aus einem Felle bestand und ging auf den Heerd zu, auf welchem einige glühende Kohlen lagen. Hieran steckte er ein Scheit Holz an, näherte sich seiner Geliebten und zupfte sie dreymal bey der Nase, um sie aufzuwecken. Dieß geschah mit Anstande, und weil es Gebrauch war, so erschrack das junge Mädchen nicht über die Freyheit. So lächerlich diese Zeremonie auch seyn mochte, so wurde sie doch nach Gelegenheit zwey Monate lang fortgesetzt, und in dieser Zeit betrugen sich Beyde in jeder andern Hinsicht mit der größten Bescheidenheit.

Der Augenblick, in welchem sie sein Weib wird, raubt ihr ihre Freyheit und macht sie zur gehorsamen Sklavinn ihres Mannes, dessen Vorrang sie nie aus den Augen verlieren darf. Wohin er geht, muß sie ihm folgen und darf es nicht wagen, sich zu weigern. Sie weiß, daß die geringste Vernachläßigung seiner die schärfste Strafe, wenn nicht gar den Tod, nach sich zieht. Die größte Freyheit, die er ihr erlaubt, ist, daß sie in seiner Gesellschaft tanzen und singen darf. Man sieht selten, daß er ihr mehr Achtung, als der unbedeutendsten Person, beweis't, indem sie alle harte Hausarbeit thun muß und durch Gewohnheit oder Unempfindlichkeit sie mit Vergnügen thut.

Ich erinnere mich, ein Beyspiel dieser Art gelesen zu haben. Es traf sich nemlich an der Biber-Bucht (Beaver-Creek), ungefähr fünf und zwanzig Meilen vom Fort Pitt, daß ein indianisches Weib einige Weiße auf ihren Schultern Brennholz tragen sah. Sogleich nahm sie ihre Axt und brachte in kurzer Zeit auf ihrem Rücken eine große Last, warf diese bey dem Feuer nieder und sagte: sie dauerten ihr nicht allein, sondern sie hielte es auch für ein großes Aergerniß, wenn man Männer das thun sähe, was eigentlich das Geschäft der Weiber wäre.

Die Männer halten ihre Weiber bloß für brauchbar, ihnen Kinder zu gebären und die gröbste Hausarbeit zu verrichten. Auch unter ihren Kindern ziehen sie die Söhne den Töchtern vor, weil sie von ihnen erwarten, daß sie sich als tapfre Krieger zeigen werden. Aus eben dem Grunde, weßwegen sie ihre Weiber unterjochen, gelten auch die Mädchen nichts bey ihnen und werden bloß für werth gehalten, die Krieger zu bedienen und die Arbeiten zu verrichten, die das männliche Geschlecht beschimpfen würden.

Wir setzten unsre Reise fort und kamen zum Rabennest-See (Lac le Nid au Corbeau.) Hier schossen wir einige wilde Gänse und Enten, die in dieser Jahreszeit wie Fische schmecken. Wir blieben hier auch zwey Tage, um den Rest unsrer Reise mit desto mehr Munterkeit zurücklegen zu können. Am dritten Morgen gingen wir mit Tagesanbruche wieder zu Wasser und kamen zur Großen Felsenküste (La grande Côte de la Roche.) Hier waren wir so glücklich, zwey Bären zu erlegen. Sie schmecken sehr schön, und da wir einige Zeit auf das Kochen verwenden konnten, so schmeckte es uns so gut, als es uns nur immer in einer bessern Lage bey weit schwelgerischen Mahlen geschmeckt haben würde.

Wir reis'ten weiter bis zum Krahnsbeeren-See (Cranberry L.) Wir fingen hier etwas Fische und sammelten so viele Krahnsbeeren, als wir bequem fortbringen konnten. Von hier gingen wir nach dem Trageplatze La Ronne, wo wir des ungünstigen Windes wegen wieder ein Paar Tage liegen mußten. Es störte uns hier kein Besuch. Zuletzt wurde der Wind günstig und wir reis'ten weiter nach dem Pikenflusse. (Rivière la Pique.) Bey meiner Ankunft beunruhigte mich sogleich das Andenken, daß es hier war, wo ich der Nachstellung des Payshik Ogashey noch entging; die Erinnerung aber, daß er nun todt und also kein Schrecken der Kaufleute mehr wäre, beruhigte mich sogleich ganz.

Dieß war eines von den vielen Beyspielen, die ich weiß, daß dann, wenn das Herz von traurigen Erinnerungen oder Ahndungen gepreßt ist, der Urheber unsers Daseyns sehr unerwartet Erleichterung sendet. Wir sind nur zu bereit, diesen plötzlichen Uebergang unserm eigenen Wissen beyzumessen, und wenn wir gefürchteten Gefahren entfliehen oder Rettung hoffen, dieß bloß als die Wirkung unsrer Klugheit und Vorsicht anzusehen. Die Indianer denken hierin richtiger. Sie sagen nemlich, der Herr des Lebens ist es, der uns diese Geistesgegenwart, wodurch wir uns Erleichterung verschafften, eingegeben hat. Die Indianer empfehlen sich sogar dem täglichen Schutze des Herrn des Lebens. — Ihm schreiben sie ihre Siege und glücklichen Erfolge zu, und selbst an den Hinrichtungspfahl gebunden, danken sie ihm, daß er ihnen Muth gegeben, ihre Adern zu öffnen. — Dieß Zutrauen ist es, was sie in Stand setzt, die schrecklichsten Martern mit Gleichmuth zu dulden und noch im höchsten Angstkampfe dem fürchterlichsten Hasse ihrer Feinde zu trotzen.

Es ist zu beklagen, daß diese richtige Denkungsart nicht allgemein herrscht, so wie sie es bey den Chippewaps und auch dem größten Theile der Indianer in Nordamerika thun. Von den Mattaugwessauks heißt es, daß sie kein höchstes Wesen verehren, und, wenn sie im Kriege glücklich sind, das Verdienst des Sieges ihrer eignen Stärke und Geschicklichkeit beymessen. Aber ihres Unglaubens an ein höchstes Wesen ungeachtet, sind sie eben so abergläubig, als andre Wilden. Sie glauben nemlich, daß gewisse Oerter von bösen Geistern, vor deren Macht sie sich fürchten, besucht werden, und haben diese Idee so fest im Kopfe, daß sie solche Oerter sorgfältig meiden. Ein anderer Beweis ihres Aberglaubens ist dieß, daß, wenn durch einen Zufall einer aus ihrem Volke getödtet wird, sie eine Hand oder einen Fuß von ihm einsalzen und trocknen und als ein Zaubermittel wider Unglücksfälle aufbewahren. Hieraus erhellet, daß, wenn sie schon sich nicht für abhängig von einem guten Geiste erkennen, sie sich doch vor einem bösen fürchten. Dieß läßt uns hoffen, daß eine solche Abweichung

von

von dem gewöhnlichen Glauben wohl nicht bestätigt werden, da dieß der menschlichen Natur einen zu gehässigen Stempel aufdrücken würde. Doch ich endige meinen Abschweif. Wir reis'ten weiter nach dem Pays Plat. Hier blieben wir einige Tage in Gesellschaft der Pelzhändler, die auch auf den Inseln überwintert hatten und Andrer, die angekommen waren, um die, welche wieder zurückzukehren sich verpflichtet hatten, mit frischen Waaren zu versehen. Da meine Zeit um war, so ging ich nach Michillimakinac zurück. Nachdem ich dem kommandiren Offizier meine Aufwartung gemacht und meinen Prinzipalen von meinen Verrichtungen Bericht abgestattet hatte, ging ich nach Chippeway Point, einem Fleck Landes außerhalb des Forts, zurück. Hier lebte ich mit einer indianischen Familie, die mir bey Gelegenheit Mackissins und andre indianische Kleidungsstücke machte.

Dritte Reise.

Längerer Aufenthalt zu Chippeway-Point. — Eine wundersame Begebenheit, wodurch sich der Verfasser beynahe die Ungnade des kommandirenden Offiziers zuzieht. — Glückliche Flucht des Herrn Ramsey, eines Kaufmanns. — Der Verf. übernimmt es, eine Menge Waaren vom Mississippi nach Michillimakinac zu geleiten und führt es glücklich aus. — Rückreise nach Montreal und von da nach Quebek. Hier bekömmt er einen neuen Prinzipal.

Während ich zu Chippeway-Point war, boten mir die Offizier häufig an, im Fort in ihren Quartieren zu schlafen; da ich aber gewohnt war, in den Wäldern zu liegen, so zog ich dieß gewöhnlich vor. Bald nach meiner Ankunft fiel eine Geschichte vor, die ich erzählen will.

Im Jahre 1764 machten die Wilden unter der Anführung ihres Oberhaupts Pontiac unter dem

Vorwande eines Ballspiels, den Plan, die Einwohner des Forts zu ermorden und es dann zu besetzen, und unglücklicherweise führten sie ihn zur großen Kränkung der Engländer glücklich aus. Dieser Verrätherey wegen wurde der feste Befehl gegeben, daß kein Indianer mit Feuergewehr sollte ins Fort gelassen werden, und es keiner Indianerinn, sie möchte Mädchen oder Frau seyn, gestattet würde, unter irgend einem Vorwande innerhalb der Festung eine Nacht zuzubringen. Auch wurden zu größerer Sicherheit der Einwohner immer doppelte Wachen gestellt, wenn man mit den Oberhäuptern eine Versammlung hielt.

Ob es gleich verboten war, so hätte ich doch sehr gern die Tochter und die Schwester eines vornehmen Oberhaupts in die Stadt gebracht, theilte also meinen Plan einem Offizier mit, und bat ihn um seinen Beystand zur Ausführung desselben. Er antwortete mir sehr höflich, es dürfte nicht scheinen, als wenn er meinen Plan unterstützte, so viel es aber nur sein Posten litte, wollte er mir helfen. Ich versicherte ihn, daß sie die Tochter eines vornehmen Oberhaupts wäre und ich für ihre Aufführung stehen wollte.

Ich wandte mich mit seiner Einwilligung an zwey Soldaten und fragte sie, ob sie Zeit hätten, mir ein Oxhoft mit Bouteillen-Porter von Chippeway-Point nach dem Fort zu wälzen. Sie antworteten, wann es mir am bequemsten wäre, wollten sie bereit seyn, mir zu helfen. Ich kaufte also ein solches Faß und ließ es unterdeß, daß die Offizier zu Mittage aßen, den Hügel hinunterwälzen, und nun sagte ich den jungen Mädchen meinen Plan. Ich nahm den Boden und das Spund heraus, bohrte verschiedne Löcher hinein, um der Luft so viel Zutritt als möglich zu verschaffen, und nun sollten sie sich hineinstecken. Ich überredete sie auch mit einiger Schwierigkeit dazu, legte den Boden wieder an seine Stelle und lief nun zu den Soldaten. Ich sagte ihnen, der Porter läge bereit, und sie möchten mir doch sogleich helfen, weil ich fürchtete, daß einige Bouteillen zerbrochen wären, und ich sobald als möglich danach sehen müßte.

Die Soldaten gingen sogleich mit mir zurück, stemmten sich mit ihren Schultern gegen das Faß und wälzten es mit großer Mühe den Hügel hinan, und betheuerten immer, daß es sehr schwer wäre. Grade als sie ans Thor kamen, ging der kommandirende Offizier mit dem Kommissär heraus, und da er das Faß sah, fragte er die Soldaten, was sie da hätten? Sie antworteten, es wäre Bouteillen-Porter, der einem Kaufmanne gehörte, den sie ihn von Chippeway-Point hätten heraufwälzen müssen. Weil grade ein Schiff von Détroit angekommen war, so war der Offizier mit dieser Nachricht so zufrieden, daß er sagte, das wäre recht schön; nun bekämen sie ein gutes Theil schönes Bier zu trinken. Kaum hatten die Soldaten das Faß noch einmahl herumgewälzt, so stieß unglücklicherweise der Eine mit dem Fuße an einen Stein, so daß es ihn sehr schmerzte und er niederfiel. Da der Andre die Last nicht allein halten konnte, so ließ er los und das Faß lief sehr schnell den Hügel hinunter. Eben wie es unten war, fiel der Boden aus und die Mädchen verriethen den Betrug. Zum Unglücke war der kommandirende Offizier nahe dabey, als sich dieß zutrug, und ob es gleich eine offenbare Uebertretung des Gesetzes war, so konnte er doch über den Einfall sich des Lachens nicht enthalten und sagte, indem er die Mädchen ansah: „Wahrlich schöner Bouteillen-Porter!" Die Mädchen wurden so bestürzt, daß sie im stärksten Gallopp weg in die Wälder liefen und sich in mehrern Tagen nicht sehen ließen.

Als der Offizier wieder zu Hause gekommen war, geschah Nachfrage nach mir, und ich mußte auf die Vorforderung mich stellen, ob ich gleich sagen muß, daß mir sehr übel dabey ward. So bald ich vor ihn kam, nahm er eine böse Miene an und sagte, wie ich es hätte wagen können, ein Gesetz dieser Garnison zu übertreten, wovon ich wüßte, daß es abzielte, den traurigsten Folgen vorzubeugen; ich wäre noch strafbarer als andre, weil ich die Natur und den Charakter der indianischen Weiber kennete und wüßte, wie wenig man sich auf sie verlassen könnte, und wie gefährlich es wäre, es zu thun. Er setzte hinzu, er müßte mich des Beyspiels wegen und um andre von solcher Unbesonnenheit abzuschrecken, geschlossen nach Montreal schicken.

Erschrocken über meine Lage entschuldigte ich mich so gut als ich konnte und versicherte ihn, daß ich über mein Betragen sehr traurig wäre, aber hoffte, daß er mir es vergeben würde. Dieß Bekenntniß meiner Schuld bewog ihn, mir zu verzeihen und er sah es, wie er sagte, als einen Jugendstreich an und wollte es hingehen lassen, warnte mich aber, nie wieder solchen Betrug zu spielen. Ich fühlte, daß ich ihm für seine Gelindigkeit viel Dank schuldig war und versprach, künftig mich besser aufzuführen; und dieß habe ich treulich gehalten. Denn ob der Versuch, die Mädchen hineinzubringen, gleich keine gefährliche Folgen gehabt haben würde, so wollte ich ihn doch nicht wieder wagen, weil ich mir dadurch vielleicht des kommandirenden Offiziers Ungnade zugezogen hätte.

Am 11ten August kamen die Pelzhändler vom Mississippi an und brachten die Nachricht, daß Herr Ramsey und sein Bruder einem Stamme von der Nation der Poes, der sie auf ihrem Wege nach

St. Joseph gefangen genommen hatte, auf eine sonderbare Art entgangen wären.

Die Poes sind ein sehr rohes wildes Volk, und haben eine Abneigung gegen die Engländer, und machen ihnen daher, wenn sie vom Fort nach St. Joseph gehen, so viel zu schaffen, wie sie nur können. An diesem Orte haben sich mit ihrer Erlaubniß einige französische Kaufleute niedergelassen.

Die Wilden schienen die Kanadier einzuladen, ans Land zu steigen, und da Herr Ramsey glaubte, daß sie Felle würden zu verkaufen haben, so befahl er seinen Leuten, zu landen. Als er in seinem Kanoe aufstand, und eben aussteigen wollte, so wateten drey Krieger bis an den Hals durchs Wasser, zogen ihn aus seinem Kanoe, und schleppten ihn ans Ufer. Seine Leute landeten sogleich, und bereitteten sich, ihrem Herrn zu folgen; als sie aber nahe dabey eilf Krieger sahen, und die böse Absicht der Oberhäupter merkten, so stiegen sie wieder in ihre Kanoes, und ruderten nach einer naheliegenden Insel, um hier den Ausgang einer Begebenheit, die ihrem Herrn den Tod drohte, abzuwarten. Dasjenige Kanoe aber, worinn Herr Ramsey und sein Sohn gekommen waren, ließen sie am Ufer zurück.

Herr Ramsey wurde nun an einen Baumstamm gebunden, und sein Sohn genau bewacht. Nun durchsuchten die Indianer das Kanoe, und trugen so viel Rum herbey, als sie trinken zu können glaubten. Hierauf stimmten sie ihre Kriegsgesänge an, machten ein großes Feuer nicht weit von dem Stamme, woran Herr Ramsey gebunden war, setzten sich nieder, und fingen an, ihn zu schimpfen, indem sie ihn ein altes Weib schalten, und zwangen seinen Bruder, ihn auch zu verspotten.

Die bey den Wilden gewöhnliche Art der Hinrichtung ist folgende:

Wenn sie einen Krieger gefangen genommen haben, so schleppen sie ihn in eine Hütte, und binden ihn mit dünnen aus Baumrinde gemachten Seilen, die ungefähr von der Dicke eines Seils an einem Kabeljau-Angel sind. Dann binden sie ihn an einen Baumstamm, und geben ihm eine kleine Klapper, die sie Cheffaquoy nennen, in die Hand; diese muß er schütteln, während daß sie folgenden Todtengesang singen.

„Wabindan payshik shemagonish Kitchee ma„nitoo; nee wee waybenan nee yee Matchee Ma„nitoo."

„Herr des Lebens, sieh mich als einen Krieger „gnädig an; ich habe meinen Leib wider den bösen „Geist weggeworfen."

Wenn dieser Gesang vorbey ist, so wird der Gefangene losgebunden, und muß durch zwey Reihen Weiber, die mit kleinen Stecken versehen sind, womit sie ihn schlagen, Spießruthen laufen. Nach dieser Züchtigung wird von Hundefleisch mit Bären= fett und Heidelbeeren ein Mahl bereitet, woran er Theil nehmen muß. Dann wird er wieder nach dem Pfahle gebracht, um welchen indeß Holz herum gelegt ist. Er singt nun seinen Kriegesgesang, und die Weiber stecken den Pfahl an, woran der Gefan= gene singend verbrennt. Seine Knochen werden dann gesammelt, und an der Kriegsstange be= festigt, die hoch, und mit Mennig angemalt ist.

Man sagt, die Nation der Followens (d. h. wilder Hafer) tödteten ihre Weiber und Kinder, ehe sie in die Schlacht gingen, damit der Feind keinen Gefangenen von ihrer Nation bekäme, wenn sie etwa darin blieben.

Als die Poes die Kraft des Rums zu fühlen anfingen, untersuchten sie die Stricke, die von Weidenbast gemacht waren, und ließen rund um den Stamm Holz legen, damit dann, wann es ih= nen beliebte, ihn nun zu verbrennen, Alles bereit wäre. Bald nachher banden sie ihn los, und brach= ten ihn nach dem Kriegeskessel zu seinem Todten= mahle. Dieß besteht aus Fleisch von Hunden und Tigerkatzen, das mit Bärenfett geschmohrt, und woran wilder Hafer gethan ist. Hiervon muß er essen. Weil Herr Ramsey den Charakter der In=

dianer kannte, so that er es mit scheinbarem Vergnügen, und sagte, er habe genug. Hierauf wurde er nach dem Platze, der zur Hinrichtung bestimmt war, wieder zurückgebracht, und an den Pfahl gebunden. Hieran bat er mit großer Ruhe um die Erlaubniß, noch eine Rede an sie halten zu dürfen, ehe er sein Klima veränderte. Man gestand es ihm zu, und er sagte ungefähr folgendes:

„Es ist wahr, der Herr des Lebens hat mich hie=
„her zu den Indianern geschickt, deren Herzen voll
„vergifteten Blutes sind, und da sie mich wollen
„mein Klima verändern lassen, so werde ich muthig
„zu einem andern Handelsplatze gehen, wo ich gute
„Indianer finden werde. Sie haben immer gese=
„hen, daß ich, so lange ich Kaufmann bin, immer
„mitleidig mit ihnen, ihren Weibern und Kindern
„gewesen bin, und bey allen Gelegenheiten ihnen
„mein Herz geöffnet habe. Aber nun ist der böse
„Geist in sie gefahren, und ich soll mein Klima ver=
„lassen. Hierüber bin ich recht froh; denn ich werde
„in dem Lande, wohin ich gehe, besser gekannt, und
„zwar von größern Kriegern, als diese je gewesen
„sind. Ich sehe jetzt alle die Oberhäupter für alte
„Weiber an, und da ich ein Peshshekey (ein
„Büffel) bin, so will ich zu guter letzt mit euch trin=
„ken, und diese Nachricht den Kriegern im andern
„Klima bringen."

Sie hatten seine Rede aufmerksam angehört, und machten nun Anstalten zu seinem Tode. Wie er dieß merkte, sagte er sogleich zu seinem Bruder, er möchte nur nicht den Muth verlieren, denn er hoffte noch, ihre Wuth zu besiegen; er möchte ihnen nur tapfer zutrinken, und ihre Kessels nie leer werden lassen. Sein Bruder folgte seiner Anweisung, und theilte den Rum sehr reichlich unter ihnen aus. Als Herr Ramsey merkte, daß sie so berauscht waren, daß sie kein Unheil mehr anrichten konnten, so mußte sein Bruder die Stricke durchschneiden, und nun goß er mit ihm ihnen so lange Rum in den Hals, bis sie völlig ohne Bewußtseyn waren. Dann schnitten sie, von Wuth über ihre vorgehabte Grausamkeit angetrieben, Allen die Kehle ab, luden das, was jene herausgenommen, wieder in ihre Kanoes, und ruderten so geschwind, als möglich, vom Ufer weg. Seine Leute riefen ihm schon aus der Ferne zu, und freuten sich sehr, ihn wohlbehalten wiederzusehen. Sie brachten nun ihre Schiffsladung in Ordnung, und fuhren auf einem andern Wege weiter in dem Lande der Indianer.

Ich hörte, daß Herr Ramsey hernach wieder nach Michillimakinac zurückging, wo ihm der kommandirende General Glück wünschte, daß er so gut entronnen wäre. Er hielt es aber nicht für rathsam, denselben Weg wieder zu nehmen.

Um diese Zeit errichteten die indianischen Pelzhändler ein Korps Miliz, wobey ich als Adjutant
und Lieutenant unter dem Kapitain John Macna-
mara angesetzt wurde. Im Juny 1780 kam vom
Mississippi die Nachricht, daß die indianischen Pelzhändler zu La Prairie des Chiens (Hunde-
wiese) einer ziemlich ansehnlichen, nach indianischer
Art erbaueten Stadt, unter der Aufsicht des Herrn
Longlad, ihre Niederlage errichtet hätten, und die
Amerikaner in großer Menge zu Illinois versammelt wären, um diesem verbotenen Handel zuvor-
zukommen. Illinois liegt am Rücken des Staa-
tes Kentuckey, wird von Leuten von verschiedenen
Nationen bewohnt, und steht unter der Botmäßig-
keit der Spanier, die am entgegenstehenden Ufer
ein Fort haben.

Der kommandirende Officier von Michillimakinac bot mir an, eine Parthey Indianer und Kanadier nach dem Mississippi zu begleiten, und ich nahm
es mit Freuden an. Wir verließen diesen Ort mit
sechs und dreißig Südindianern von der Nation der
Ottigaumies und Scour und zwanzig Kanadiern
in neun großen birkenen Kanoes, die mit indianischen Geschenken beladen waren. Als wir drey
Tage gereis't waren, ward ich krank, und schrieb es
der harten Lebensart in dem Lande der Nipegons
zu. Da ich inzwischen die Eiligkeit meines Ge-

schäfts, und daß kein Andrer von unserer Gesellschaft den Dienst eines Dollmetschers versehen konnte, erwog, so bekämpfte ich meine Unpäßlichkeit. Auch befürchtete ich, dem größten Ungemache ausgesetzt zu seyn, wenn ich meine Reise nicht fortsetzen könnte, und verdoppelte also meine Anstrengung, entschlossen auf gutes Glück mein Leben zu wagen.

Am vierten Tage stiegen wir am Lac des Puans (See der Stinker) ans Land. Dieser wird meines Erachtens von den Indianern so genannt, die an seinem Ufer wohnen, und sehr säuischer Natur sind. Wir bekamen hier eine Menge Hirsche, Bären, indianisches Korn, Melonen und andre Früchte. Die Südindianer haben mehrere Dörfer, als die Nordindianer, und sind auch gebildeter, weil das Klima warm und die Natur fruchtbarer ist, sie also die Früchte des Landes leicht aufziehen können. Ihre Häuser sind mit Birkenrinde bedeckt, und mit Bogen und Pfeilen und Kriegsrüstung geschmückt. Ihre Betten sind von Borke und Binsenmatten.

Wir reis'ten weiter, und kamen zum Oniscousin, einem schönen Flusse, der ungefähr sechzig Seemeilen lang ist, und so stark strömt, daß wir ihn in anderthalb Tagen zurücklegten. Wir sahen auf ihm eine ungeheure Menge Taucher,

Gänse und andre Vögel. Wir mußten hier unsre Waaren ausladen, um sie über einen, ungefähr zwey Meilen langen, Trageplatz herüber zu schaffen. Die Nacht blieben wir am Ufer, und wollten mit Tagesanbruch aufbrechen, einer von den Indianern war aber von einer Klapperschlange gebissen, die Herr Adair den glänzenden Waldbewohner nennt, und die vierzehn Gelenke an ihrer Klapper hat.

Herr Beatty erzählt, daß, als er einstmals den Indianern und Andern in einem kleinen Hause nahe beym Juniata-Fluß predigte, eine Klapperschlange herein kroch, man sie aber zum Glück entdeckte, und tödtete. Ehe sich die Leute einmal wieder gehörig gefaßt hatten, sah man wieder eine andere Art Schlange, und tödtete auch sie, so daß sie also weiter nichts geschadet hatte, als daß sie die Versammlung gestört. Es fiel ihm aber sehr auf, weil es erstaunlich war, wie diese Thiere ins Haus kriechen konnten, ohne von jemand gereizt zu seyn, da dieß sie zum Beißen verleitet.

Die Indianer sagen, daß, wenn ein Weib in der Geburtsarbeit den Schwanz einer Klapperschlange in der Hand hält, und die Klapper schüttelt, sie leichter gebäre. Auch ist es merkwürdig, daß sie ihr den Giftbeutel nehmen, und sie dann lebendig in ihrem Medizinkasten mit sich führen, wenn sie in den Krieg gehen.

Dieses Unglück verzögerte unsre Reise, bis der arme Kranke sich selbst dadurch half, daß er den verwundeten Theil der Wade ausschnitt, mit Salz und Schießpulver einrieb, und mit den Blättern der rothen Weide verband. Nun konnte er bald wieder weiter gehen, und trug seine Pein mit der Standhaftigkeit, wodurch sich die Wilden so sehr auszeichnen.

Des andern Tages lagerten wir uns am Abend an den Fluß, und da es sehr stark regnete, so errichteten die Indianer Hütten von Baumrinde. Als einer von ihnen eine Strecke in den Wald ging, entdeckte er ein kleines hölzernes Haus, und in demselben einen Weißen, dem die Arme abgeschnitten waren, und der todt auf dem Rücken lag. Wir muthmaßten, daß er sich hier niedergelassen hätte, und boßhafter Weise von einem Indianer ermordet wäre. Dieß mußte aber erst vor Kurzem geschehen seyn, weil er noch nicht in Fäulniß übergegangen war. Wir begruben ihn vor unserer Abreise.

Den folgenden Tag kamen wir bey den Gabeln des Mississippi an. Hier waren zwey hundert Indianer von der Nation der Renards, oder Füchse, zu Pferde und mit Spießen, Bogen und Pfeilen versammelt. Sie schienen nicht vergnügt über unsern Anblick zu seyn, wie mir Warbishar, das Oberhaupt unsers Trupps, sagte. Als wir eben ans Land steigen wollten, stiegen sie von ihren Pferden ab, und beobachteten uns genau. Die Sioux fragten mich, ob ich mich nicht fürchtete; ich antwortete ihnen aber, ich hätte schon größere Schaaren Wilde gesehen, und die wilder als alle die Südindianer gewesen wären. Warbishar ließ landen. Sobald wir ans Ufer traten, nahmen die Renards unsre Indianer bey der Hand, und luden sie nach ihrem Lager ein, und in Zeit von einer Stunde bereiteten sie ein Gastmahl, das aus fünf indianischen Hunden, aus Bären, Bibern, Hirschen, Pardel-Katzen *) und Rakoons bestand, die in Bärenfett geschmohrt, und woran Heidelbeeren gethan waren. Nach der Mahlzeit tanzten und sangen die Indianer, und dann ward eine Versammlung gehalten. Das Oberhaupt der Renards redete den Warbishar ungefähr so an:

„Brüder, wir freuen uns, euch zu sehen, und „haben kein böses Herz gegen euch. Denn wenn „wir schon nicht der Sprache nach von Einer Na-„tion sind, so sind doch unsre Herzen gleich. Wir „sind Alle Indianer, und freuen uns, zu hören, „daß unser großer Vater sich unser erbarmt, und „uns

*) Die Pardel-Katze. Catus Pardus, f. Catus Montanus americanorum Roi Synopt. 169. Pennant arctische Zool. 1. S. 53. **З.**

"uns Bedeckung für unsern Leib schickt, und uns in
"Stand setzt, jagen zu können."

Warbishar antwortete hierauf: — „Es ist
"wahr, meine Kinder, unser großer Vater hat mich
"diesen Weg gesandt, die Häute und Felle, die un-
"ter Kapitain Longlad's Aufsicht auf der Hunde-
"wiese liegen, wegzunehmen, damit die großen
"Messer (er meynte die Amerikaner) sie nicht rau-
"ben. Ich bin mit diesem Weißen (nemlich mir)
"gekommen, um euch Bedeckung eures Leibes und
"Jagdgeräthe zu geben."

Nach Endigung dieser Rede theilten wir sogleich
Geschenke aus, brachten unsre Kanoes wieder ins
Wasser, und verließen die Renards aufs freund-
schaftlichste.

Nach sieben Tagen kamen wir zu La Prairie
des Chiens an, und fanden hier die Pelzwaaren
in Ballen in einem hölzernen Hause, worin sie der
Kapitain Longlad und einige Indianer bewachten.
Diese freuten sich sehr, als sie uns sahen. Wie
wir einige Zeit da gewesen waren, nahmen wir ungefähr drey hundert Ballen mit den besten Fellen
heraus, und beluden unsre Kanoes damit. Es
blieben noch sechzig übrig, und diese verbrannten
wir, damit sie der Feind nicht hinnähme, da wir
kein einziges mehr lassen konnten. Und nun reisten
wir wieder nach Michillimakinac zurück. Ungefähr

P

fünf Tage nach unsrer Abreise erfuhren wir, daß die Amerikaner gekommen waren, uns anzugreifen, wir aber zu ihrem großen Aerger schon zu weit weggewesen, als daß sie uns hätten einholen können. Siebzehn Tage nach unserer Abreise von La Prairie des Chiens kamen wir bey dem See Les Puans an, und fanden hier am Lande eine Parthey Indianer. Den folgenden Tag gingen wir wieder zu Wasser, und kamen nach einer Abwesenheit von achtzehn Tagen nach Michillimakinac zurück. Ich ging bald nachher zu dem kommandirenden Offizier in der Erwartung einer Belohnung für meine Dienste, er verwies mich deßwegen aber an die indianischen Kaufleute, und von ihnen habe ich nie einen Pfennig bekommen.

So ließ man mich selbst an den Bedürfnissen des Lebens Mangel leiden. Doch ich blieb nicht lange in dieser unglücklichen Lage, sondern fand bald bey den Indianern Schutz und Unterhalt. Da ihr Beystand mir aber keine Mittel, in der bürgerlichen Gesellschaft erscheinen zu können, verschaffte, so befand ich mich in der Nothwendigkeit, die Freundschaft der Kaufleute anzusprechen, und mich in den Stand zu setzen, wieder nach Montreal gehen zu können. Es gelang mir auch, und ich verließ Michillimakinac im Anfange des Septembers, und kam am sieben und zwanzigsten desselben Monats zu Montreal an.

Freudig nahm ich die erste Gelegenheit, meinen alten Herrn zu besuchen, an, und erwartete, ihn frisch und gesund zu finden, aber ach! er hatte der Natur seinen Tribut gezollt! Sein Neffe, der zu gleicher Zeit mit mir Schreiber gewesen war, folgte ihm in seinen Geschäften. Er erlaubte mir ein Paar Wochen bey ihm zu bleiben, da aber meine Lage anders war, als während der Lebenszeit des alten Herrn, so bat ich ihn nach ein Paar Tagen, mich mit einem Lager von indianischen Waaren auszurüsten, und versprach, es ihm in Fellen zu bezahlen. Er sagte, ich könnte irgend eine mir anständige Waare aus seiner Niederlage bekommen, wie wir aber den Vorrath untersuchten, so waren die Waaren, die sich für die Wilden paßten, schon alle weg, und also nichts mehr da, wovon man sich hätte Vortheil versprechen können.

Ich dankte ihm für seine Höflichkeit, und verließ sein Haus. Da mich ein Freund mit Gelde unterstützt hatte, miethete ich mich in der Stadt ein, und blieb hier eine Zeitlang. Dann ging ich nach Quebek. Hier hörte zufällig ein Engländer, daß ich keinen Prinzipal hatte, und da er wußte, daß ich die indianischen Sprachen spräche, so schickte er zu mir, und nahm mich in seinen Dienst, daß ich zu den Indianern am See Temiscawing, oder nach jedem andern Orte, den ich für vortheilhafter für den Handel hielte, gehen sollte.

Abreise von Quebek. — Beschreibung der
Loretto=Indianer. — Einige Bemerkun=
gen über die Behauptung, daß die amerikani=
schen Indianer keine Bärte hätten. — Das
quebekische Paketboot, der Merkur, wird für
einen amerikanischen Kaper angesehen. — Be=
schreibung verschiedner Arten von Schlan=
gen. — Fortsetzung der Reise und Ankunft
im Winterquartiere. — Der Handel
wird mit gutem Erfolge geführt. Rück=
kehr nach Quebek.

Ich verließ Quebek mit einem hinreichenden Assor=
timent Waaren, und kam zuerst nach Tadousac,
am Ausflusse des Saguenay nahe beym St. Lorenz=
flusse. Ungefähr neun Meilen von Quebek ist ein
Dorf, das von Loretto=Indianern bewohnt wird.
Diese sind eigentlich von der Nation der Hurons,
haben durch die Jesuiten die christliche Religion an=
genommen, und sind seit der Zeit Katholiken. Die

Weiber haben recht gute Stimmen, und singen sehr angenehme Gesänge in ihrer eigenen Sprache. Sie bebauen das Land, und bringen die Früchte zu Markte, und sind in ihren Sitten die unschuldigsten und ruhigsten unter allen Wilden in Nordamerika. Ihre Häuser sind anständig, und nach kanadischer Art gebauet. Dadurch, daß sie selten geistige Getränke trinken, machen sie eine Ausnahme von allen Wilden. Sie sind mehrentheils groß, stark, wohlgebildet, und haben schwarzes Haar, das sie auf dem Vorkopfe von einem Ohre bis zum andern abscheeren, aber doch weder Kappen, noch Hüte tragen. Den Bart haben sie aber mit allen Stämmen der Wilden gemein, ob man ihn gleich kaum sehen kann, weil sie eine Abneigung gegen sein Hervorkommen haben, und jedes Haar an der Oberkinnbacke und dem Kinne mit nach Art einer Zange zusammen gebogenem Messingdrathe sorgfältig auszupfen. Diesen Handelsartikel führen deßwegen alle Pelzkäufer.

Der Baron de la Hontan scheint sich geirrt zu haben, wenn er von den Wilden sagt, daß sie keine Bärte hätten. Auch Lord Kaims hat Unrecht, wenn er behauptet, daß die Indianer, die Augenwimpern, Augenbrauen und das Haupthaar ausgenommen, an ihrem ganzen Körper kein einziges Haar hätten, und vom Barte gar nichts zu sehen wäre. *)

Herr James Adair sagt, daß diese Bemerkung gänzlich ohne Grund ist, wie Jeder bezeugen kann, der nur einigen Umgang mit ihnen hatte. Auch Major Robert Rogers, der die Indianer gewiß so gut kannte, wie irgend Einer, sagt, sie zerstörten ihren Bart ganz, welches ganz entschieden beweis't, daß sie nicht von Natur unbärtig sind.

Auf diese Bemerkungen bin ich durch des Lord Kaims's Entwurf einer Geschichte des Menschen gekommen. Dieser besteht nicht allein auf dieser Meinung, sondern bauet auch sogar die Hypothese einer lokalen Schöpfung darauf.

Taboufac liegt am nördlichen Ufer des St. Lorenzflusses, und wird von wenigen Indianern, die Bergindianer heißen, und vorzüglich von Fischen leben, und von einem Pelzhändler bewohnt, der auch im Dienste meines damaligen Herrn ist.

---

*) Auch besonders Herr von Pauw in seinem Recherches philosoph. sur les Americains bringt dieselbe Meynung vor. In Zimmermanns geogr. Zool. 1ter Theil ist umständlich der Ungrund davon gezeigt, denn selbst die schwächsten und kleinsten Nationen in Amerika haben einen Bart.

Es ist hier ein französischer Geistlicher und eine Kirche für die Indianer, die alle Katholiken sind. Während der Paar Wochen, die ich hier blieb, kreuzten die amerikanischen Kaper hier immer umher. Eines Morgens war ein großer Nebel, wir konnten aber dennoch eben ein Schiff in einer kleinen Entfernung entdecken. Dieß brachte den Priester und die Indianer in Bewegung. Mein Landsmann, nämlich der Pelzhändler, der sich hier niedergelassen und ich trieben die Indianer an, ihr Land zu behaupten, der Priester setzte sich diesem aber entgegen, ob er gleich in englischem Solde stand. Hierüber ärgerlich, bestand ich darauf, und nahm einige von seiner Heerde mit mir, um auszukundschaften, und bemühte mich zu entdecken, was für ein Schiff es sey, ob ich gleich starken Argwohn hatte, daß es ein amerikanischer Kaper wäre. Wir gingen auf den Strand zu, konnten aber nicht erkennen, wie viele Stücke er führte, wir kehrten also nach unserm Lager zurück, und auf mein Ansuchen gingen alle Indianer mit mir, um das Fahrzeug anzugreifen. Wir stiegen in die Kanoes, alle gleich ausgerüstet, näherten uns, und entdeckten nun, daß es vor Anker lag, und ein unbeträchtliches Fahrzeug war, das nur ungefähr acht kleine Drehbassen führte. Ich ging sogleich auf die eine Seite zu, und ließ die Indianer auf die andre gehen, um so viel als möglich, es einzuschließen. Als ich das Fahrzeug erreicht hatte, ergriff ich ein Seil und stieg an sein Bord. Der Kapitain erschrack, wie er mich sah, und noch mehr, als er merkte, daß er rundumher mit Kanoes umgeben war, welche mit Wilden bemannt waren, die Musketen und Streitkolben führten. Indeß ging er doch auf mich zu, schlug mich auf die Schulter und fragte, was ich wollte? Ich war klug genug, ihm noch nichts zu antworten. Nun fragte er mich, ob ich Schiffszwieback haben wollte? Ich antwortete: caween, nein. Er schüttelte den Kopf, als wenn er sagen wollte, wüßte ich doch, was du wolltest. Die Indianer stiegen nun auch an Bord, und weil der Kapitain nur sieben Mann hatte und unser über vierzig, alle wohlbewaffnet, waren, so wußte er nicht, was er anfangen sollte, befahl aber seinen Leuten, wahrscheinlich um mich zufrieden zu stellen, Zwieback und Rum zu holen. Indeß die Botsleute weggegangen waren, merkte ich, daß es ein englisches Schiff war, und fragte den Kapitain auf Englisch, wem er zugehöre. Dieß setzte ihn in angenehme Verwunderung und er sagte, er hieße Allcrow und kommandirte das quebekische Paketbot, den Merkur. Bey dieser Nachricht ward ich herzlich froh, daß wir nicht gewaltsam mit ihm umgegangen waren, und wie ich es meinen Indianern sagte, so waren sie sehr zufrieden und schüttelten dem Kapitain die Hand.

Der Kapitain begleitete uns in unsern Kanoes zum Ufer, und wir landeten am Lagerplatze. Nachher gingen wir zu dem Priester und aßen bey ihm zu Mittage. Herr Martin, der Priester und ich wurden den folgenden Tag an Bord eingeladen und speis'ten vortrefflich, und hatten eine Menge Wein und andre Liqueurs. Unglücklicherweise tranken wir zu reichlich, und wie wir den Abend zurückkehrten, fing der Priester an, auf mich zornig zu werden, daß ich die Indianer zu dem Marsche aufgemuntert hätte. Ich, höchst aufgebracht über diesen Vorwurf und sein voriges Betragen, packte ihn in der Hitze und schmiß ihn über Bord; die Botsleute kamen ihm aber zu Hülfe und retteten ihn noch. Wie wir landeten, verwickelte uns unser Zank in Schlägerey, wurden aber bald auseinander gebracht. Wie der Rausch vorbey war, gaben wir uns wieder die Hand und blieben nachher gute Freunde.

Am folgenden Tage wurden die Indianer von einer Epidemie befallen, die sie des Gebrauchs ihrer Glieder und ihres Verstandes beraubte. Mich fiel die Krankheit sehr heftig an, durch den freundschaftlichen Beystand des Herrn Martin, der einen Medizinkasten hatte, war ich in ungefähr drey Wochen wieder hergestellt.

Der Winter rückte nun mit starken Schritten heran, und die unvermeidliche Verzögerung an diesem Orte zwang mich, meine Reise in Schneeschuhen fortzusetzen und alle meine Waaren in indianischen Schlitten durch Wälder und über hohe Berge bringen zu lassen. Wir machten mit großer Ermüdung in ein und zwanzig Tagen im tiefen Schnee ungefähr hundert Seemeilen durch das Saguenay Gebiet, bis wir an dem Platze Checootimy ankamen. Dieser liegt ungefähr halben Wegs den Fluß hinauf, und bis hierhin ebbet und fluthet das Salzwasser. Hier wohnen bloß einige Indianer und ein indianischer Pelzhändler, mit dem ich hier überwinterte und sehr viele Thiere auf der Jagd schoß. Früh im Frühjahre nahm ich von ihm Abschied und reis'te, da ich Kanoes hatte, weiter nach dem St. John's=See, von hier nach dem Panebacash=Flusse, und von da nach dem See Shaboomoochoine, der ungefähr sieben indianische Tagereisen vom See Arbitibis liegt.

Ich landete nahe bey den Wasserfällen des Panebacash, und erstieg einen hohen Berg, um eine weite Höhle aufzunehmen, die etwa zweyhundert Yards tief und deren Oeffnung drey Yards weit ist. Hier fand ich ein Stück Erz, das ungefähr drey Zoll ins Gevierte hielt. Die Kruste war schwarz und sehr dünn, und wenn man es durchbrach, so sah es gelb aus. Ich brachte es mit nach Quebek, verlor es aber zu meinem größten Leidwesen; denn einige meiner Freunde, denen ich es gezeigt hatte, glaubten, daß es viel werth wäre.

Unsre Reise ging nun beynahe achtzig Seemeilen ins Binnenland, wo kein Kaufmann je gewesen ist. Denn die einzige Niederlassung in diesem Theile von Kanada ist beim St. Peters-See, wo ehemals eine französische Faktorey angelegt war, und wo jetzt ein englischer Pelzhändler, der auch bey meinen Prinzipalen in Dienst stand, wohnt.

Am 26sten May 1781 kam ich beim See Shaboomoochoine an. Ich hatte bloß die Absicht, hier einige Tage zu verweilen; es kamen aber einige Wilde und versicherten mich, daß es für mich sehr rathsam seyn würde, hier zu überwintern, und versprachen mir, Vorrath an Fischen, Fellen und Häuten zu bringen. Dieß bewog mich hier zu bleiben, und ich bauete mir also ein paßliches Haus und nahm zwey Indianer mit ihren Frauen an, um für mich zu jagen.

Am 29sten stellten wir unsre Netze aus und bekamen in ungefähr vier Stunden Ueberfluß an Forellen, Hechten, Lachsen, kleinen Hechten und Weißfischen, und da die Gegend sehr vieles wildes Geflügel hat, so hatten wir bey unsern Mahlzeiten immer zwey Gänge und Wurzeln zum frischen Zugemüse.

Am 17ten Jun. kam ein Trupp Indianer an, die sehr angenehm überrascht wurden, an diesem Orte, wo sich vorher noch niemals jemand niedergelassen hatte, einen Kaufmann zu sehen. Vorzüglich freuten sie sich, wie sie hörten, daß ich ihre Sprache redete.

Bey meinem hiesigen Aufenthalte sah ich eine große Menge Schlangen. Besonders entdeckte ich eines Tages auf einem Spaziergange in den Wäldern eine im Grase. Ich schnitt eilig einen langen Stock ab und berührte damit gelinde ihren Kopf; sogleich rührte sie sich und ich konnte deutlich ihre Klapper hören. Indeß ich den Glanz ihrer Farben betrachtete, wickelte sie sich wie in einen Reif zusammen und wollte auf mich losschießen. Dieß warnte mich vor der Gefahr, und ich nahm das dünne Ende meines Stockes in die Hand und ließ das dicke auf ihren Kopf fallen. Die Schwere dieses Schlages betäubte sie, ich ergriff diese Gelegenheit und schlug noch einmal zu und tödtete sie. Ich maß sie, und fand sie wenigstens fünf und einen halben Fuß lang, und, wo sie am dicksten war, ungefähr vier Zoll im Ummesser. Sie hatte neun Gelenke an ihrer Klapper, welches sich zu der allgemeinen Bemerkung, daß sie neun Jahre alt würden, paßt. Ich halte dieß aber für noch nicht ausgemacht, da es ungewiß ist, wann ihre Klapper hervorkömmt.

Ihr Fleisch ist sehr schmackhaft, und ich habe es oft mit großem Appetite gegessen. Ich habe die Indianer es mit Tabakssafte vergiften sehn.

Weil ich einmal auf diesen Gegenstand gekommen bin, so will ich, ob es gleich nicht genau damit zusammenhängt, doch noch einige Bemerkung über die Puter= und die schwarze Wasserschlange machen.

Die **Puterschlange** ist größer als die Klapperschlange, hat Streifen auf dem Rücken, einen Stachel wie einen Anker am Ende ihres Schwanzes und eine doppelte Reihe Zähne in jeder Kinnlade. Ihren Namen hat sie von der Aehnlichkeit ihrer Stimme mit dem Geschreie eines wilden Puters. Sie lebt am Mississippi im wilden Reiße, der unter hohem Grase wächst, hebt ihren Kopf oft gerade in die Höhe und schreit wie ein Puter, um diese herbeyzulocken. Wenn sich einer nähert, so schießt sie ihn mit ihrem Schwanze, und er wird eine willkommne Beute für sie.

Der **schwarzen Wasserschlange** bedienen sich die Indianer, wenn sie in den Krieg gehen. Sie reißen ihr nemlich die Zähne aus, binden Kopf und Schwanz zusammen, und befestigen sie um ihren Leib, worauf sie bald stirbt. Jeden Abend nehmen sie sie ab, und jeden Morgen hängen sie sie wieder um.

Wie ich von der Toniata=Bucht auf dem St. Lorenzflusse nach dem Pimetiscotyan Landungsplaße reis'te, sah ich eine von diesen Schlangen mit einem breiten Fische im Munde fortschwimmen, und da ich so glücklich war, sie zu schießen, rettete ich den Gefangenen aus des Todes Rachen.

Ich ließ beständig eine Flagge auf meinem kleinen Fort wehen, die die Indianer durch eine Salve mit ihren Flinten beehrten. Der Trupp, der diese Zeit bey mir war, hielt einen Rath und machte mir ein Geschenk mit zwey großen Biberröcken, verschiedenen theuern Häuten und mit einer Menge Lebensmittel, wofür ich sie mit Tabak, Rum, Spielwerk und Ammunition versah. Zwey Tage darauf verließen sie mich und baten mich, auf ihre Rückkehr zu warten. Dieß versprach ich ihnen auch, mit der Bedingung, daß sie mir Pelterey und Häute brächten, die Kanoes zu beladen, die ich ihnen mit indianischen Waaren bezahlen wollte. Weil ich mich auf ihre Pünktlichkeit verließ, so war ich völlig zufrieden.

Man ließ mich also mit zwey weißen Menschen und zwey Indianern und ihren Weibern zurück. Wir brachten unsre Zeit mit Jagen und Fischen hin, machten oft kleine Reisen um Vogelwildpret zu schießen, und auf die Art führten wir immer eine gute Tafel. Auf einer der Insel entdeckten wir zwey indianische Hütten; allein ihrem Aeußern nach waren sie seit langer Zeit von niemanden besucht worden. Ungefähr eine halbe Meile von diesem Orte sahen wir einen hohen mit Mennich bemahlten Pfahl. Auf der Spitze waren drey Menschenschädel befestigt und die Knochen hingen daran herum. Die Indianer glaubten, der Pfahl müsse schon seit vielen Jahren aufgerichtet seyn. Etwa eine Stunde vor Sonnenuntergang kehrten wir zu unserm Wigwam zurück.

Den folgenden Morgen, als die Indianer abwesend waren, halfen mir die Kanadier den Rum mischen und die Waaren sortiren, um uns auf die Ankunft der Wilden vorzubereiten und die Zeit auszufüllen, die uns sehr schwer auf den Schultern lag.

Am 24sten Jun. kam ein Trupp Indianer vom See Arbitibis. Sie brachten eine große Menge vortrefflicher Pelterey und Häute, wie auch getrocknetes Fleisch mit, welches ich eintauschte. Nach geschlossenem Tausche gab ich ihnen, wie gewöhnlich bey solchen Gelegenheiten geschieht, etwas Rum. Dieß erfreute sie nach ihrem langen Marsche ungemein. Sie tranken sehr viel, weil ich ihnen mehr als gewöhnlich geschenkt hatte, denn ihre Ladung verdiente es. Auch hatte ich immer meinem Vortheil dabey, wenn ich nach einem Tausche freygebig war.

Nach ihrer Abreise nahm ich einen Indianer zum Führer, und besuchte einen Mitrauchhändler, der hundert und funfzig Meilen von meiner Niederlassung wohnte. Ich hielt mich etwa vierzehn Tage bey ihm auf und war eben im Begriff zurückzukehren, als mir zwey Indianer, die meine Kanadier darum gebeten hatten, berichteten, daß ein Trupp Wilde auf mich warte. In etwa fünf Tagen langten wir an und ich tauschte alle ihre Pelterey ein.

Den 16ten Juli kamen etwa funfzig Wilde mit ihrer Frühlingsjagd an, die ich auch eintauschte, obgleich die Pelterey weit schlechter war, als die im Winter gesammelt wird. Allein da ich mich entschlossen hatte, ein so gutes Jahr wie möglich zu haben, so suchte ich begierig jede Gelegenheit zu benutzen, meinen Vorrath zu vermehren.

Am Ende des Monats kam der Trupp, der zurückzukehren versprochen hatte, an, und erfüllte sein Versprechen. Sie brachten nemlich eine so große Menge Pelterey mit, die nebst dem Vorrathe, den ich in ihrer Abwesenheit gesammelt hatte, so ansehnlich war, daß ihn meine Kanoes kaum halten konnten. Sie theilten uns auch die Nachricht mit, daß der Hudsonsbay-Kompagnie von den Franzosen ihre Pelterey genommen wäre.

Mit Anfange des Augusts machte ich meine Ballen zurecht und schiffte mich nach Quebeck ein.

Ich kam daselbst zur großen Freude meiner Prinzipale in sechs Wochen an. Diese waren wegen meiner langen Abwesenheit sehr unruhig gewesen. Die Ladung setzte sie indeß völlig zufrieden und überzeugte sie von meinem Fleiße und meiner Redlichkeit in ihrem Dienste. Da sie sahen, daß ich große Beschwerden ausgestanden hatte, so machten sie mir, außer meinem Gehalte, noch ein ansehnliches Geschenk und ich verließ ihren Dienst und das indianische Leben, mit dem Entschlusse, mich um ein weniger gefährliches Geschäft zu bemühn, wobey ich mit geringern Mühseligkeiten an den Annehmlichkeiten der Societät Theil nehmen könnte.

Einige Zeit hielt ich mich zu Quebek auf und wollte den Winter daselbst zubringen; da aber mein Geld beynahe verzehrt war und ich zu einer andern indianischen Reise keine Neigung hatte, so kehrte ich nach Montreal zurück. Hier traf ich Freunde an, die mich bis zum folgenden Frühlinge mit den nöthigen Bedürfnissen versahen.

Reise nach Fort George. — Merkwürdiges Beyspiel von dem Muthe eines Mohawk-Indianers. — Rückkehr nach England. — Uebernehmung eines neuen Geschäfts und Zurückkunft nach Kanada mit Kaufmannswaaren zum Handel mit den Indianern.

Im May machte ich eine kleine Reise nach Fort George, das am See desselben Namens liegt, von den Franzosen Saint-Sacrement genannt. Hier blieb ich bey einigen Mohawks, die sich daselbst niedergelassen hatte. Im Anfange des französischen und indianischen Krieges im Jahre 1757 gab einer von diesen Wilden ein Beyspiel von außerordentlicher Entschlossenheit und kaltem überlegten Muthe. Die Veranlassung dazu war das Urtheil, daß ein Soldat, weil er sich betrunken hatte, fünfhundert Prügel haben sollte.

Ein Indianer, der wegen seiner vorzüglichen Geschwindigkeit und seiner bewundernswürdigen List in der Kriegskunst unter dem Namen Silber Fersen (Silver Heels) oder Silberfuß bekannt war und der mehrere von den Feinden getödtet hatte, als irgend einer von den Stämmen, die mit Großbrittannien im Bündnisse standen, kam zufälligerweise gerade vorher in das Fort, als der Soldat seine Strafe empfangen sollte und äußerte seinen Unwillen, daß man einen Mann auf eine so schimpfliche Art behandele. Er ging zu dem kommandirenden Offizier und fragte ihn, was der Soldat für ein Verbrechen begangen hätte. Der Offizier, der sich nicht wollte befragen lassen, befahl einem von seinen Leuten, Silberfuß wegzuschicken und ihm zu sagen, daß ihm die Gesellschaft der Indianer bey solchen Gelegenheiten nicht angenehm sey. Wa! Wa! oder O! O! erwiederte der Wilde, aber warum wird der Krieger festgebunden? Weil er sich betrunken hat, antwortete der Soldat. Das ist's Alles! sagte Silberfluß, dann bringt eine andere Partie Helebarden her und bindet euer Oberhaupt daran, denn der betrinkt sich ja zweymal alle Tage. Als er dieß gesagt hatte, verließ er sogleich das Fort, sagte dem Soldaten, er möchte geschwind zurückkehren und verhüten, daß die Strafe nicht vollzogen würde. Bald darauf, als der Delinquent festgebunden war und die Tambours auf Befehl warteten, kehrte Silberfluß zurück, ging mit einer Streitkolbe und einem Skalpirmesser auf den Offizier zu und sagte zu ihm: Vater, seyd Ihr ein Krieger, oder haltet Ihr

Euch nur dafür? Wenn Ihr brav seyd, so werdet Ihr nicht leiden, daß Eure Leute diesen Soldaten schlagen, so lange ich im Fort bin. Laßt Euch rathen, nicht gutes Englisches Blut zu vergießen, was Ihr morgen vielleicht nöthig haben könntet, um einem Feinde zu widerstehn. — Der Offizier drehete sich auf seinem Absatze herum, antwortete mit einem verächtlichen Blicke, der Soldat hätte sich vergangen und müßte gepeitscht werden. — Gut, erwiederte Silberfluß, so peitscht ihn, und wir wollen bald sehn, ob Ihr ein so braver Krieger seyd, wie ein Indianer.

Etwa zwey Tage nachher ritt der Offizier in einiger Entfernung vom Fort und Silberfuß lag platt auf dem Bauche; dieß war seine Gewohnheit, wenn er einen Feind überfallen wollte. Der Offizier ritt vorbey, ohne ihn zu bemerken. In demselben Augenblicke sprang Silberfuß auf, fiel dem Pferde in den Zügel und sagte dem Offizier, er sollte absteigen und mit ihm fechten. Der Offizier, der es nicht für rathsam hielt, sein Leben gegen einen Wilden zu wagen, wollte nicht vom Pferde und suchte es anzuspornen. Silberfuß merkte seine Absicht, schlug das Pferd mit der Streitkolbe augenblicklich zu Boden, wodurch der Offizier ohne verletzt zu werden herunterfiel und auf der Erde fortrollte. Nun, sagte Silberfuß, sind wir gleich, und da

Ihr ein Paar Pistolen und einen Degen habt, so könnt Ihr keinen Einwurf machen, mit mir zu fechten. Der Offizier wollte noch immer nicht; Silberfuß sagte ihm, er hätte sich für einen Krieger gehalten, als er einen seiner weißen Sklaven, wegen Verletzung eines Kriegsgesetzes hätte durchpeitschen lassen, aber jetzt habe er den Charakter vergessen, den er damals genommen, sonst würde er gewiß mit ihm fechten. Hierbey sah er ihn sehr ernsthaft an, und sagte, er hätte große Lust ihm sein Klima zu verändern, aber weil diese Verfahrungsart seiner Absicht nicht entsprechen und ihn nicht genug unter seine Mitkrieger herabsetzen würde, so könnte er, wenn es ihm gefiele, nach Hause zurückgehen, und morgen früh wolle er mit des Pferdes Skalp zu dem Forte kommen und alles erzählen. Der Offizier war froh, daß er so gut davon kam, ob er gleich drey Meilen weit zu Fuße gehen mußte.

Den folgenden Morgen kam Silberfuß an und verlangte den Offizier zu sehen, allein er wurde nicht vorgelassen. Einige von den übrigen Offizieren kamen heraus und fragten nach seinem Geschäfte. Er erzählte ihnen den Vorfall zwischen dem Offizier und ihm, und zeigte das Siegeszeichen vor. Er fügte hinzu, er wolle morgen in den Krieg gehn und ein altes Weib gefangen nehmen. Diese wolle er hinschicken, das Kommando des Forts zu übernehmen, weil das Oberhaupt nur mit seinem Hunde oder seiner Katze fechten könnte, wenn er äße, damit sie nicht mehr bekämen als er. Darauf bat er um etwas Rum, welchen man ihm auch gab, und verließ das Fort, um sein Vorhaben auszuführen; allein er wurde bald in einem Treffen getödtet, als er sehr männlich an der Spitze einer Partey Mohawks nahe am Blutteiche (Bloody Pond) focht, der an der Lord Loudons-Straße, auf dem Wege nach Albany, liegt.

Kurz vorher, ehe der Frost eintrat, kehrte ich nach Montreal zurück und besuchte meine alten Cahnuaga Freunde, wo ich mich auf indianische Art belustigte, weil ich ihre Gesellschaft immer der der Kanadier vorzog. Indeß mischte ich mich auch gelegentlich in gesittetere Vergnügungen, und weil ich ziemlich gut tanzte, so wurde meine Gesellschaft gewöhnlich gesucht.

Die Kanadier haben einen besondern Hang zum Tanzen, vom Vornehmsten bis auf den Geringsten, und wenn gleich die niedere Volksklasse sich darin nicht hervorthut, so zeigt sie doch eine besondere Ruhe und sorglose Gleichgültigkeit dabey, die freilich bäurisch, aber doch nichts weniger als unangenehm ist. Das Getränk bey solchen Gelegenheiten ist saurer spanischer rother Wein, den man schwarzen Riemen nennt, und so ungesittet dieß auch in den

verfeinertern Versammlungen scheinen mag, so
glaubt man doch hier seine Freunde sehr gut damit
zu bewirthen.

Am Ende des Winters entschloß ich mich nach
Quebek zu gehen, um von da mit Gelegenheit nach
England zu reisen, weil ich keine Aussicht hatte,
beständig in Kanada zu bleiben. Bey meiner Ankunft legte ich eine Schenke an, und lebte so mäßig
als möglich, mehr aus Nothwendigkeit als aus Neigung; denn ein jeder weiß, daß die indianischen
Rauchhändler, wie die Seeleute, selten klug genug
sind, viel Geld zu sammeln. Zu meinem Glücke
traf ich in Quebek einen alten Schulkameraden an,
einen Schiffskapitain, den ich seit sechszehn Jahren
nicht gesehn hatte. Ich erzählte ihm von meiner
traurigen Lage und wurde sehr großmüthig von ihm
unterstützt. Ueberdieß versprach er mir noch, mich
frey auf seinem Schiff nach England zu bringen.
Ich nahm dieß Anerbieten mit Vergnügen und
Dankbarkeit an.

Als ich die Zeit zu meiner Abreise bestimmt hatte,
setzte ich mich auf die Post und ging, um meine
Angelegenheiten in Ordnung zu bringen, nach Montreal. Darauf kehrte ich nach Quebek zurück, von
wo wir den 11ten Oktober 1783 absegelten und auf
Neuland zusteuerten. Bey Erblickung des Hafens
baten verschiedene von uns um Erlaubniß, in dem

langen Bote am Ufer hinunter zu rudern; dieß wurde ihnen auch zugestanden; allein wegen der Luftstille legten wir nur einen sehr geringen Weg zurück. Wir waren noch keine Seemeile vom Schiffe, als sich ein Südwestwind erhob und uns sehr aufhielt. Am Abend legte er sich, und durch vieles Rudern erreichten wir sehr ermüdet und hungrig um Mitternacht das Ufer. Des Morgens früh kam das Schiff in den Hafen und hatte einigen Schaden erlitten, weil es in der Nacht umher geworfen war. Dieß bewog den Kapitain, die Schiffsladung zu verkaufen. Am 9ten November verließen wir Neuland am Borde eines andern Schiffes. Unsere Reise war günstig ohne einen merkwürdigen Vorfall und den 30sten desselben Monats langten wir in London an.

Meine Vaterstadt kam mir bey meiner Ankunft wie eine neue Welt vor, denn ich war funfzehn Jahre von England abwesend gewesen, und es hielt schwer, daß ich noch einen von meinen alten Freunden fand, weil der größte Theil derselben seit der Zeit gestorben war.

Im Februar 1784 ließ ich mich mit einem Anwandten in Verbindung ein, nach Kanada zurückzukehren, und wir verließen, nachdem wir uns mit einer Schiffsladung versehn hatten, den 15. Aprill London. Am 20sten lichteten wir die Anker und segelten auf Portsmouth zu, um Weine einzunehmen. Nach einer langwierigen und unangenehmen Reise von eilf Wochen langten wir glücklich in Quebek an. Von da wurden meine Waaren in einem kleinen Fahrzeuge nach Montreal gebracht. Unglücklicherweise war es schon zu weit im Jahre, als daß ich hätte versuchen können, nach Michillimakinac zu gehen und auf den Inseln zu überwintern, denn ich hatte keine Aussicht gute Kanoes zu bekommen. Auch waren meine Waaren nicht gehörig sortirt, und ich hatte nicht Zeit genug, sie so in Ordnung zu bringen, wie es zu dieser Reise nöthig war. Dieß bewog mich bey dieser Gelegenheit einen Freund zu Rath zu nehmen, der mir rieth, meine Waaren in einer öffentlichen Auktion zu verkaufen. Ich that es, aber mit großem Schaden, so daß ich meinem Freunde in London nur eine sehr kleine geringe Summe auf Abschlag schicken konnte. Bey dieser Unternehmung ging nichts nach meinem Wunsche; denn durch meine Leichtgläubigkeit, und weil ich, wo möglich, den erlittnen Verlust ersetzen wollte, vermehrte ich bald meine unangenehme Lage so sehr, daß wenige Monate nach meiner Ankunft alle meine Plane scheiterten und ich ganz arm war.

Im Februar 1785 verließ ich Montreal und reiste von La Prairie nach St. Johns, wo ich zufälligerweise einen Freund traf, der mich mit Geld versah, damit ich nach Neu-York gehn konnte. Ich reis'te nach Stony-Point. Hier hielt ich mich bey einigen loyalistischen Offizieren auf, von denen mich einige bis Crown-Point begleiteten, wo ich drey Tage blieb. Wir trennten uns darauf von einander, und ich miethete einen Schlitten, der mich glücklich nach Neu-York brachte, wo ich mich einmiethete und so mäßig lebte, wie ich nur konnte.

Bey meinem hiesigen Aufenthalte traf ich einen Loretto-Wilden, mit Namen Indian John, an. Dieser war den ganzen Krieg in amerikanischen Diensten gewesen, und erwartete eine Belohnung für seine Treue, weil der Kongreß damals versammelt war. Er sagte mir, er hätte neun Jahre bey ihnen Kriegesdienste gethan, sehr viele von ihren Feinden getödtet, und nur eine Flinte, zwey wollne Decken, drey Stück indianische Strumpfbänder und hundert Thaler Papiergeld bekommen, das er nicht gebrauchen könnte. Weil ich seine Sprache verstand, so bat er mich, ihm doch zum Dollmetscher beym Gouverneur zu dienen. Ich ließ ihn nach meiner Wohnung kommen, und schrieb die Umstände auf, die er mir erzählte, um, wenn man nach mir schicken sollte, auf eine kurze Nachricht vorbereitet zu seyn.

Wenige Tage nachher erzählte er mir von seiner Forderung noch umständlicher, und wie ihm vom Kongreß mitgespielt sey. Ich fragte ihn um die Ursach, warum er in amerikanische Dienste gegangen wäre? er sagte mir, daß im Anfange des Krieges die großen Messer — er meinte damit die Amerikaner — ihm gerathen hätten, sein Herz von den Engländern abzuwenden, mit dem Versprechen für alle seine Bedürfnisse zu sorgen, ihm einen Skalp höher als gewöhnlich zu bezahlen, und ihm am Ende des Krieges so viel Land und Vorrath zu geben, daß er sich und seine Familie davon erhalten könnte; jetzt aber wäre er überzeugt, daß sie nur auf ihren eignen Vortheil dächten, weil er oft vergeblich um die Erfüllung ihrer Versprechungen angesucht hätte und er sey entschlossen, sich auf irgend eine Art Genugthuung zu verschaffen.

Ich sagte ihm, es wäre mir ganz gleichgültig, daß man ihn so angeführt hätte. Er wäre ein böser Indianer, daß er seinen guten Vater verließe, der auf der andern Seite des großen Wassers lebte und allgemein von allen, die ihn kenneten, besonders von der Loretto-Nation, geliebt würde; und die Unterthanen dieses großen und guten Vaters nahe bey seinem Dorfe lebten und seiner Nation alle Beweise ihrer Liebe und Freundschaft gäben, was ihm doch nicht unbekannt seyn könnte, so wunderte ich mich, daß sein Herz sich von den veränderlichen Winden bewegen ließe, und ich fügte noch mit Fleiß hinzu, ich glaubte, er wäre der einzige Loretto-Indianer mit zwey Herzen, und ich wollte deßwegen kein Wort zu seinem Besten vor dem Kongreß sprechen.

Diese Bemerkungen über sein Betragen schienen ihn zu rühren, und er sagte, er hätte zwar die Sache seines großen Vaters verlassen, er hoffe aber doch, daß ich sein Freund seyn und mich seiner annehmen würde, wenn seine Sache vor dem Kongreß käme, weil er niemanden in Neu-York hätte, der ihm so wesentlich dienen könnte. Ich sagte ihm, daß seine Lage, Trotz meines gerechten Widerwillens, mein Herz erweicht hätte, und daß ich ihm seine Bitte nicht abschlagen würde.

In etwa vier Tagen sagte er mir, der Kongreß wäre versammelt, und er glaubte, sie würden ihm seine Forderung bezahlen, wenn ich mit ihm gehen und beym Gouverneur den Dollmetscher vorstellen wollte. Ich hatte während des Krieges selbst gegen die Amerikaner gefochten, und wäre daher gern dieses Geschäfts überhoben gewesen. Allein er erinnerte mich so dringend an mein Versprechen, daß ich nicht widerstehn konnte. Ich begleitete ihn also sogleich zur Versammlung, wo der Gouverneur Franklin präsidirte. Er fragte mich, ob ich Indian John kenne? ich sagte ihm, ich hätte ihn nur zu

Neu-York gesehn und käme um in seinem Ansuchen für ihn zu sprechen. Er bat mich den Indianer zu versichern, er könnte sich darauf verlassen, daß in wenigen Tagen sein Verlangen befriedigt werden sollte und er möchte nur ganz ruhig seyn. Diese Antwort theilte ich ihm mit und er schien vollkommen zufrieden zu seyn.

Bald darauf wurde nach ihm geschickt, und er empfing eine Anweisung von hundert Thaler auf einen Kaufmann, die beym Vorzeigen nicht angenommen wurde. Dieß brachte John auf, und er bat mich, dem Kaufmanne zu sagen, der Kongreß und alle seine Agenten wären Diebe. Der Kaufmann entschuldigte sich damit, der Schatz wäre sehr arm und könnte nicht sogleich jede Forderung befriedigen.

Den Tag darauf ging John wieder zum Gouverneur und sagte ihm, daß der Wechsel nicht angenommen sey. Er erhielt also eine Anweisung auf einen andern Kaufmann, die auch gehörig bezahlt wurde. John's Herz war voller Freude, und in weniger als zehn Tagen hatte er als ein wahrer Indianer, alles Geld, vorzüglich mit Saufen, durchgebracht.

Meine Vermittelung für den Indianer machte mich sehr bekannt und verschaffte mir den Eingang zu einem ansehnlichen Handelshause, von dem ich

Kredit zum indianischen Handel erhielt. Nachdem ich meine Ladung in Ordnung gebracht hatte, ging ich mit einem Schiffe nach Albany, wo ich den 18ten Jun. ankam. Hier lud ich meine Waaren aus und ließ sie auf einem Wagen nach Schenectady bringen, wo ich zwey Böte kaufte. Den 6ten Juli setzte ich meine Reise nach den Mohawkflusse zu den Deutschen Ebenen fort. Hier hielt ich mich drey Tage auf. Während dieser Zeit kam ein Trupp Oneida-Indianer, und bat mich bey ihrem Dorfe zu überwintern, das ungefähr zehn Tagereisen von Fort Stanvix lag. Ich erfüllte ihre Bitte und reisete mit acht und zwanzig Pferden, die meine Bagage fortbringen mußten, ab, weil ich durch Waldungen zu reisen genöthigt war. Meine Böte verkaufte ich, um mit dem Gelde die Miethpferde zu bezahlen. Ich kam glücklich mit allen meinen Waaren bey dem Dorfe an; da ich aber nach einem Aufenthalte von drey Wochen meinen Plan nicht sehr vortheilhaft fand, so tauschte ich die wenigen Häute, die sie hatten, ein, kaufte meine Böte wieder, und verließ meine indianschen Freunde. Ich ging sogleich nach den Irnesee-See, wo ich den 14ten September ankam.

Nachdem ich gelandet und meine Waaren in Sicherheit gebracht hatte, gab ich meinen Leuten Befehl ein Haus aufzurichten. Als die Oberhäupter von meiner Ankunft hörten, versammelten sie sich, kamen, begleitet von ihrer jungen Mannschaft zu mir und erwarteten Geschenke, die ich ihnen auch machen mußte. Ich bat um Erlaubniß, auf ihrem Boden mich niederzulassen. Einige bewilligten es, andere nicht. Zuletzt sagten sie mir, nachdem sie mit einander berathschlagt hatten, ich möchte nur mit dem Gebäude fortfahren. Froh und eilfertig setzten meine Leute sogleich die Arbeit fort, in der Hoffnung, noch vor ihrer Rückkehr damit fertig zu seyn. Aber wie eitel sind alle menschliche Unternehmungen! unterdeß daß die Leute bey der Arbeit waren, kamen einige Indianer in großer Eile und verlangten, daß ich bey dem Versammlungsfeuer zugegen sey, dieß war in einiger Entfernung von meinem zur Wohnung bestimmten Plaße. Ich gehorchte dem Befehle und setzte mich bey den Oberhäuptern nieder, als einer von ihnen aufstand und mich folgendermaßen anredete:

„Ihr seyd der Zucker, denn so heißt Ihr in „unsrer Sprache, aber Ihr müßt nicht zu viel „Süßigkeiten auf Euren Lippen haben. Alle Onei„da-Indianer sagen, sie hätten gehört, Ihr wäret „in der Absicht gekommen, unsere Ländereyen zu er„langen, aber das soll nicht seyn; meine jungen „Krieger werden nicht leiden, daß sich hier ein „Engländer niederlasse. Ihr seyd, wie das große
„Ober-

„Oberhaupt, der General Johnson, der um einen
„Fleck Landes, oder ein großes Bett bat, um
„darauf zu liegen; und als Hendrik, das Oberhaupt
„der Mohawks, ihm seine Bitte gewährt hatte,
„nahm er einen großen Theil von unsern Jagdre=
„vieren in Besitz, und wir haben Ursach zu glau=
„ben, daß Ihr uns aus unsern natürlichen Rechten
„hinausträumen werdet. Wir liebten Sir William
„und gewährten ihm deßwegen alle seine Bitten,
„aber Ihr seyd ein Fremder, und dürft Euch diese
„Freyheit nicht nehmen. Daher ist mein Rath, daß
„Ihr morgen mit Tagesanbruch abreiset, oder Ihr
„werdet von den jungen Kriegern geplündert wer=
„den, und es wird nicht in unsrer Macht stehen,
„Euch zu entschädigen."

Weil ich einer Versammlung erwähnt habe, so
will ich die Gestalt eines Hauses beschreiben, das
zu dieser Absicht nahe bey Fort Pitt aufgeführt
war.

Dieß ist ein langes Gebäude, in welchem in ge=
höriger Entfernung von einander zwey Feuer an=
gemacht sind, ohne ein Kamin oder irgend eine Ab=
theilung. Zum Eingange ins Haus sind zwey
Thüren da, an jedem Ende eine. Ueber der Thür
war die Figur einer Schildkröte gemahlt, welche
das Zeichen eines besondern Stammes ist. An je=

dem Thürpfosten hatte man das Gesicht eines alten Mannes ausgeschnißt, ein Bild der Würde und Weisheit, die jeder Senator haben sollte. An jeder Seite ist der ganzen Länge des Hauses nach eine Terrasse oder Bett, das fünf Fuß breit, anderthalb Fuß hoch und aus getäfelten Holzstücken verfertigt ist, dieß dient zu einem Bett zum Schlafen und zum Sitzen. Es ist mit einer schönen von Risch gemachten Matte bedeckt. An dem obern Ende des Gebäudes saß der König oder das Oberhaupt.

Doch wir wollen von unsrer Abschweifung zurückkehren. — Wir packten unsre Waaren, und gingen nach Fort Oswego, wo ich vorbeyzugehen gedachte, allein wir wurden von einer Schildwacht daran verhindert, die uns sagte, daß kein Floß mit Waaren ohne Erlaubniß des kommandirenden Offiziers passiren dürfte. Ich sagte, ich wäre kein Amerikaner, und würde dem Offizier meine Aufwartung machen, um zu erfahren, ob er solche Befehle hätte. Ich ging in meiner indianischen Kleidung zu ihm, und ließ meine Leute beym Landen etwa anderthalb Meilen von der Garnison zurück. Ich bezeigte ihm meine Achtung, und machte ihn mit meiner Lage bekannt. Er sagte mir, er würde sich glücklich schätzen, mich zu verbinden, allein ohne gehörige Pässe wäre es unmöglich, das Fort zu

paſſiren, und da ich die nicht hatte, ſo bat er mich,
zu den vereinigten Staaten zurückzukehren, damit
man ſich meiner Güter nicht bemächtige. Dieſes
freundſchaftlichen Raths ungeachtet war ich entſchloſſen es zu wagen, und zu meinem größten Leid-
weſen wurden ſie alle von den Zollbedienten aufge-
hoben in des Königs Waarenlager gebracht, und
darauf konfiſcirt.

In dieſer traurigen Lage, und überdieß krank,
ging ich in einem Königlichen Bote nach Cataraqui,
woſelbſt ich den 8ten November ankam, und meinen Aufenthalt in H. Howells Gaſthofe nahm.
Meine Krankheit nahm zu, ich mußte das Bett
hüten und hatte nur ein treues Weib zur Aufwartung. In dieſem elenden Zuſtande lag ich einige
Zeit, und erwartete jede Stunde den Tod, indeß
war ich entſchloſſen, alles anzuwenden, um wieder
beſſer zu werden. Endlich kam mein Korreſpondent
von London, und ungeachtet des Verluſtes, den er
durch meine Unvorſichtigkeit erlitten hatte, zeigte er
ſich doch als den barmherzigen Samariter, und goß
Oel und Wein in meine Wunden. Als er ſah, daß
meine Krankheit mediciniſche Hülfe erforderte, ließ
er einen Wundarzt holen, und ich wurde bald wieder ſo weit hergeſtellt, daß ich meine Reiſe nach La
Chine fortſetzen konnte. Hier blieb ich einige Mo-

nate, um die Waaren, die er von England gebracht hatte, zu einer nordwestlichen Reise unter die Indianer in Ordnung zu bringen, von wo wir den nächsten Frühling nach Michillimakinak zu gehn gedachten; allein das Unglück, das uns immer verfolgte, vereitelte auch dießmal unsern Plan, und nöthigte uns, den 26ten May 1786 La Chine zu verlassen. Von hier reis'ten wir in einem großen Schenectady=Bote nach Oswegotche, wo wir uns wenige Stunden aufhielten, und an einem Orte, Toniata=Bucht genannt, landeten. Hier beschloß ich als ein loyalistischer Kolonist um fünf hundert Morgen (acres) Land anzuhalten. Dieß wurde mir auch von dem Gouvernement zugestanden, und ich fällte sogleich Holz, um ein zum Handel mit den Indianern eingerichtetes Haus zu bauen, in der Hoffnung, beträchtliche Vortheile durch Tausch zu erlangen.

In wenigen Tagen kamen die Indianer, um mit uns zu handeln. Dieß machte uns Muth, und schmeichelte uns zugleich mit den angenehmen Ideen, daß wir in unserm Handel glücklich seyn würden; allein einige Geschäfte erforderten meines Freundes Gegenwart zu Montreal, wodurch der Handel eine Zeit lang still lag, und bey seiner Zurückkunft sagte er mir, daß wir unsere Wohnung

verlaffen müßten, weil er wegen einer englischen
Schuld angegriffen zu werden befürchtete.

In dieser mißlichen Lage war die Flucht unsre
einzige Sicherheit. Wir schifften also alle unsre
Waaren auf ein großes Boot ein, gingen nach
Pinnitiskotyan, und landeten am See Ontavia, wo
wir in eine Bucht fuhren und einen bequemen Platz
zu dem Hause eines Rauchhändlers fanden. Den
folgenden Morgen fingen wir mit dem Hausbau an,
und setzten auch einige Tage unsre Arbeit glücklich
fort; allein unser Glück war von kurzer Dauer,
denn ein Bevollmächtigter verfolgte uns, nahm alle
Effekten, die er fand, in Besitz, selbst das Zelt,
das uns vor dem Wetter schützte, und brachte sie
nach Montreal, wo sie für weniger als den vierten
Theil was sie gekostet hatten, verkauft wurden. So
kamen wir ohne Waaren zum Handeln zu der Bay
Kenty, und wohnten daselbst zehn Monate unter
den loyalistischen Kolonisten, die durch ihre Gast-
freundschaft unsre Lage minder traurig zu machen
suchten und meine Sorgen erleichterten. Im Anfange
des Frühlings 1786 gingen wir über Carlton Eiland, und von da nach Fort Oswego, um durch
diesen Posten zu den vereinigten Staaten zu kommen; allein weil wir keine Pässe hatten, ließ man
uns unsre Reise nicht fortsetzen. In dieser drücken-

den Lage rieth ich meinem Freunde einen andern Plan zu wählen, und wir gingen nach Salmon Creek, etwa zwanzig Meilen vom Fort. Hier blieben wir einen Tag, und reiseten mit fünf Pfund Schweinefleisch und zwey Bröten und von einer Indianerinn begleitet ab, in der Hoffnung, etwa in vier Tage Fort Staneix zu erreichen; allein der alte Weg war ganz und gar nicht mehr zu sehn, so daß wir, getäuscht in unsrer Erwartung, den Abend zu der Bucht zurückkehren mußten. Wir hatten nicht Lust, einen andern Versuch zu machen, und beschlossen, nach Fort Oswego zurückzukehren. Wir waren zwar nur zwanzig Meilen davon entfernt, erreichten aber doch erst die Garnison in vier Tagen.

Auf dieser Reise stand mein Freund sehr viel Beschwerden aus, weil er nicht gewohnt war in den Wäldern zu schlafen, überdieß hatte er noch einen Mantelsack von dreyßig Pfunden zu tragen, was ihm äußerst lästig war. Unser geringer Vorrath an Lebensmitteln vermehrte das Uebel noch mehr, denn man kann sich leicht vorstellen, daß von fünf Pfund Schweinefleisch und zwey Bröten drey Leute nicht lange leben konnten.

Vor dem Ende unsrer Reise hatten wir in zwölf Stunden weiter keine Lebensmittel, als wilde Zwiebeln; glücklicher Weise aber fanden wir auf dem Sande etwa hundert und vierzig Vogeleier, die wir kochten und begierig verschlangen, ungeachtet größtentheils schon junge Vögel mit kleinen Daunen darin waren.

Bey unsrer Ankunft im Fort lachte der kommandirende Officier über unser Unternehmen, nahm meinen Freund bey Seite, und rieth ihm, entweder nach Montreal zurückzukehren oder nach Niagara zu gehen, weil er gewiß die Beschwerden eines indianischen Lebens nicht aushalten würde. Er folgte dem Rathe des Officiers, und ließ mich im Forte zurück. Von hier ging ich nach Quebek, und weil ich in großer Noth war, wandte ich mich um Unterstützung an Lord Dorchester. Dieser befahl großmüthig seinem Adjutanten, mich zum Generallieutenant Hope zu bringen, dem er mich sehr zu einem indianischen Geschäfte empfahl. Er unterstützte mich einigermaßen mit wenigen Thalern und einigen andern Bedürfnissen, und sandte mich so nach Cataraqui.

Den 14ten Juli kam ich zu Montreal an. Am folgenden Tag setzte ich meine Reise zu Fuße fort, und da ich zwey Indianer von meiner Bekanntschaft in einem Bote erblickte, und noch etwas Geld hatte um Rum zu kaufen, so miethete ich sie, mich nach Cataraqui zu bringen, und unterwegs schossen wir viel Wildbrett.

Am 19. Aug. übergab ich dem Offizier Hope meine Briefe. Er konnte mir nicht dienen, empfahl mich aber in einem Briefe seinem Freunde Sir John Johnson auf Carlton Eiland, der auf ein Schiff wartete, das ihn nach Niagara bringen sollte, um daselbst eine Versammlung mit den Indianern zu halten. Glücklicher weise kam ich mit ihm zu sprechen, und da ich ihm meine Lage beschrieb, so befahl er mir, mich bereit zu halten, ihm bey seiner Rückkehr als Dolmetscher zu dienen. Den 18ten September fand uns H. John Johnson oben an der Bucht Kenty. Sobald die Indianer von seiner Ankunft hörten, begrüßten sie ihn mit einer Musketen-Salve. Man gab ihnen Rum, sie tanzten die ganze Nacht, und sangen ihre Kriegsgesänge, wovon ich mir folgenden besonders bemerkte: —

„Endlich ist unser guter Vater angekommen,
„er hat die kleinen Zweige durchbrochen, und sich
„einen Weg zu uns gebahnt. Er hat uns in Ueber-
„fluß Geschenke gegeben, und verlangt nur dieß
„große Bett (sie meinten einen beträchtlichen
„Strich Landes, der auf einer Charte beschrieben
„war.)"

Um zwölf Uhr des folgenden Tages wurde eine Versammlung gehalten, worin ihnen Sir John seine Charte vorlegte, und einen Strich Landes von Torento bis zum See Huron verlangte. Dieß bewilligten ihm die Indianer. Die Urkunde darüber wurde ihnen vorgelegt, und sie unterzeichneten sie, indem die Oberhäupter das Bild eines jeden von ihren Totams als ihre Siegel darunter zeichneten.

Sir John Johnson verließ sie darauf, und schiffte sich nach Cataraqui ein, der Hauptstadt der loyalistischen Niederlassungen.

Vor seiner Abreise erzählte ich meine traurige Lage noch umständlicher, und erlangte vorerst einige Unterstützung von ihm. Dieß setzte mich in den Stand, zu dem dritten Etablissement in der Bay Kenty zu gehn, wo ich mich bis zum Frühlinge 1787 bey meinen Loyalisten-Freunden aufhielt. In dieser Zeit hatte ich öfters Gelegenheit, über den blühenden Zustand der neuen Niederlassungen Bemerkungen zu machen.

Die Niederlassungen der Loyalisten in Kanada sind für Großbrittannien sehr wichtig, und wenn ein Krieg mit den vereinigten Staaten entstehn sollte, so sind sie nicht allein im Stande, einige

Tausend alte Truppen herzugeben, sondern man kann sich auch sehr viel von einer Generation versprechen, welche von einer Menschenrace entspringt, die durch Grundsätze im letzten Kriege zu jeder That gereizt wurden, selbst auf Unkosten ihres Eigenthums, ihrer Familie und ihrer Freunde um die Sache, der sie sich so warm annahmen, zu unterstützen. Indeß gefiel mir doch, als ich auf dem Lande wohnte, etwas nicht, das zwar nicht unmittelbar der Wohlfahrt und dem Glücke der jetzigen Einwohner nachtheilig ist, oder im Verhältnisse mit den unbebaueten Ländern, die Zunahme der Bevölkerung verhütet, aber doch sehr gefährlich zu werden droht.

Alles Land von Point au Baudet, dem Anfange der loyalistischen Niederlassungen am Lorenzflusse, bis oben an der Bay Kenty, enthält, wie ich jetzt weiß, wenigstens zehn tausend Seelen, die, wie man sagt, dem alten Feudalsystem der französischen Herrschaften unterworfen sind. Die Lords machen auf einige Abgaben Anspruch oder üben das Recht der Gerichtsbarkeit aus, das zwar bis jetzt sehr unbedeutend ist, und wovon man vielleicht nie Gebrauch machen wird, allein ein jeder wird doch dadurch von dem Gutsherrn abhängig, und mit der Zeit, wenn die Ländereyen im Werthe steigen, so kann das Einkommen dieser Renten oder die Ausübung dieser Rechte zu öftern Streitigkeiten Anlaß geben. Ich halte also dafür, mit Achtung gegen unsre Regierung sey es gesagt, daß, da so viele hundert Amerikaner sich jetzt dort niedergelassen haben, und ohne Zweifel weit mehrere, die entweder mit der Policey des Landes nicht zufrieden sind, oder als Unterthanen von Großbrittannien größere Vortheile einernten zu können glauben, gelegentlich aus den vereinigten Staaten auswandern werden, — wir jedes Hinderniß der Dienstbarkeit entfernen, und durch Verkauf, oder auf irgend eine andere Art, die die Administration für gut findet, alle Ländereyen in Kanada, die den loyalistischen Unterthanen oder andern, die freywillig den Huldigungseid abgelegt haben oder ablegen wollen, so frey machen müssen, wie die in Neu-Schottland.

Leuten, die sich aus den besten Grundsätzen der Sache ihres Vaterlandes angenommen haben, sollte man so viel wie möglich nachsichtsvoll begegnen, und so wie sie mehr oder weniger durch den Krieg gelitten haben, sollten sie auch ohne alle besondere Einschränkung belohnt, und der Rest ihrer Tage ihnen so glücklich gemacht werden, als die Regierung, unter der sie leben, nur thun kann.

Die Bevölkerung dieser neuen Niederlassungen und ihre parallele Lage mit Fort Oswegatche, Carleton Eiland, Oswege und Niagra beweisen vielleicht mehr als je die Wichtigkeit, diese Gränzfestung in unserm Besitz zu erhalten, was ich in dem ersten Theile dieses Werks genau auseinandergesetzt habe. Das dritte Etablissement enthielt 1787 allein ungefähr siebzehn hundert Einwohner, und es ist also schwer zu bestimmen, was für eine Anzahl nützlicher Unterthanen dieß Land in der Folge hervorbringen kann. Gewiß ist es, daß es wegen seiner Fruchtbarkeit eine große Menge Menschen zu ernähren im Stande ist, denn der Acker bringt im Durchschnitte etwa dreyßig Buschel (8 Gallons) Weitzen hervor, selbst bey der unvollkommnen Art, wie die Felder gereinigt werden. Es bleiben nämlich alle abgehauenen Baumstämme etwa drey Fuß hoch stehen, und man findet noch immer fünf bis zehn Bäume auf jedem Acker. Diese Art die Felder zu reinigen ist in der That durchaus nothwendig, denn frisch urbargemachte Länder in heißen Klimaten erfordern Schutz gegen die brennende Sonnenhitze, die in ihrer völligen Macht den Samen versengen würde. Auch hat man es in steinigen Böden für gut gefunden, die Steine darin zu lassen, weil sie eine zum Wachsen vortheilhafte Feuchtigkeit erhalten.

Im Monate May verließ ich die neuen Niederlassungen, und ging nach Montreal und von da nach Quebeck. Hier wartete ich auf den Lord Dorchester, konnte aber keinen Zutritt zu ihm erlangen. Ich hörte nachher, daß er krank wäre. Darauf wollte ich zum General-Lieutenant Hope gehen, er hatte sich aber schon nach England eingeschifft.

So sehr es mich schmerzte, daß mir meine Hoffnungen so oft fehlgeschlagen waren, so erweckte doch dieß meine Thätigkeit nur noch mehr, und ich sann von neuem wieder auf Plane für meinen künftigen Unterhalt. In dieser Lage erhielt ich von einem Freunde Unterstützung. Eine so zeitige Hülfe spannte alle meine Nerven, und mein Vergnügen kann sich nur der denken, der solche Beschwerden und Mühseligkeiten wie ich, überstanden hat.

Mein Herz war wieder froh, jeder traurige Gedanke daraus entfernt, und nun entschloß ich mich, weil ich noch Geld hatte, Amerika zu verlassen. Ich fand einen andern Freund, der mir einen Paß verschaffte, ging den 25ten October an Bord eines Schiffes, das gerade im Lorenzflusse lag, und kam im Anfange des Decembers in London an, voll Freude, daß ich mein Vaterland wieder betreten konnte.

Hiermit habe ich den historischen Theil meines Werks geendigt, und bitte nur wegen einiger litterärischen Fehler, die mir etwa sollten entgangen seyn, um die gütige Nachsicht des Lesers. Ich schmeichle mir, daß man diese Reise und das beygefügte Wörterbuch der Aufmerksamkeit des Publikums nicht ganz unwürdig finden werde.

Wörterbuch.

Deutsch.	Eskimeauisch. *)
Auge	Killick, Shik
Bogen	Petíksick
Boot	Kágak
Drey (Zahl)	Ké
Ei	Manneguk
Eins (Zahl)	Kombuc
Fuß	Itikak
Haar	Nutshad
Haupt, Kopf	Niakock
Himmel	Taktuck, Nabugakshe
Hund	Mické, Timitók
Messer	Shavié
Monat	Tákock
Ohr	Tehiu
Pfeil	Katso
Regen	Killaluck
Ruder	Pácotick
Sonne	Shíconac, Sakácnuc
Vier (Zahl)	Missílagat
Wasser	Sillakákto
Zahn	Ukak
Zwey	Tigal

*) Esquimeau im Singular bedeutet Einen der rohes Fleisch ißt.

Deutsch.	Irokesisch.
Eins	Uskat
Zwey	Tekkeny
Drey	Aghsey
Vier	Kaycery
Fünf	Wisk
Sechs	Yàyak
Sieben	Tsyàdak
Acht	Sadégo
Neun	Tyoughtow
Zehn	Oyéry
Eilf	Oyéry uskat yawàrey
Zwölf	Oyéry tekkeny yawàrey
Dreyzehn	Oyéry aghsey yawàrey
Siebzehn	Oyéry tsyàdak yawàrey
Achtzehn	Oyéry sadégo yawàrey
Neunzehn	Oyéry tyoughtow yawàrey
Zwanzig	Towwaghsey
Ein und zwanzig	Towwaghsey uskat yawàrey
Neun und zwanzig	Towwaghsey tyoughtow yawarey
Dreyßig	Aghsey newaghsey
Ein und dreyßig	Aghsey newaghsey uskat yawarey
Vierzig	Kaycery newaghsey
Funfzig	Wisk newaghsey
Sechszig	Yayak newaghsey
Siebzig	Tsyàdak newaghsey
Achtzig	Sadégo newaghsey
Neunzig	Tyoughtow newaghsey

Algonkinſch.	Chippewäiſch.
Payjik	Payshik
Ninch	Neesh
Nissoo	Neesswoy
Neoo	Neon
Naran	Narnan
Ningootwassoo	Negutwosswoy
Ninchowassoo	Neeshswosswoy
Nissowassoo	Swosswoy
Shongassoo	Shangosswoy
Metassoo	Metosswoy
Metassoo ashy payjik	Metosswoy asshea payshik
Metassoo ashy ninch	Metosswoy asshea neesh
Metassoo ashy nissoo	Metosswoy asshea neeswoy
Metassoo ashy ninchowassoo	Metosswoy asshea neeshwosswoy
Metassoo ashy nissowassoo	Metosswoy asshea swosswoy
Metassoo ashy shongassoo	Metosswoy asshea shangosswoy
Ninchtànà	Neesh tanner
Ninchtànà ashy payjik	Neesh tanner asshea payshik
Ninchtànà ashy shongassoo	Neesh tanner asshea shangooswoy
Nissoo metànà	Nees semmettenner
Nissoo metànà ashy payjik	Nees semmettenner asshea payshik
Neoo metànà	Neon mettenner
Naran metànà	Nar metenner
Ningootwassoo metànà	Negutwoss semmettener
Ninchowassoo metànà	Neeshswoss semmettener
Nislowassoo metànà	Swoss semmettener
Shongassoo metànà	Shangoss semmettener

Deutsch	Irokesisch
Hundert	Uskat towaneyow
Zwey hundert	Tekkeny towaneyow
Drey hundert	Aghsey towaneyow
Vier hundert	Kayery towaneyow
Tausend —	Oyéry towaneyow.
u. s. w.	

Metas-

Wortregister,

um durch eine Menge von Beyspielen den Unterschied und die Analogie zwischen der algonkinschen und chippewäischen Sprache zu zeigen.

Deutsch	Algonkinsch	Chippewäisch
ankommen	Takouchin	Takooshin
ausdünsten	Matootoo	Matootoo
beystehn	Mawinewah	Mawinewah
begegnen, antreffen	Nantoonewar	Newatch
bezahlen	Tipaham	Guddyparhan
denken	Tilelindan	Indenendum, indenind
ergötzen	Packeguay	Athtergain
erhalten	Ganawerimaw	Gannewainnemar
erzählen	Teta	Gudjey
essen	Wissin	Wissinnin
fallen	Ponkisin	Ponkissin
Feuer machen, kochen	Pootawee	Pooterway chebockwoy
finden	Nantounewaw	Warbermeco

fort-

Algonkinsch	Chippewäisch
Metassoo metànà	Negux wauk
Metassoo ninchtana metana	Neesh wauk
Metassoo nissoo metànà	Neesswoy wauk
Metassoo ncoo metànà	Neon wauk
Metasso metassoo metànà	Metosswoy Kitchee wauk.

Deutsch	Algonkinsch	Chippewäisch
fortbringen	Petou, peta	Keemarjemet
geben	Millaw	Darmissey
gefrieren	Kissim	Musheowwartin
gehen	Pemousse	Pamôsay
gewinnen	Packitan	Warmatt
glauben	Tilerimah, tickerimah	Indenendum gwoyack
haben	Tindala	Arwayyor
hassen	Shinguerimaw	Nesharquish
heirathen	Weewin	Tuckunnumkewish
jagen	Keoussey	Geosay
lachen	Kapy	Pawpy
laufen	Pitcheba	Squamich
lieben, die Liebe	Sakiar	Zargay, zargeytoon
liegen, ruhen	Weepemaw	Neparhan
nehmen	Takoonan	Tarpenan
plagen, quälen	Iskatissey	Annascartissey, nishcartissey
rauchen (Toback)	Saggesoy	Suggersoy
regieren	Tibarimaw	Tibarimaw
reisen (zu Wasser)	Pimmiscaw	Pamiskian, pemiskar
reisen (zu Lande)	Teja	Papamôtay

Deutsch	Algonkinsch	Chippewäisch
rudern	Pimisca	Pemishear
rufen	Tychintkaw	Nandootum
schlafen	Nepa	Nepan
sehen	Wabemo	Wabemar, wabemor
singen	Sheshin	Najemoon
sitzen	Mantippy	Mantetappy
suchen	Nantawerima	Warcharch
sprechen	Galoola	Debarchim, debarchemon
stehlen	Kemootin	Keemôtyan
tanzen	Nemch	Nemch
thun	Toshiton	Ojeyrooh, tojeytoon
tödten	Nesa	Gunnesar
trinken	Minikwah	Minniquah
verändern	Miscoush	Mishcoot
Vergnügen an etwas finden	Mirowerrindan	Mirrowerrindan
verlassen	Packiton	Packitan
verlieren	Packilague	Winnetoon
verstehn	Nistotawa	Neesstootewar
verwerfen	Webenan	Waybenan
Wasser (seln) lassen	Minsy	Meesesay
wissen	Kekerindan	Keecannewendan
wohnen	Tapia	Appay
wollen	Wisch	Cannar, cunner
zerstoßen	Packité	Packettywaun

Deutsch	Algonkinsch	Chippewäisch
Art	Ajackwet	Ajackquoit
anderer	Coutak	Ningootch
alles	Kakina	Cockinnor
Auge	Ouskinshik	Wiskinky
Arzney	Maskikik	Maskikee
alt, er war alt	Keweshcins	Keewaency
Bart	Mischiton	Opeewyesky
Biber	Amik	Amîk
Biberhaut	Appiminiqy	Appiminiqy
Beinkleider	Miskousah	Peckqueen dorsow
Bär	Mackquah	Mackquah
Bär (ein junger)	Makons	Mackconce, Mackquaconce
Brot, Mehl	Paboushikan	Pockquoisigan
Brühe, Suppe	Wabou	Shoanarboop
Blut	Miskoo	Misqy
Bauch	Mishemout	Ishquamach
Bruder	Necanish	Shemayn
Brief	Marseynaygan	Marseynaygan
Baumwurzeln	Oustikwees	Watappy
Bäume	Meteck	Meteck
Decken, (wollne)	Wabiwyan	Waperwoyan
das, jenes	Manda	Maunder
Dorf	Oudenank	Narpoon
Ehemann, oder der Herr der Schwachheit	Napema	Nabaim
Eingeweide	Olakick	Onuggesh
Elenthier	Mons	Moouse
englisch	Outsakamink dacherini	Saggonash
Eisen	Pewaby	Pewabick

S 3

Deutsch	Algonkinsch	Chippewäisch
Ente (wilde)	Sheeship	Sheeshib
Faß, Tonne	Ayoentagun	Owentagun
Flasche, Bouteille	Sheshegouay	Môtay
Federvieh, Vögel	Pilé	Pinneyshis
Feuerstahl	Scoutykan	Squittycan, Scotaycan
Feuer	Scoute	Scotay, squitty
Fort	Wackaygan	Wakaygan
französisch	Mittigoush	Waymistergoash
Fisch	Kickons	Kegonce
Fuchs	Outagamy	Assinbo
Fleisch	Weass	Weass
Fett, er ist fett	Pimete	Pimmethy
freygebig	Wal atissy	Ajackquoy
Flinte	Paskeysegan	Baskeysegan
Frau, Geliebte	Neremoossin	Mentimoye
Friede	Pekah	Meecho
Fluß	Sepim	Seepee
Fingerring	Debelincheebeson	Zenzeebisson
groß, dick, stark	Mentitoo	Menditoo
Gefährte, Freund	Neechee	Nejee, Neecarnis
geschehn, gethan, es ist gethan	Sheyar	Shyyar
gleich	Tabiscooch	Tabiscoach
genug	Mimilic	Mee, mimilic
Gabelstiel	Nassawokwot	Cawmeek, meteek
Gras	Myask	Nepish, mejask
Gott, oder der große Geist	Kitchee Mannitoo	Kitchee Mannitoo
gut	Quelatch	Nishshishshin
geitzig, habsüchtig	Sasakissy	Sazargesey
Geist	Mannitoo	Mannitoo

Deutsch	Algonkinsch	Chippewäisch
gelb	Wazzo	Jônia
gestern	Pitchylago	Pitchynargo
hingegen	Menawatch	Meenewatch
Hosenzeug	Kepokitty Kousah	Oncean
Haus, Hütte	Wikiwam	Wigwaum
Haar (menschliches)	Lissy	Lissy
Haar (von Thieren)	Pewall	Opeeway
Himmel, oder die andere Welt	Spiminkaquin	Pockcan worrockey, pockcan tunnockey
Hase	Wapoos	Wapoos
Haupt	Ousteooan	Eshtergoan
halb	Nabal	Arbittar
Herz	Mishewah	Oathty
heiß	Akeeshattay	Geeshartay
hungrig	Packatay	Bocketty
hier	Akonda, akomanda	Ashemich
hell	Vendao	Meesharquoit
Hirschbock	Mecheway	Ayarbay awaskesh
Hecht	Kenonjay	Kenonjay
Halbinsel	Minnissin	Minnissin
Hemd	Pakakewean	Parbockerwoyan
Handelsartikel	Alokatchigan	Huncushigon, Anacotchigon
immer, allenthalben	Kakeli	Cargoneek, memarmo
jeder, e, es	Paypayjik	Papayjit
Insel	Minis	Minnesey
Indianer	Ishinawbah	Nishinnorbay
ja	Mì, Minkooty	Angaymer, Nangaymer
Kugel	Alwin	Kitchee anwin
Körper	Yao	Yoe

Deutsch	Algenkinsch	Chippewäisch
Kleider	Capotewian	Piskawagan
Kanoe	Cheeman	Cheeman
Kapitain, Oder Haupt	Okemaw	Okemaw, Ojewa
Kaptain, erster Krieger	Kttchee okemaw semam	Kitchee Okemaw
Kind, Kinder	ganish	
kalt	Kekatch	Geessennar
Kessel, Topf	Akikkons	Akeek
krank	Outineous	Aquoisee
Krieg	Nontobâly	Mecartay
Land	Oustikan	Onjee
Löffel	Mickwan	Tamickquoin
Muth	Taquamissi	Taguamissy, Haguamissy
Mädchen	Ickwessens	Equoysince
müde, ermüdet	Takoosy	Nowwendayshon
Mensch	Alisinape	Ninnee
Mond, oder das Nachtlicht	Debikat Ikisy	Geezus
Männchen	Nape	Ayarbey
Mennich	Oulamar	Ozonnemon
Meer	Agankitchee gammink	Kitchee gammink
morgen	Wabank	Warbunk
Messer	Mockomatt	Mokoman
Messer (ein krummes)	Coutagan	Wakeekeeman
nach, nachher	Mipidach	Ningoot
Nähnadeln	Shabounekan	Shaboonegun
Nase	Yatch	Yotch
Neuigkeiten	Taypatchimoo, Kan	Mergummeget

Deutsch	Algonkinsch	Chippewäisch
Nacht	Debbikat	Debbikat
nahe	Pechoowetch	Payshew
nun	Nongom	Nogome
nie	Kawicka	Cawwickca, cassawicka
nein	Ka	Cawween, Ka
nichts	Kakaygoo	Kakaygo
noch nicht	Kamasshy	Kamarchy
Otter	Nekeek	Nekeek
oben	Spimink	Ishpemeg
Pfeife	Poygan	Opoygan
Pelzrock	Ockola	Woygan, oakonus
Ruder (kleines)	Apway	Abboy
Rebhan	Pilesiwee	Peenay
Reis, wilder	Malomin	Menomon
Rum, Branntwein	Scoutiwaboy	Squittywabo, scotaywsbo
Regen	Kemewan	Kimmeevan
roth	Misqy	Misquoy, misquitty
Rauch	Pentakoe	Keenarbittay
Sack, Beutel	Maskimout	Muchcomat
schwarz	Negao	Mackcutty
Staub	Pingway	Pingo
Schießpulver	Pingo Mackate	Mackcutty, Pingo Mackcutty
schön	Sasayga	Sasayga
Spiegel	Wabemo	Warbemoon
See, der	Kitchee Gammink	Sakiegan
Strümpfe	Metass	Mittase
Straße, Fahrweg	Meekan	Meekan
schnell, lebhaft	Welibick	Annacock

Deutsch	Algonkinsch	Chippewäisch
Schwert, großes Messer	Semagan	Kitchee mokoman
Stern	Alan	Annunk
Stöhr	Lamek	Onuemey
Stein	Assin	Assin
Sonne, oder das große Licht	Keesis	Geesessey
Schuhe, (indianische)	Mackissin	Maukissin
Schiff, oder großes Kanoe	Kitchee cheeman	Kitchee Naberquoin
Soldat, Krieger	Semaganis	Shemagonish.
Sommer, Frühling	Mcrock amink	Menokemeg
stark	Mashkawa	Mushcowar
Streitkolbe, Tomahawk	Agackwetons	Warcockquoite
seyd gedankt!	Meegwatch	Meegwotch
Tag, Tage	Okonogat	Ogunnegat
Tisch	Mackoan	Mackoan
Tod	Neepoo	Neepoo
Teufel, der böse Geist	Matchee Mannitoo	Matchee Mannitoo
Tanz der Wilden	Sheshequoy	Shessaquoy
Trunk	Ousquibby	Squibby Osquibby
türkischer Weizen	Metamin	Medarmin
träg	Kittimy	Kittim
traurig	Talissimy	Cush Kendummerman
Toback	Sayma	Assaymer
Tobacksbeutel	Kaspetagun	Kispetawgun
Trageplatz	Cappatagan	Onuggemeg
und	Gaye, mipigaye	Ashea

Deutsch	Algonkinsch	Chippewäisch
unmittelbar	Webatch	Webatch
Vater	Nooskay	Nocey
voll	Mooshquenay	Mooshquenay
vorher	Peraweego	Maywisher
vor langer Zeit	Shashayay	Sharshyyar
viel	Nebela	Nepewar gwotch
Volk, Nation	Irenee	Nondajewot
Verstand, Verstand haben	Nebwacka	Annabrycassey
weil	Mewinch	Mewinch
Wurfspieß	Sheshikwee	Aysquish
Weißfisch	Attikamek	Artikkameg
welt	Watso	Awassa, awassa woyta
Weibchen, Weib	Ickwer	Equoy
Wohnung	Entayank	Ashemich
wie	Tany	Tawny
wie viel?	Tantasou, tarnimilik?	Tawnymilik
wenig, klein	Wabetoosheins	Pongay, hagushenonce
Wasser	Nepee	Nippee
Winter	Pepoon	Bebone
Wolf	Mahingan	Mahingan
Wein, oder blutrothe Brühe	Shoemin aboo	Mishquoy shoanarboop
Wind	Loutin	Netting
Wälder	Nopemenk	Menopemeg
warum?	Tanientien?	Cannatoo?
wo?	Ta?	Aunday?
wo ist er? wo wohnt er?	Tanepy appy?	Tannepy Appay?

Deutsch	Algonkinsch	Chippewäisch
wer ist das?	Waneweenay mabo?	Hawanecyau?
weiß	Waby	Warbiscar
woher	Tannepy	Tannepy
Zähne	Tebit	Weebit
Zunge (menschliche)	Ooton	Ooton
zu viel	Ozam	Ozome
zu wenig	Ozame mangis	Ozome pangay
zusammen	Mamawee	Marmo

Deutsch	Moheganisch	Schawanesisch
Auge	HKeesque	Skefacoo
Bär	Mquoh	Mauquah
Biber	Amifque	Amaquah
Danke dir, ich	Wneeweh	Neauweh
Ehemann, ihr	Waughecheh	Wafecheh
Enkel, mein	Naughees	Noosthetau
Er, dieser	Uwoh	Welah
Fluß	Sepoo	Thepee
Geht, er	Pumifsoo	Pomthalo
Großmutter, meine	Nohhum	Nocumthau
Großvater, mein	Nemoghhome	Nemafompetau
Haar	Weghaukun	Welathoh
Haus	Weekumuhm	Weecuah
Herz, sein	Utoh	Otaheh
Hohle, bringe her	Pautoh	Peatoloo
Ich	Neah	Nelah

Deutsch	Moheganisch	Schawanesisch
Ihr	Keauwuh	Kelauweh
Kopf, sein	Weensis	Weenseh
Mädchen	Peesquausoo	Squauthauthau
Oheim, mein	Nsees	Neeseethau
Ohr	Towohque	Towacah
Schwester, die ältere	Nmees	Nemeethau
Wasser	Nbey	Nippee
Wir	Neaunuh	Nelauweh
Zähne, seine	Wepeeton	Wepeetalee

Deutsch	Moheganisch	Algonkinsch	Chippewäisch
Augen	Ukeesquan	Ouskinshik	Wiskinki
Bär	Mquoh	Mackquah	Mackquah
Bereite den Kessel, (mache Feuer an)	Pooteuwah	Poutwah	Pooterway Chebockwoy
Biber	Amisque	Amik	Amik
Feuer	Stauw	Scoute	Scotay, oder Squitty
Fluß	Sepoo	Sepim	Seepe
Geh, spatziere	Pumifseh	Pemoufse	Pamofäy
Gib es ihm	Meenuh	Millaw	Darmifsey
Haus	Weekumuhm	Wikíwam	Wigwaum
Heirathen	Weeween	Wewin	Tukunnumkewish
Holz	Metooquee	Meteek	Meteek
Schuhe	Mkifsin	Mackifsin	Maukifsin
Setze dich	Mattipeh	Mantippy	Mantetappy
Sonne	Keefog	Keefis	Geefseefsey

Deutsch	Moheganisch	Algonkinsch	Chippewäisch
Teufel, oder der böse Geist	Mtandou	Matchee Mannitoo	Matchee Mannitoo
Todt, er ist todt	Nboo, oder Neepoo	Nepoo	Neepoo
Wasser	Nbey	Nepee	Nippee
Wie	Tunch	Tany	Tawny
Winter	Hpoon	Pepoon	Bebone
Wo	Tchah	Ta	Aunday

Anm. Das Ende (e finale) wird bloß in den einsilbigen Wörtern ausgesprochen.

Deutsch	Irokesisch
Abwesend	Yáchta chàrlogh
Alle	Aquàjo
Allein	Yackta oya
Anklagen	Cúttergun
Anderer, e, es	Oya
Antworten	Sattroly
Besorgt	Saquoy
Bewundern	Sannayatoàcktone
Brot	Kanádaro
Bundsgenossen, Verwandte	Lanoha
Danke dir	Yaown
Ehebruch	Sachequar
Ein, e, es; der, die, das	Né, né
Empfangen	Yáiner
Englisch	Cherrihunságat
Ergötzen	Susqueeselon

Deutsch	Irokesisch
Frau	Sannatella
Geld	Wifstar
Geliebt	Carnolelow
Gelb	Ajeenegwar
Gestern	Tyoúcktàrlow
Gesundheit, deine	Honoroquennyee
Gewinnen	Rowwenéhoo
Gibt, es	Honerer
Gib mir	Caffar
Gleich	Sadáyyouth
Hinzuthun	Kayentuck
Ja	Etho
Jahr	Atoori
Jakob	Yárwek
Ihr	Ecee
Immer	Chetko
Jung	Aguntelo
Jungfrau	Hanághwáyenden
Klug, geschickt	Satcákha
König, oder das große Oberhaupt	Sachem
Krieg	Satterleyhone
Menge	Cúfhcowait
Mißbrauchen, betriegen, übel behandeln (to abuse)	Henryotaxa
Montreal	Chocktyhargo
Nachmittag	Nowwátone
Nachricht	Sattayéntack
Oder	Neteas
Peter	Gwider

Deutsch	Irokesisch
Rebhuhn	Oquefses
Rechnen	Saftáyricey
Rose	Eafel
Rum	Skarat
Schießpulver	Oganra
Schrot	Onáya
Schwarz	Agohoonfey
Silberzeug	Wifstarnoolone
Ueber	Aynegun
Uebereinkommen	Curywyyarley
Und	Noke
Vater	Luggoney
Verstehen	Cockharonkar
Vielleicht	Togatt
War	Ne
Was war	Ungka ne
Wasser	Oghnéga
Weiß	Carárger
Wein, oder blutrothe Suppe	Onéahháradáfchhoúttferakeri
Wer	Unghka
Wer war	Unghka ne
Wie viel, e	Toneego
Wieder	Sego
Wild	Yackta Satoackta
Willig	Senooncey
Wind	Yowwetty
Wo	Caha
Zucker	Chekayter

Deutsche, englische und französische Namen der Felle und Häute.

Deutsch	Englisch	Französisch
Fetter Winter-Biber	Fat winter beaver	Castors gras d'hiver
Fetter Sommer-Biber	Fat summer beaver	Castors gras d'été
Trockner Winter-Biber	Dry winter beaver	Castors secs d'hiver
Trockner Sommer-Biber	Dry summer beaver	Castors secs d'été
Alter Winter-Biber	Old winter beaver	Castors vieux d'hiver
Alter Sommer-Biber	Old summer beaver	Castors vieux d'été
Rohes Hirschfell	Raw stage skins	Cerfs verts
Zubereitetes Hirschfell	Prepared stage skins	Cerfs passés
Rennthierfell	Rein deer skins	Caribous
Rohes Rehfell	Raw hind skins	Biches vertes
Zubereitetes Rehfell	Prepared hind skins	Biches passées
Muskusratten	Mush rats	Rats musques
Zubereitetes Rehbockfell	Prepared roebuck skins	Chevreuils passés
Rohes Rehbockfell	Unprepared roebuck skins	Chevreuils verts

T

Deutſch	Engliſch	Franzöſiſch
Gegerbtes Reh-bockleder	Tanned roebuck skins	Chevreuils tanés
Südliche, oder virginiſche Füchſe	Souther, or Virginia foxes	Renards du Sud, ou Virginie
Weiße Füchſe von Tadouſac	White, from Tadouſac, foxes	Renards blancs de Tadouſac
Wölfe	Wolves	Loup de bois
Wolverene	Beaver eaters	Carcajous
Marder	Martens	Martres
Schwarze Eichhörnchen	Squirrels, black	Ecureuils noirs
Graue Eichhörnchen	Squirrels, grey	Ecureuils argentés
Fiſcherwieſel	Fiſhers	Peccans
Bären	Bears	Ours
Junge Bären	Bears, Cub	Ourſons
Ottern	Otters	Loutres
Katzen	Cats	Chats
Luchſe	Lynx	Loups cerviers
Rothe Füchſe	Foxes, red	Renards rouges
Kreutzfüchſe	Foxes, croſs	Renards croiſés
Schwarze Füchſe	Foxes, black	Renards noirs
Graue Füchſe	Foxes, grey	Renards argentés
Sumpfottern	Minks	Viſons, ou Fourtreaux
Nördliche Tigerkatze	North Caſe Cat	Pichoux du nord
Südliche Tigerkatze	South Caſe Cat	Pichoux du ſud

Theile des menschlichen Körpers.

Deutsch.	Chippewäisch.
Adern	Weebórso, oder neatifsum
Arm	Aník
Arm, gebrochener	Kélconcek
Athem	Nowwetting, oder nowwettywich
Auge	Wifkinky
Auge, schielendes	Annooch
Augenlied	Péwwyar
Augenbraune	Gwàtfo
Bart	Opeewyéfky
Bauch	Ifquamach
Bein	Ocárt
Blut	Mifquy
Brust	Wheyóe
Daumen	Mitchea
Eingeweide	Onúggech
Finger	Argatfo
Fuß, oder Füße	Ozett
Galle	Marchew
Gesäß	Meedféywort
Gesicht	Meechau
Gehirn	Opin
Haar	Lifsy
Hand	Armóche
Handgelenk	Wrift
Haupt	Eftergóan
Haut	Pokkikkin

T 2

Deutsch	Chippewäisch
Herz	Oathty
Hirnschale	Efhteroathcan
Hüften	Tarbatch
Kehle	Squifsow
Kinn	Utchwar
Knie	Puttwar
Knochen	Oakean
Knöchel am Fuße	Warwich
Körper	Yoe
Kopf, ein kahler	Wematifhtergóan
Leber	Quinch
Lippe	Meenoáchee
Lungen	Seegwa
Mund	Meefsey
Nabel	Pinneck
Nacken	Shemmor
Nägel an Händen und Füßen	Narb
Nase	Yotch
Nasenlöcher	Pechtópe
Nerven	Atteefe
Ohr	Nóndawar
Rücken	Oníckquick
Rippen	Afhíngo
Schenkel	Oquárme
Unterleib	Peckqueen dorfow
Wangen	Warbím
Zähne	Weebitt
Zehen	Tarwárchewort
Zunge	Ooton

Namen von Thieren u. dgl.

Deutsch	Chippewäisch
Adler	Meegeezes
Ameisen und alle kleine Insekten	Mannctónce
Bär	Macquáh
Bär, junger	Macquaconce, oder mackonce
Biber	Amik'
Biberfell	Appiminiquy;
Biberrock	Amik woygán, oder amik oakónus.
Büffel	Peshshekey
Eichhörnchen	Opickquoy
Eier	Wark
Elenthier	Moofe
Enten, wilde	Sheshib
Federn	Pequim
Fell, Pelz	Oyan
Fisch	Kegónce
Fischerwiesel	Oshík
Fleisch	Weafs
Flügel	Guimbîtch
Forelle	Narmáyguifs
Frosch	Muckikkée,
Füchse	Afsínbo
Gänse, wilde	Neecárk
Geflügel	Pénnyshis
Haar	Opéeway
Hase	Wapóos
Haut	Nink

Deutsch	Chippewäisch
Hecht	Keenonjey
Hechte kleinerer Art	Ogánce
Hirsch	Awáshkesh
Hirsch, der männliche	Ayarby awáskesh
Hund	Anim
Hund, ein junger	Animonce
Karpfen	Narmaybin
Katze, wilde	Peshshew
Katze, zahme	Cúshecance
Kranich	Kitchee cárbo
Krähe	Cark Cark
Loon	Maunk
Marder	Warbeshánce
Muskusratten	Hawoyzask
Otter	Neneek
Pelzwerk, ein Pelzrock	Woygan
Pferd	Ogashy
Puter	Weenecobbo
Rakoon	Afseeban
Rebhuhn	Peenay
Regenpfeifen	Guéweshew
Schlangen	Keenaypickneeshey
Schwan	Kitchee meework
Schwanz	Warmeech
Schwein	Coocóoche
Stinkthier	Sheecark
Stör	Onnemay
Sumpfotter	Shángwoitch
Thier (ein) zwischen Hund und Wolf	Wabátch

Deutsch	Chippewäisch
Thierhaut	Weeyan
Vögel, alle kleine	Pennyshance
Weißfisch	Artíkkamey
Wolf	Mawhíngon
Wolverene	Quickwahay
Zunge	Sawwétch

Handelsartikel.

Deutsch	Chippewäisch
Armbänder	Kitchee waybesun
Axt	Ajáckquoit
Bänder, Seide	Sénnebar
Blaue Flechten	Mannetoo woygan
Bratspieße	Paunéa
Decken, weiße wollene	Waperwoyan
Ermelband	Annán
Feuerstahl	Squíttycan
Fischnetz	Asrubbub
Flinte	Baltheyzegan
Flintenstein	Powwabickóon
Flintenkrätzer	Teakiágun
Garn	Asub
Haarflechten	Saggobánwan
Harz	Pickkéw
Hosenzeug	Oncean
Horn	Pendycutty
Hüte	Oweoathcoon
Kamm	Penárquan

T 4

Deutsch	Chippewäisch
Kanoepfrieme	Meecóose
Kessel, Topf	Akeek
Korallen	Mannetoo menánce
Kugel	Kitchee áuwin
Linien zu Netzen	Shenowantágan
Mannshemd	Parbóckerwoyàn
Messer, das, die	Mókomann
Messer, krummes	Wackéckumann
Mennig	Ozónnemon
Messingdrath	Pewarbickcónce
Nadeln	Shaboonegun
Ring, Fingerring	Zenzéebifson
Rothe Flechten	Mishwoygan
Rock	Piskawagan
Rum, Branntwein	Scótaywàbo, oder Squittaywábo
Schießpulver, oder schwarzer Staub	Mackcutty, oder mackcutty pingo
Schellen, kleine, Falkenschellen	Pewarbeneech
Schrot	Sheesheebanwín
Speer	Eshcan
Spiegel	Warbermoone
Streitkolbe, Tomashacken	Warcóckquoite, oder Warcóckquoite Opoygan
Strümpfe	Mittafse
Strumpfband	Arcoquóshergan
Toback	Afsáymer

Deutſch-chippewäiſches Wortregiſter.

Abweſend, càwween áppay
Aber, Moszáck
Alle, Cockinnor
Alle zuſammen, Cockinnór marmó
Allein, einzig, Aighter, oder unter
Allenthalben, allezelt, Cargoneck, oder memármo
Allein, ich allein, Nin aighter
Alt, er iſt alt, Keewáency
Armee, oder eine Menge verſammeltes Volk, Barthiárge
Armſelig, mager, dünn; Bócketty
Arm, armſelig, Kitchee Mórguſsey
Aſche, Pamótoy waybegun
Aſt im Holze, Knorre, Knote, Muſhquue wórmeteek
Auch, dazu, Guyyea
Außer, neben, bey, Métách, oder menoche
Außer, ohne, Accochink
Auf, Ish'carmooch

Bäume, ein Wald, Meeeck
Baumwurzeln, Watáppy

Baumrinde, Wigwass
Baumzweig, Meetecónee
Becher, Schale von Borke, Onagún
Beutel, Múshcomat
Beſchämt, ſich ſchämen, Newemo
Bett, Péshshemo
Berg, Espeockay
Bereit, Guyoxim
Bewels, Chárno
Binſen, Woyzask
Binſenmatte, Woyzaskquish
Bitter, Matooch
Blau, Talónjay
Blind, Warbermenéech
Blitzſtrahl, ſchnelles Feuer, Squitty annacook
Boden, Haundwatchey
Bouteille, Môtay
Borke, Fackelborke, Scótay wigwafs
Breit, Hamatchey
Brot, oder Mehl, Pockquoísigan
Brücke, Warmeek
Brühe, Suppe, Shonárboop
Bruder, Shemayn
Buch, Brief, Papier, Marseynáygan

Bucht, Anlegeplatz für die Schiffe, Afsénjey

Büchse von Holz oder Borke, ein Faß Rum, Metcek múshcomat, oder muccuck

Denke (ich) Meegwoitch
Dazu, auch, Guyyea
Daselbst, woity, awoity
Der, die, das; ein, eine, eines; einer; Payshik
Dieser, e, es, Mor, oder morndar
Dieb, er ist ein Dieb, Keemôtay
Ding, e, Kaygoshish
Donner, Tarbishar
Dorf, Narpoon
Du, ihr, Keen, Kee, oder Kee Kee
Dünn, mager, armselig, Bocketty
Dunkel, Onargushey
Durstig, Sparchtay

Ecke, Rand, Gatfotes
Ehemann, oder Herr der Schwachheit, Nabaim
Ehebruch, Keemótegun
Ein, e, es; der, die, das; Páyshik
Einander, Ningootch
Eingenommen, ich bin eingenommen, Nezárgea

Einzig, allein, Aighter, oder unter
Elle du, Weebittán, oder ha weebittàn
Eifersüchtig, Pejármoach
Eis, Mequárme
Eng, Agúfsin
Englisch, Saggonash
Er, ihm, ihn, sie, ihr, Ween
Erde, Mattoyash,
Erdfunel, Warbegúm
Erlaubniß, Gar
Ermüdet, überdrüssig, Nowwendayshon
Euer, Kéenerwind

Familie, Nepewoajánis
Faß, Owentágun
Faul, träge, Kíttim
Fein, Arpeech
Feind, oder böses Herz, Matchee Oathty
Fett, Oel, Talg, Pimmety
Felsen, Efsíngo
Feuer, Scótay, oder fquitty
Feuerstein, Pewarmickcoon
Fieber, Mishquoishártay
Fluth, Wasserfluth, Chingwim
Flöße, Nepewameleck
Fluß Seepee
Flügel, Gwimbitch
Fort, Kastell, Wokáygon

Freund, Gefährte, Neejee, oder Neecarnis
Franzose, oder Schiffbauer, Waymístergoash
Frisch, neu, Meecheeweafs
Frucht, Pinneesh
Friede, Meecho
Frember, Péwithay
Fremd; neu, Nobeetch, oder pockan
Furcht, sich fürchten, er ist besorgt, Keezáycus

Gabel, gegobelten Stock, Cáwmeck meeteek
Gastmahl, Wifseneet
Geschäftig, V'ngwoitch
Geige, Nepe wárnoondájewort
Gefährte, Freund, Neejee, oder Neecarnis
Geräusch, Tonbíngesey
Genug, Mee
Gering, klein, hagúshenonce, pongay
Gethan, geschehen, vergangen, Shyyár, oder shárshyyar
Gehabt, Arthty
Gesundheit, Peinártus
Geliebte, Frau, Mentinóyey

Gerechtigkeit, Wahrheit, Gwoyack
Geschenk, Achímmey
Gedanken, Waybifsay, oder Waybezezay
Gelb, Jonía
Gestern, Pitchynar'go
Geizig, Sazárgesay
Gift, oder das Gefühl des bösen Geschwulstes, Matchee pattfo
Gleich, Tabiscoach
Glänzend, hell, Meeshárquoit
Glatt, Narnín
Gold, oder schönes gelbes Metall, Kitchee jónia
Gott, oder der große Geist, Kitchee Mannitoo
Groß, oder Gut, Kitchee, oder nishshishshin
Groß, oder dick, Menditoo
Grün, Achíb
Grob, Matchee arpeech
Groß, dick, Menditoo

Hafen, Pejárcan
Handel, artawway
Hälfte, Arbittár
Halbinsel, Minnesin
Hart, graufam; es ist hart, graufam, Sánnegat
Habe, ich, Kaygo

Habe nicht, ich Ka, Kaygo
Handelswaare, Huncúshigon, oder annacótchigon
Harn, Meefscy
Heiß, warm, Geeshártay
Heidelbeeren, Shóamin
Hell, glänzend, Meeshárquoit
Hinten, Ningôochum
Hier, Omar, oder Owáy
Hier und da, Pay payshik
Himmel, Esh'pea
Hölle, der Aufenthalt der bösen Geister, Kitchee squíttyung
Höhle, March
Hoch, I'shpemeg
Hütte, Haus, kleines Zimmer, Wigwaum
Hügel, Anneech
Hungrig, mager, dünn, Bócketty
Hut, Rinde, Schale, Atch
Hure, schlechtes Weib, Matchee móyamee

Ja, Angaymer, oder Nangaymer
Ich, mich, mein, e, Nin, nee, oder nee, nee
Ich, ich selbst, ich allein, Nin aighter
Jetzt, Nogóme

Jeder, e, es, Papay'jit
Jenseit, weit entfernt, Awafsa, oder Awafsa woyta
Jedoch, wiederum, Meenewatch
Ihr, sie, ihnen, Weennewar
Ihr, euer, Kéennerwind
In, Pendeck
Insel, Minnesey
Indianer, Nishinnorbay
Irgend einer, e, es, Apáck can, oder han
Junge, Nachkommen, Wiskon'kifsey
Jüngling, Doskennerwaymay
Jungfrau, Quéwescence

Kahl, nackt, Parmín
Kann es, ist es, war es, Nar
Kanoe, Cheeman
Kabeltau, großes Tau, Kitchee afsubbub
Kalt, Geessennar
Kastell, Fort, Wakaygon
Kaufmann, Artawway winnin
Kind, Kinder, Queebesince
Klafter, Faden, Eunick
Klein, gering, Pongay
König, oder großes Oberhaupt, Gófenan

Knabe, Oskenáygay
Korb, oder Handbecken, Wapátch
Korn, indianisches, Medarmin
Komm her, Ondafs
Kraut, Gras, Nepísh, oder mejask
Krank, Aquoiſee
Kranker, Ardátch
Kraft, stark, Múshkowar
Krieg, in den Krieg gehen, fechten, zanken, Mecartay
Kupfer, Eisen, Meſſing, Pewárbick
Kürzlich, jetzt, Nogóme
Kurz, Dáckquoy

Land, Gebiet, Tunnockáy
Laub, Nepeech
Lang, Onjee
Lang, Keenónje
Lahm, Armooch
Lange her (es ist) Sharshyyar
Langsam, Kíttermich
Lebendig, Pemártus
Leer, Cawween mooshkenay
Leicht, bereitwillig, Meenwéndesay
Leben, Noochimmoin
Leicht, am Gewichte, Cawween pestérquan
Leichtfertig, thöricht, Cawween annoboycafscy
Liebe, lieben, Zárgay, oder Zargeytoon
Listig, Matchee weebézesay
Löffel, Támmickquoin
Luſt, Shaquoit
Mädchen, Equoysince
Mannsperson, Männchen, Ayarbéy
Mann, Nínnee
Mehl, oder Brot, Pockquoísigan
Medizin, Maskikkee
Mein Weib, meine Geliebte, Mentimóycy, oder Mentimóyamish
Menge, Cùshcowait
Meinige, der, die, das, Weechópe
Mißbrauch, mißbrauchen, Mecartay
Mitleiden, Bekümmerniß, Cushkéndum
Mitte, Amang
Milch, Saft der Brust, Tootooshonárbo
Mich, mein, ich, Nin, nee, oder nee, nee
Mond, Geezus
Montreal, Monyny'yank
Morgen, der, Keejay'p
Mund, Warbunk

Mutter, Ningay
Muſik, Agummeweech
Muhme, Ergúshemin
Muth, Haguámiſscy, oder Taguamiſscy

Nach, nachher, Ningoot
Nahrung, Speiſe, Mejimmin
Narr, er iſt ein Narr, Keepártcſee
Nachricht, Mergummegat
Name, Shenecazeau
Nacht, Debbikat
Nahe, Payshéw
Naß, Neepeeweenoon
Neu, fremd, Nobeetch, oder pockcan
Nichts, nicht, Cáwween, oder Ka
Nieder, auf dem Boden, Doutch
Nie, nimmer, Cawwickcá, oder caſsawickcá
Niedrig, ſeicht, flach, Appywick
Noch nicht, Kámarchey

O! O! Taw! waw!
Oben, hoch, I'shpemeg
Oberhaupt, Kapitain, Ojémaw, oder Okemaw
Oel, Fett, Talg; fett ſeyn; Pímmethy

Pack, Bündel, Fälle, Meekintárgan
Pein, Schmerz, Daggowwemeech
Pelzrock, Woygan, oder oakónus
Pfeife, Opóygan
Pfand, Bürge, Afsìnjégo
Plötzlich, I'hnick
Plural, der, Woke
Prieſter, Mann des Herrn des Lebens, Kitchee Mannitoo Ninnee
Preis, wie theuer, wie viel, wie viele, Anderſoy

Rauch, oder Feuernebel, Keenárbittay
Rauh, Guachootch
Reif, zubereitet, Keejetty
Reiß, indianiſcher, Menomon
Regen, Kimmeewan
Reißende Untiefe, Pówwetink
Reiſe, reiſen, Marchián
Roth, Misquitty
Roh, unreif, Kakeejetty
Ruhig, ſtill, Annywattin
Ruhig, friedlich; alles iſt ruhig, friedlich; Súggermarsh
Ruder (kleines), A'bboy
Rund, Omich

Saft der Brust, oder Milch, Tootoo shomarbo
Salz, Shcotágan
Sand, Dárjey
Sauer, Nebítch
Schlacht, Shamisheart
Schlecht, boßhaft, Matchee
Schwarz, Mackcútty
Schlaf, Nepán
Schläfrig, ich bin schläfrig, Nepárhar
Schulden, Marsennahatch, oder Marsennáygan
Schwer, Pestérquan
Schlamm, Onjeech
Schminke, Zawnúm
Schwanger, Mooshkey
Schnell, Annacook
Schamhaftigkeit, Acheek
Schatten, Angwoitch
Schwester, Shemay'nce
Schlitten, ein indianisches Fahrzeug, Tarbinnáck
Schiff, oder großes Kanoe, Kitchee náberquoin
Schuhe, indianische, Maukifsin
Schwert, großes Messer, Kitchee mókoman
Scharf, Weemátch
Schnee, Going
Schwach, Cáwween mush'-kowar

See (der) Sakícgan
See (die) oder großer grenzenloser See, Kitchee gammink
Sehr gut, es ist wahr, recht, Meegwoyyack, Kay, oder Kaygnit
Segel, Kitchee naberquoin parbockerwoyan
Sehr bald, sogleich, Weebatch
Sie, ihr, er, ihn, ihm, Ween
Sie, Ihnen, ihr, Weenewar
Sogleich, Panimár
Solch, Shenargufsey
Soldat, Krieger, tapfrer Mann, Shemagonish
Sommer, oder Frühling, Menókemeg
Sohn, Jánis
Sonne, oder großes Licht, Geefscfsey
Strom des Wassers, Sedgwin
Staub, Pulver, Pingo
Stolz, Ish'pemeech
Straße, Meekan
Stein, Afsin
Stern, Annánk
Stimme, oder Wiederhall des Athems, Tarpoach
Stufe (abgehauener Bäume) Mátwort

Sturm, Matchee geeshegar
Suppe, Fleischbrühe, Shoanérboop

Tag, oder Tage, Ogúnnegat
Tag, Morgendämmerung, Thurénfera
Taub, Chartch
Talg, Fett, Oel, Pimmethy
Teufel, böſer Geiſt, Matchee Mannitoo
Thau, Misquoitch
Thür, verſchließt die Thür, Squendum
Theuer, zu viel, Ozóme
Theil, Hälfte, Arbittár
Thal, Amarcheep
Thöricht, leichtfertig, Cáwween annaboycaſsey
Tiſch, Mackeóan
Tief, Anneycheewoatch
Tochter, Indongway, oder Darniſs
Todt, Nepoo
Tobacksbeutel, Kispetawgan
Tragplatz, Onúggemeg
Trunken, Squibby, oder Osquibby
Träge, faul, müßig, Kíttim
Traurig, Cushkendummerman

Ueberraſchend, Towwácktowar

Und, Ashea
Unmittelbar, ſogleich, Weebátch
Unfruchtbar, Matchee wáybegun
Unten, Opármey
Unſer, uns, wir, Neénnerwind
Unreif, roh, Kakeejetty
Unglücklich, Basqueenewar
Unrecht, Cáwween gwoyack
Unter, Otárpeet
Uns, wir, unſer, wir alle, Neennerwind

Vater, Nócey
Verluſt, verlieren, Winnetoon
Vergnügen, Armeetso
Vergangen, geſchehen, geſthan, Shyyár, oder shashyyár
Verfault, Dadge
Verſtand, Annabóycaſsey
Viele, Márnay
Viel, Népewar, oder gwotch
Vielleicht, Cánnebatch
Vor, Awáshshemon
Voll, völlig, Mooshquenay
Vormals, vor langer Zeit, Maywísher

Vogel-

Vogelnest, Wesshepátchta
Von, An -
Volk, Nation, Nondájewot

Wahr (es ist); recht, sehr gut; Kaynit, Kay, oder meegwoyack
Wahr, treu; wahr, treu seyn; Débwoy
Wahrheit, Gerechtigkeit, Gwoyack
Wasser, Nippee
Wälder, Menópemeg
Warm, heiß, Geeshar'tay
Was; was nun? Hawwaneeyaw, tarnin tarneyau, oder waygonin
Warum? Cannatoo
Weil, Mewinch
Wetter, schönes, Meeno geesshegat
Wetter, schlechtes, Matchee geesshegat
Weibchen, weiblich, E'quoy
Wenig, Memárjis
Weintraube, Minnishish
Wenn, Tan' nepy
Welch, Charbeech
Weib, Geliebte, Mentimoy'ey
Wein, oder blutrothe Brühe, Misquoyshoanarboop
Welt, breit, Packquoím

Weiß, Warbishcár
Welt; die künftige Welt; Pockcan worróckay, oder pockcan tnnnoc'kay
Wer; wer ist das? Way'nin
Wenn, wann, woher? Késhpin
Wiederum; jedoch, Méene watch
Wie, wie gehts? Woygush, oder Way Way
Wie viel, e? Tawnimilik
Wirklich, Hapádgey
Wild, e, Matcheewa
Wild, grausam, carnaboycus
Wind, Noetting
Winter, Jahr, Bebóne
Willig, bereit; willig, bereit seyn; Cannar, oder cun'ner
Wir, uns, unser, Neennerwind
Wohnort, A'shemish
Wolke, oder große Decke, Kenárbo
Wohlgestaltet, Sasay'ga
Woge, Sagoyb
Wort, Cáza
Wo? A'undey
Wurfspieß, Aysquish
Wurzeln; (ein figürlicher Ausdruck für die Zuneigungen, die sich in einander

schlingen, Waterwawa-
doofsin
Wunde, Aquish.

Zahm, Jimmenin
Zeuge, ihr seyd Zeuge, Ken-
derfay
Zirkelbogen, Nondárgay
Zu, Ojey
Zubereitet, reif, Keejetty

Zuletzt, Ingwitch, oder
awafs
Zucker, jede Süßigkeit, See-
zechóckquoit, oder See-
zequar
Zu, Untowarch
Zu wenig, Ozóme pongay
Zu viel, Ozóme
Zusammen, Marmo
Zwischen, Ningóocchum

Zeitwörter.

Abfallen, rebelliren, etum-
mecártey
Abreisen, gamárchar
Aendern, wechseln, mishcoot
Angreifen, beleidigen, nish-
cárteyan
Antworten, worauf achten,
noneydone
Ankommen an einem Orte,
takooshin
Ankommen zu Lande, kee-
keepejárkan
Ankommen zu Wasser, shar-
shyyár newebens
Angreifen, Jimmim
Anfangen, ethetum wár-
march
Anrühren, chewwar

Arbeiten, tojeytoon, oder
gúsketoon
Aufstehen, gonishear
Auswählen, keetárpeech
Ausdünsten, matootoo
Aufheben, in die Höhe heben,
éshtermeech, oder íshpin
Aufstehen, sich aufrichten,
aufgeben, pafsérquoin,
oder Gonishcar

Baden, nepewoyáwath
Bauen, gowweájetoon
Beystehen, mawwinnewah
Besteigen, negádeja
Beunruhigt, gereizt; beun-
ruhigt, gereizt werden,
nischcárteseyan

Beißen, quoyjím
Bekommen, ajimmoach
Beherrſchen, tibárimaw
Begegnen, neewatch
Begnügen, ſättigen, nemin- waíndesee
Beſſern, ausbeſſern, packquoy mowachín
Bezahlen, guddypárhan
Bedürfen, mangeln, guyyoſsey
Beſehen, meine Seele genau prüfen, wabindán
Billigen, ich billige, mornooch nezárgoy
Biegen, marchím
Binden, tachánnin
Bitten, ihr bittet, keenandóton
Borgen, carmátchey
Brauen, ſquitty àrbach
Brechen, zerreißen, bowwiskar
Bringen, holen, nartin, oder petoon.

Denken, indenind, oder indenéndum
Durchreiſen, vorbeykommen, pisquitch
Durchſtoßen, durchbohren, chagworm

Einſchiffen, ſich, booſsin
Eintauchen, marchtooch
Erobern, beſiegen, ninno wátchiin
Erfahren, verſuchen, candan
Erwarten, indenéndumſee
Ertränken, betrinken, nepewooch
Erſtechen, batcheypehone
Ergreifen, gefangen nehmen, ajímmenin
Erfreuen, erfreut ſeyn, papyan
Eſſen, wiſsinnin.

Fangen, kecáſquin
Fallen, chárquoy, pónkiſsin
Faſten, bockettyneech
Feuer anmachen und kochen, pooterwoy chebockwoy
Fiſchen, bockkettywaun
Finden, warbermeeo
Fliegen, zeewítch
Fließen, arnooch
Fortbringen, keemárjemet
Folgen, weegewachín
Fragen, ich frage, nindooton, nindootimond
Fühlen, tarpín, peach

Geſagt ſeyn, ecárto
Gefrieren, mushcowwartin
Geben, dármiſsey

Gehen, ich will gehen, èſzar, gúddelzar
Geſtehen, guddypéndan, depéndan
Gewinnen, warmatt
Gleichgültig gegen Etwas ſeyn, mornooch towarch
Glauben, indenéndum gwoyack
Graben, achím

Halten, jingwim
Haſſen, neshárquish
Hangen, peechuganub
Haben, arwayyor
Halten, erhalten, gannewaínnemar
Harnen, meeſeſay
Heilen, zarſquoy
Heirathen, tuckunnúmkewish
Holen, bringen, nartín, petoon
Hören, ſtootewar, nondágaitch

Jagen, géoſay

Käuer, wiſsemeg
Kneipen, chímmency

Lachen, pawpy
Laufen, ſquamích

Leihen, mishcowwmeech
Leiten, achcech
Lernen, éshpermeech
Leſen, daguoiítſo
Lieben, ich liebe, zárgay, zargeytoon
Liegen, ruhen, nepárhan
Losslaſſen, befreyen, pejárkemet
Lügen, cáwween débwoy

Machen, thun, ojeytoon, tojeytoon
Melden, yaquoi
Meſſen, apín
Miſchen, packquoítſo

Nennen, nandootum
Nehmen, tárpenan
Niederſetzen, ſich; ſetzt euch; mantetáppy

Oeffnen, pameech, hapitch

Plagen, anreizen, annaſcartíſsey, nishcartíſsey

Rauchen, eine Pfeife, ſuggerſoy
Reiten, anyſcoop
Rechnen, metashwarbermy
Reinigen, warbermecch
Reiſen, zu Waſſer, pamískian, pemískar

Reisen, zu Lande, papamótay
Riechen, iaquitch
Rudern, pemishkar

Sagen, erzählen, gudjey
Sagen, was sagst du? (Im Aerger) ickeetoyan
Schlagen, stoßen, packettywaun, keebarcham
Schneiden, kifkejune
Schreyen, tonbingus
Schmelzen, acheemcech
Schieben, meetso
Schlafen, nepan
Schwimmen, fquabeech
Schleßen, cupperharne
Schütteln, pifquemeetch
Sehen, wabemát, wabemor
Senden, marchetoon
Segeln, pemishcarmooch
Setzen, acktone, neech
Sieben, zepeeooch
Singen, nágemoon
Sinken, nondágat
Springen, abooch
Speyen, warmárch
Spalten, chippauk
Sprechen, debárchim, debárchemon
Stoßen, mit dem Fuße, achip
Stehen, andátch

Stinken, ihr stinkt, eure Gedanken sind beleidigend; keemechawich
Stehlen, keemotyan
Suchen, warchárch

Tanzen, neméh
Theilen, arbitorch
Tödten, gúnnefar'
Träumen, charmcech
Treffen, mátwoit
Trinken, minniquah

Umgehen, mit jemand; debárchim, debárchemon

Vergnügen, ergötzen, athtergain
Verlassen, packitan
Verrathen, alles, matchee arpcech chickwarwoke
Vertauschen, gudgymardat
Verletzen, verwunden, náwwameetch
Verbergen, cannawéndan
Vergessen, ich vergaß, newinnemcecoofsay
Vereinigen, ich vereinige, neewo
Vertheidigen, mushkáwefey
Verweilen, appay
Versprechen, nebebcewoy
Vergnügen, gefallen, mirrowerrindan

Verſäumen, winnemawatch
Verlieren, Verluſt, winne-
toon
Verlangen haben, etwas zu
ſehen, badásh
Verdollmetſchen, kitchee
ungwoitch undárjewort
Verſtehen, neefstootewar
Verſtoßen, wegwerfen, way-
benan
Vorherſagen, ich ſage vorher,
newarbemoach

Wachſen, améechet
Wählen, tuckúnnin
Wachen, warbennis, war-
bennér
Waſchen, zaquébenan

Wandeln, gehen, pamoſay
Wägen, quoiſciquen
Wegwerfen, verſtoßen, way-
benan
Weitergehen, ondáshin
Weinen, marmy
Wiſſen, ihr wißt, keecan-
nawéndan
Willig ſeyn, cánnar, cúnner
Wünſchen, begierig ſeyn, et-
was zu ſehen, badash.

Zeigen, ſerperguſsey
Zerren, zupfen, ajárme
Zermalmen, ojit
Zurückkehren, tercúshenan,
guabeecheway
Zuſchließen, dufquin

Chippewäyisch-Deutsches Wortregister.

Abboy, kleines Ruder
Ajack'quoit, Axt
Annaboy'cafsey, Verstand
Anik, Arm
Appiminiquy, Biberfell
Ayarbéy awashkesh, männ‍licher Hirsch
Amik, Biber
Afsenjey, Bucht, Hafen für Kanoes
Anim, Hund
Animonce, junger Hund
Aysquish, Wurfspieß
Awashkésh, Hirsch
Annooch, schielendes Auge
Argàtso, Finger, die
Afsinbo, Fuchs
Artik'kamey, Weißfisch
Arcoquosh'ergan, Strumpf‍band
Armoche, Hand
Arbittár, Hälfte, ein Theil
Anneech, Hügel
A'shemich, Haus, Wohnort
Akeek, Kessel, Topf
Ayarbéy, Mann, Männchen
Annacotchigon, oder hun‍cúshigon, Handelsartikel
Amang, Mitte
Agúmmeweech, Musik

Afsúbúb, Fischnetz
Afsub, Faden, Garn
Achimmey, Geschenk
Afsinjégo, Pfand, Bürge
An'dersoy, oder tawnymi‍lik, Preis, wie theuer? wie viel, e?
Armeetso, Vergnügen
Ashingo, Rippen
Afsechan, Rakoon
Amik woygán, oder amik oakonus, Biberrock
Aquish, Wunde
Attees, Nerven
Annúnk, Stern
Afsin, Stein
Acheek, Schamhaftigkeit
Angwoitch, Schatten
Atch, Schale, Rinde, Hülse
Artawway, Handel
Artawway winnin, Kauf‍mann
Afsaymer, Toback
Amarcheep, Thal
Annánk, Handgelenk
Annán, Ermelband
Annywattin, Stille, Ruhe; still, ruhig
Anneychewoatch, tief
Achib, grün

U 4

Armooch, lahm
Ajack'quoy, freygebig
Appywick, niedrig
Agufsin, eng
Ardàtch, Kranker
Arpeech, fein
Annacook, lebendig, lebhaft
Ac'quoifee, krank, überdrüßig
Apackhan, oder han, irgend ein, e, es
Awóity, oder woity, dafelbft
Aighter, oder unter, einzig, allein
Aúnday, wo
Angáymer, oder nányaymer, ja
Awashemon, vor, ehe
An, von
Awáfs, oder ingwitch, zuletzt
Awáfsa, oder áwáfsa woyta, über, weiter
Accochink, aus, ohne
Arthty, habe, gehabt
Ashea, und
Athtergain, ergötzen, gefallen
Arbitórch, theilen
Arwayyor, haben
Achim, graben
An'yscoop, reiten
Appay, wohnen
Amooch, schwimmen, fließen

Acheech, leiten
Ameechet, wachfen
Achíp, mit dem Fuße ftoßen
Abooch, fpringen
Apìn, meffen
Ajárme, ausziehen, rupfen
Ajínmoach, bekommen
Ajímmenin, ergreiffen
Andàtch, ftehen
Ac'ktone, oder neech, fetzen, ftellen
Annascear'tifsey, oder nishcàrtifsey, quálen, necken
Acheemeech, fchmelzen.

Baskey'zegan, Flinte
Bebóne, Winter, Jahr
Barthtiar'je, Armee, eine große Verfammlung
Bóckctty, dünn, mager, armfelig
Basqueenewar, unglücklich
Bowwiskar, brechen, zerreißen
Bóckettyneech, faften
Batcheypehone, durchftechen
Badash, wünfchen zu fehen
Bóckettywaun, fifchen
Boofsin, fich einfchiffen

Cushkéndum, Traurigkeit, Mitleiden
Cheeman, Kanoe

Cushecance, zahme Katze
Cark cark, Krähe
Chingwím, Strom eines Flusses
Cáwmeek meteek, Gabel, gegabelter Stock
Coocooshe, Schwein
Cúshcowait, Reichthum, Menge
Cawween, oder Ka, nichts nicht
Cáza, Wort
Cáwween áppay, abwesend
Cockinnór, alle
Cockinnór marmó, alle zusammen
Chartch, taub
Cáwween mooshkenay, leer, hohl
Cáwween pestérquan, leicht
Cáwween annaboy'cafsey, leichtfertig, thöricht
Charbeech, weinen
Cushkendúmmerman, traurig
Cáwween gwoyack, unrecht
Cáwween mush'kowar, schwach
Carnayboy'cus, wild
Cargoneck, oder memármo, immer, allenthalben
Cáwwická, oder cáfsawickcá, niemals

Cannatoo, warum
Cannebatch, vielleicht
Chárno, Beweis
Cánner, oder Cunner, willig, willig seyn
Candan, erfahren
Charmeech, träumen
Char'quoy, fallen
Cannawéndan, verbergen
Cáwween deb'woy, lügen
Chagworm, durchbohren
Chimmeney, kneipen
Chíppauk, spalten
Cupperharne, schießen
Chewwar, berühren
Carnátchey, tragen

Deb'bikat, Nacht
Doskeennerway'mug, Jüngling, e
Daggow'wemeech, schwarz
Dar'jey, Sand
Dárnifs, oder indongway, Tochter
Dadge, verfault
Dáckquoy, knapp, kurz
Doutch, niedrig, am Boden
Deb'woy, wahr, wahr seyn
Dus'quin, verschließen
Debarchîm, oder debarchemon, umgehen
Daguoit'fo, lesen

U 5

Depen'dan, oder gúddypendan, gestehen
Dármifsey, geben

Euník, Faden, Klafter,
Ergush'shemin, Muhme
E'quoy, Weib, Weibchen
E'quoyfince, Mädchen
Esbtergóan, Kopf
Espeockay, Berg
Efsingo, Felsen
Eshtcroath'can, Hirnschale
E'shean, Spieße
Esh'pea, Himmel, Luft
Es'zar, oder gúddeszar, gehen, ich will gehen
Ethetum war'march, anfangen
Estermeech, in die Höhe heben
Esh'permeech, lernen
Etummccar'tey, rebelliren
Ecar'to, gesagt werden

Gófenan, König, oder großes Oberhaupt
Gwat'fo, Augenbraune
Gatfoates, Schneide, Ecke, Saum
Gwoyack, Gerechtigkeit, Wahrheit
Geezus, Mond

Guéveshew, Regenpfeifer
Going, Schnee
Geefsefsey, Sonne, oder das große Licht
Gwimbitch, Flügel
Geefsennar, kalt
Geeshar'tay, heiß, warm; warm machen
Guy'oxum, bereit
Guachootch, rauch
Gar, Erlaubniß
Guyyea, auch, dazu
Gwotch, oder népewar, viel
Gudggymárdat, tauschen
Guabeccheway, oder tercúshenan, zurückkehren
Gowweajetoon, bauen
Gamar'char, abreifen
Guy'yofsey, bedürfen, mangeln
Géofay, jagen
Gannewain'nemar, erhalten, aufbewahren
Gun'nefar, tödten
Guddypar'han, bezahlen
Guddypen'dan, oder dépendan, sich zueignen, für fein Eigenthum anerkennen
Gudjey, erzählen
Gonish'kar, entstehen, aufstehen

Gúsketoon, oder tójeytoon, arbeiten
Gúddeszar, oder Es'zar, gehen, ich will gehen

Huncushígon, oder annacotch'igon, Handelsartikel
Hagua'mifsey, oder táguámifsey, Muth
Háwoyzask, Musfueratten
Haw'wercoon, Felsenmoos, Tripe de rôche, rock weed
Hamátchey, breit, weit
Haundwátchey, Boden
Hagúshenonce, klein
Hawwaneeyaw, tarnin, tarneyau, oder way'gonin, was? nun?
Han, oder apackean, irgend ein, e, es
Hapadjey, in der That
Hapitch, oder pameech, öffnen
Ha weebittan, oder weebittan, ellen

Indong'way, oder dar'nifs, Tochter
Jánis, Sohn
Jónia, gelb
Ish'pemeg, hoch, oben
Ingwítch, oder awafs, zuletzt
Ish'pemeech, stolz

Ishinick, plötzlich
Jimmenin, zahm
Isquamach, Bauch
Icktum guichum, zwischen l'shcurmooch, auf
In'denind, oder indenendum, denken
Indenen'dumfee, erwarten
Iimmim, angreifen
Iingwím, halten
Ishpin, aufheben, erheben
Jaquitch, lachen
Indenendum gwoyack, etwas glauben, für wahr halten
Ickkeetoyan, sagen; was sagst du? (im Aerger)

Kes'coneek, gebrochener Arm
Keemótegun, Ehebruch
Kitchee anwin, Kugel
Kitchee carbo, Krahnich
Keenar'bo, Wolke, oder große Decke
Kitchee afsubbub, Kabeltau, ein großes Tau
Keegónce, Fisch
Keepartefee, Narr; er ist ein Narr
Kitchee mannitoo, Gott, der große Geist
Kitchee jónia, Gold, oder schönes gelbes Metall

Kitchee squittyung, Hölle, Aufenthalt der bösen Geister
Keejayp, morgen
Keenonjey, Hecht
Kitchee mannitoo ninnee, Priester, oder Mann des Herrn des Lebens
Kimmeewan, Regen
Keenaypick' neeshey, Schlangen
Kitchee meework, Schwan
Kitchee mókoman, Schwert, oder großes Messer
Kítchee gammink, die See, oder ein gränzenloser See
Keenárbittay, Rauch, oder Feuernebel
Kitchee náberquoin parbock'erwoyan, Schiffssegel
Kitchee náberquoin, Schiff, oder großes Kanoe
Keemôtay, Dieb, er ist ein Dieb
Kispetaw'gan, Tobacksbeutel
Keezay'cus, Furcht, fürchten; er ist besorgt
Ken'derfay, Zeuge; du bist Zeuge
Kitchee, oder nishshishshin, groß, gut
Kitchee way'befun, Armbänder

Kittim, träge, faul
Keenónge, lang
Keewáency, alt; er ist alt
Kitchee mor'gufsey, arm
Kakeejetty, roh, unreif
Keejetty, reif, zubereitet
Kittermish, langsam, schläfrig
Keen, Kee, oder Kee Kee, du, ihr
Ka, oder cáwween, nein, nichts
Késhpin, wenn
Kaygoshish, Ding, e
Kaygait, Kay, oder meegwoyack, es ist wahr, wahrlich
Kamar'chey, noch nicht
Keennerwind, Ihr, Euer
Kaygo, ich habe
Kakaygo, ich habe nicht
Keenandóton, bitte, ihr bittet
Keeas'quin, fangen
Keekeepejar'cun, zu Lande ankommen
Kiskejune, schneiden
Keemar'jemet, tragen
Keetar'peech, auswählen
Kitchee ungwoitch, undar' jewort, verdollmetschen
Keemótyan, stehlen
Keemeechawich, stinken; ihr stinkt; eure Gedanken sind beleidigend

Keebárcham, schlagen
Keecannawen'dan, wissen, ihr wißt

Lißy, Menschenhaar

Mejásk, oder nepísh, Kraut, Gras
Marchián, Reise, reisen
Mushqueewormeteck, Ast im Holze
Mannetónce, Ameisen und alle kleine Insekten
Misquy, Blut
Mannetoo menan'ce, Korallen
Mackquáh, Bär
Mackquacon'ce, oder mackon'ce, junger Bär
Meetecónse, Zweige
Marseynay'gan, Buch, Brief, Papier
Meteek múshcomat, oder muccuck, Büchse von Holz oder Borke, ein Rumfaß
Motay, Bouteille
Múshcomat, Beutel
Meecoose, Kanoeable
Medármin, indianisches Korn
Menomon, indianischer Reiß
Matchee Mannitoo, Teufel, böser Geist

Misquoitch, Thau
Mackcoan, Tisch
Meekintárgan, Ballen Häute
Marsennahatch oder marsen naygan, Schuld, Kredit
Meeno geesshegat, schöner Tag
Matchee geeshegat, schlechter Tag
Moouse, Elenthier
Meegeezes, Adler
Matchee oathty, Feind, böses H.rz
Mattoyash, Erde
Meechaw, Angesicht
Meedséywort, Grund, Fundament
Muckkikee, Frosch
Mejimmim, Speise
Mishquoishártay, Fieber
Marchew, Galle
Minnishish, Weintrauben
March, Höle
Minnesey, Insel
Minnesin, Halbinsel
Meequorm, Eis
Mokoman, Messer, Messer pl.
Meemoche, Lippen
Mittasse, Beinkleider
Maunk, Loon (ein Vogel)
Maskikkee, Arzney

Mentimoyey, **Frau ober Geliebte**

Mentimoyamish, **meine Frau, Geliebte**

Meesey, **Mund**

Mergummegat, **Neuigkeiten**

Mackcutty, ober mackkutty pingo, **Schießpulver**

Meecho, **Frieden**

Matchee pattso, **Gift ober der Geschmack des bösen Geschwulstes**

Meekan, **Straße**

Mannetoo woygan, **blaue Flechten**

Miswoygan, **rothe Flechten**

Menckemeg, **Sommer, Frühling**

Matwort, abgehauene **Baumstämme**

Múshkowar, **Stärke**

Mathee geeshegar, **Sturm**

Monyyank, **Montreal, eine Stadt in Kanada**

Maukissin, **indianische Schuhe**

Meteck, **Bäume, Holz**

Mitchea, **Däume**

Meessay, **Harn, Urin**

Mawhingon, **Wolf**

Mecártay, **kriegen, Krieg führen, fechten, streiten**

Menopemeg, **Waldung**

Misquoysho anárboop, **Wein ober blutrothe Brühe**

Matchee moyamee, **Hure, schlechtes Frauenzimmer**

Matchee, **bös, schlecht**

Matooch, **bitter**

Matchee waybegun, **unfruchtbar**

Menditoo, **groß**

Matchee arpeech, **grob, nicht schön**

Matchee weebeezesay, **listig**

Meenwéndesay, **leicht, ruhig**

Mee, **genug**

Meermárgis, **wenig**

Meecheweass, **frisch, jung**

Mooshquenay, **voll**

Mackcutty, **schwarz**

Meesharquoit, **glänzend, feurig**

Marnay, **viele, manche**

Mooshkey, **fruchtbar, schwanger**

Misquy, misquitty, **roth**

Matcheewa, **wild**

Marmo, **zusammen**

Maunder, mor, **dieß, das**

Metách, menoch, **überdieß**

Mewinch, **weit**

Meenewatch, **wieder, dennoch**

Memármo, cargoneck, **immer, wo auch immer**

Maywisher, vor langer Zeit, vormals, ist es schon lange?
Moszack, aber
Meegwoyack, Kay, Kaygait, es ist wahr, recht oder sehr gut
Meewgotch, seyd bedankt
Mishcoot, verändern
Marchetoon, schicken, senden
Mantetappy, sitzen, setzt Euch
Meetso, stoßen
Mirrowerridan, vergnügt seyn
Metash wàrbermy, rechnen, zählen
Mornooch nezàrgay, billigen, ich billige
Mawwinnewah, beystehn
Matchím, biegen
Marchee arpeech chickwar, verrathen
Matchee arpeech chickwarwoke, eine Menge Volk verrathen
Marmy, ...einen
Mornooch towwarch gleichgültig gegen etwas seyn
Mushkáwesay, vertheidigen
Mat'woit, schlagen
Minniquah, trinken
Mishcowwomeech, leihen
Marchtoch, eintauchen
Mushcowwartin, gefrieren

Matootoo, ausdünsten, schwitzen

Nondargay, Bogen, Theil vom Zirkel
Nowettywich, nowwetting, Athem
Narmaybin, Karpfen
Nepe warnoon dajewort, Gedränge, Menge Menschen
Nondawar, Ohr
Neejee, neecarnis, Freund, Gefährte
Nepewoajànis, Familie
Noccy, Vater
Nepísh, mejásk, Kraut, Gras
Nabaim, Ehemann, Herr der Schwachheit
Nisshinnorbay, Indianer
Noochimmoin, Leben
Ningay, Mutter
Ninnee, Mensch
Narb, Nägel an den Fingern und Zehen
Neecárk, wilde Gans
Nepeech, Blätter
Nekeek, Otter
Neatissum, weeborso, Adern des Körpers
Nondájewot, Volk, Nation

Nepewámeteck, Floß von Holz
Nink, Thierhaut
Nepan, Schlaf
Narpoon, Dorf
Nippee, Wasser
Noetting, Wind
Newemo, beschämt, beschämt seyn
Ningootch, Andrer, e, es
Nezárgea, verliebt, ich bin verliebt
Nepewár, gwotch, viel, großer Theil
Nishshishshin, Kitchee, gut, groß
Narnín, glatt
Nebítch, sauer (von Geschmack)
Nepeeweenoon, feucht
Nowwenday'shon, ermüdet
Neepoo, todt
Neparhar, schläfrig, ich bin schläfrig
Nin, nee, nee nee, ich, mich, mein
Nin aighter, ich selbst, allein
Neennerwind, wir, uns unser, alle von uns
Nangaymer, angaymer, ja
Nogom, jetzt, neulich
Ningoot, nachher
Ningoochum, hinter

Ningootch, ein andrer
Nar, ist es, war es, kann es
Nishcarteseyan, gequält werden, ich werde gequält, genecket
Nishcartissay, annascartissey, quälen, necken
Noneydone, antwotten, Acht auf etwas haben
Níndooton, nindootimond, fragen, ich frage
Negádeja, hinaufsteigen
Nepewoyawat, baden
Neesstootewar, verstehn
Ninnowatchim, erobern
Nemch, tanzen
Nepewooch, ertränken, ersäufen
Nartin, petoon, hohlen, bringen
Nawwameetch, verletzen, verwundern
Neew, vereinigen
Neparhan, liegen, ruhen
Newinnemecoossay, vergessen, ich vergesse
Newárbemoach, vorhersagen, ich prophezeihe
Nondageitch, stootewar, hören
Neewatch, antreffen, begegnen

Neech,

Neech; acktone, ſetzen, ſtellen
Nebebeewoy, verſprechen
Nájemoon, ſingen
Nondagat, ſinken, zu Grunde gehn
Neminwáin'desce, beſtiedigen
Nepán, ſchlafen
Nandootum, rufen, nennen

Onagun, Trinkſchale, Schale von Borke
Oakónus, amik woygan, Biberrock
Opeewyesky, Bart
Onick'quick, Rücken
Oakcan, Knochen
Opin, Gehirn
Oncean, Hoſenzeug
Oskenay'gay, Knabe
Owentágun, Faß
Ojemaw, O'Kemaw, Oberhaupt
Ogunngat, Tag, Tage
Ozett, Fuß, Füße
Oyan, Pelzwerk
Oetick', Fiſcherwieſel
Snuggesh, Eingeweide
Oathty, Herz
Opeeway, Herr der Thiere
Oweothcoan, Hüte

Onúggemeg, Trage- oder Ladeplatz
Ogashy, Pferd
Ocárt, Bein
Onjee, Land
Onjeech, Moraſt
Opoygan, Pfeife
Ogance, kleiner Hecht
Onnemoy, Stöhr (ein Fiſch)
Opickquoy, Eichhorn
Oquarme, Schenkel, Lenden
Outon, Zunge
Ozonnemon, Männich
Ozome, zu viel, theuer
Ozome pongay, zu wenig
Onárgushey, finſter
Omich, rund
Opármey, niedrig
Omár, owáy, hier
Otárpeet, unter
Ojey, zu
Ondass, komm hierher
Osquibby, squibby, betrunken
Ojit, zerreiben
Ojeytoon, ogubbetoon, machen, thun
Ondashin', weiter, vorwärts kommen.

X

Pennyshance, alle kleinen Vögel
Pamótay wáybegun, Aeschen
Peckqueen dorsow, Bettkleider
Pewarbickcónce, Messingdraht
Paunća, Bratspieße
Peshshekey, Büffel
Pesh'shemo, Bett
Penárquan, Kämme
Piskawágan, Röcke
Peshshew, Waldkatze
Pewarbick, Kupfer, Elfen, Messing
Pingo, Staub, Puder
Pennyshis, Geflügel, Vögel
Pockquoísigan, Mehl, Brot
Pinneesh, Frucht
Pequim, Federn von Vögeln
Pewarmickcoon, Feuerstein
Powwabickcoon, Flintensteine
Pickkew, Harz
Powwetink, reißende Untiefe
Péwìthay, Fremder
Pewarbenecch, Falkenschellen
Pejárcan, Hafen
Pemartus, Gesundheit
Pendycutty, Horn

Puttwar, Knie
Pecktópe, Nasenlöcher
Pinneck, Nabel
Pimmethy, Oel, Fett, fett seyn
Peenay, Rebhun
Pockkikkin, Menschenhaut
Parbock'erwoyan, Hemb
Pockan worrockay, ober pockcan tunnockay, andre Welt
Pitchynargo, gestern
Pesterquan, himmlisch
Parmin, kahl
Pejarmoach, eifersüchtig
Pongay, hagush'enonce, klein
Páyshik, einer, e, es, der, die, das
Pockcan, nobeetch, fremd neu
Packquoìm, breit
Payshéw, nahe
Papayjit, jeder, e, es
Panímár, sogleich
Pendeek, in
Pay, payshik, hier und da
Packitan, verlassen
Peach, tarpìn, fühlen
Ponkissin, fallen
Pamískian, pemískar, reisen (zu Wasser)
Papamótay, zu Lande reisen

Peechúganub, hängen
Packettywaun, schlagen, stoßen
Pawpy, lachen
Packquoy mowachin, verbessern, ausbessern
Packquoítso, mischen
Petoon, nartin, hohlen, bringen
Pameech, hapítch, öffnen
Pìsquitch, vorbeykommen, durchkommen
Pemíshkar, rudern
Papyan, sich freuen
Pejárkement, frey werden
Passerquoin, sich empören
Pemísh carmooch, segeln
Pisquemeetch, erschüttern
Pamósay, gehen
Pooterway chebockway, ein Feuer machen und kochen

Quickwahay, Wolveråne
Queebesince, ein Kind, Kinder
Quinch, ein Lebender
Quéwescence, ein Mädchen
Quoyjím, beißen
Quoisciquen, abwägen

Shaquoit, Luft
Shemayn, Bruder

Shoanarboop, Fleischbrühe, Suppe
Shemaynce, Schwester
Shamishcart, Gefecht, Treffen
Sedgwin, Wasserstrom
Squendum, Thür, macht die Thür zu
Sheshib, eine wilde Aente
Saggonash, englisch
Squitty can, Feuerstahle
Squitty, scotay, Feuer
Scotaywigwass, Fackelborke
Saggobanwan, Haarflechten
Shóamin, Heidelbeeren
Seegwa, die Lungen
Squitty annacook, der Blitz, das schnelle Feuer
Sakíegan, See
Shen owantágan, Linien an einem Netze
Shangwoitch, Sumpfotter
Shemmor, Hals, Nacken
Shaboonegun, Nadeln
Shenecázeau, Name
Sénnebar, Flor, Seide
Scótaywábo, squittaywabo, Rum, Branntwein
Seepee, Fluß
Sheesheebanwin, Schuß
Sheecark, der Skunk, Skinkthier

Seezeebockquoit, seczequar, Zucker, süß
Sagoyb, eine Wasserwelle
Shcotàgan, Salz
Shemagonish, Soldat, Krieger, tapfrer Mann
Squissow, Kehle
Sawwėtch, Zunge der Thiere
Sazárgesay, habsüchtig, geizig
Sannegat, hart, grausam, es ist hart, grausam
Sagayga, schön
Shenargussey, solcher, e, es
Suggermarsh, ruhig, alles ist ruhig
Shyyar, sharshyyar, vergangen, geschehn
Squibby, Osquibby, betrunken
Sparchtay, durstig
Sharshyar' newebens, zu Waſſer ankommen
Squittyarbach, brennen
Suggersoy, eine Pfeife rauchen
Squabeech, schwimmen
Serpárgussey, zeigen
Stootewar, nondágitch, hören
Squamich, laufen
Sharshyyár, schon lange

Taguámissey, haguamissey, Muth
Tonbingesay, Geräusch
Tunnóckay, das Land
Teakiagun, Flintenkrätzer
Tarbatch, Hagebutten
Tootooshonarbo, Milch, oder der Saft der Brust
Tammìkquoin, Löffel
Tarbinnáck, indianischer Schlitten
Tarbishár, Donner
Talonjay, blau
Tarwarcheworr, Zehe
Thurenfera, Morgendämmerung
Tarpoach, Stimme, das Echo des Athems
Tabíscoach, gleich
Towwacktowar, wunderbar, zu verwundern
Tannepy, als, da
Tárnin, tárneyau, wáygonin, hawwaneeyaw, was, oder was nun?
Tawnimilik, andersoy, wie viel, was für ein Preis, wie hoch?
Taw, waw, O! O!
Tarpenán, nehmen
Takooshin, ankommen (an einem Orte)
Tackannin, binden

Tuckunnin, wählen
Tibárimaw, regieren
Tuckunnúmkewish, heißrathen
Tonbíngus, laut schreyen
Tercushenan, guabeecheway, zurückkehren
Tarpin, peach, fühlen
Tójeytoon, gusketoon, arbeiten

Utchwar, Kinn
Ungwoitch, geschäftig
Unter, aighter, nur, bey, allein
Untowarch, zu

Wáybissay, waybeczesay, Gedanken
Warbunk, morgen
Warwich, Knöchel am Fuße, Enkel.
Warcockquoit, warcockquoit opoygan, Tomahawk, Streitkolbe
Wabatch, ein Thier zwischen einem Hunde und einem Wolfe
Whecyoe, Brust
Waperwoyan, wollene Bettdecken
Wapátch, Korb, Handgefäß
Warmeck, eine Brücke

Wigwass, Baumrinde
Warbim, Wangen, Backen
Wiskinky, Augen
Wark, Eier
Warbegum, Erdkugel
Weass, Fleisch von Thieren
Wissencet, Fest
Waymistergoash, Franzosen, Schiffsbauleute
Wakaygon, Fort, Kastell
Wematíshtergóan, Kahlkopf
Woyán, oakonus, Pelzwerk
Wapoos, Hase
Weeyan, Haut von Thieren
Wigwaum, Haus, Kabinett, Hütte
Wakeckúman, krummes Messer
Warbermoon, Spiegel
Winnetoon, Verlust
Warbun, Monat
Woyzáskquish, Binsenmatte
Warbeshánce, Marder
Wesshepáchta, Vogelnest
Woyzásk, Binsen
Watappy, Baumwurzeln
Warmeech, Schwanz von Thieren
Weenecobbo, welscher Hahn
Weebitt, Zähne

X 3

Weebórso, neatìssum,
Abern
Wiskonkissey, Junge
Warbermeneech, blind
Weematch, scharf
Warbishcár, weiß
Waterwawadoóssin, Wur,
zeln, ein sinnlicher Aus,
druck für die Empfindungen
des Herzens, die sich umher
winden
Ween, er, ihm, ihn; sie,
ihrer, ihr
Weennewar, ihr, sie
Waynin, wer, oder wer ist
das?
Waygonin, hawwa-⎱
      necyaw ⎰ was,
——— tárnin ⎱ was
——— Tárneyan ⎰ nun.
Waygush, way way, wie,
wie befindet ihr euch?
Woity, awoity, da, an
dem Orte
Weebátch, sogleich
Weechope, mein
Woke, der Plural, Anzahl
von Mehrern
Weebittán, ha, weebittán,
mach eilig
Warbermeech, reinigen

Wissemeg, kauen
Wissinnin, essen
Wecgewachín, folgen
Warbermecó, finden
Wínnemawatch, vernach,
lässigen
Warmarch, ausspeien
Wabindán, betrachten, meine
Seele gut untersuchen
Wabemát, wabemór, sehen
Warcharch, suchen
Warmatt, gewinnen
Warbennís, warbennét,
wachen
Waybenán, wegwerfen, ver,
schmähen

Yoc, der Körper
Yotch, die Nase
Yaquoy, vermeiden

Zenzeebisson, Fingerringe
Zárgay, zargeytoon, Liebe,
lieben
Zawnum, Schminke, schmin,
ken
Zeepeooch, kochen, sieben
Zársquoy, heilen
Zeewitch, fliegen
Zayquébenan, waschen.

Redensarten,
die im gemeinen Leben vorkommen, in deutscher und chippewäischer Sprache.

Wie befindet ihr euch, Freund?	Way, Way, nee nejec?
Recht wohl, ich danke euch.	Meegwotch nóbum pemártus
Wißt ihr nichts Neues?	Tarnin mergúmmegat?
Nein, ich weiß nichts.	Cawween arwayyor
Habt ihr diesen Winter eine gute Jagd gehabt?	Nishsshin géosay nógome bebóne?
Ja, eine sehr gute Jagd.	Angáymer, O, níshshishshín
Bey welchem See habt ihr vergangenen Winter gejagt?	Hawwaneeyaw sakíegan Kee géosay awáss bebóne?
Beym Stunks See.	Sheecark Sakíegan.
Was gibts bey diesem See?	Waygonin woity ha sakíegan?
Biber, aber nicht viel.	Amîk, cawween gwotch.
Wie lange waret ihr da?	Maywísher Kee appay?
Nur einen Monat.	Páyshik geezus aíghter
Man sagt, es gäbe keine Fische in diesem See?	Ecárto cáwween Káygo Keegónce woity sakiegan.
Das ist hart.	Sannegat.
Es ist neulich sehr viel Schnee dort gefallen	Nepewár going nogóme.
Wir haben alle diesen Winter sehr unfreundlich gefunden.	Cockinnór marmó ojey candan sannegat nogóme bebóne.
Sehet ihr keine fremde Indianer auf dem Wege?	Póckcan nishinnorbay Kee warbemát nar?

Ja, ich traf fünfe an, als ich nach dem Stör, See ging.	Angáymer, nárnan nee warbemór onnemay sakiegan ojeyeszar.
Hatten ſie etwas bey ſich?	Kaygoshish arthty wéenewar nar?
Nein, ich habe nichts geſehn, als Schlitten.	Cáwween, nin ojey warbermát árwayyor tarbinnick.
Ich wünſche, daß es erſt Frühling ſeyn mag, damit wir zum Fiſchen gehen können.	Bàdash menókemeg bockettywaun neennerwind.
Auf welchem See wollt ihr fiſchen?	Tárneyau sakiegan Keen bockettywaun?
Auf dem rothen See.	Misquittyyang sakiegan.
Unſre Kanoes ſind zerbrochen.	Cóckinnor neennerwind, O, chemán ojey bowwiskar.
Wir müſſen auf den Frühling neue machen.	Póckcan in gar ojeytoon menókemeg
Es gibt eine große Menge birkene Rinde am rothen See	Nepewár wigwass woity Misquittyang Sakiegan.
Ja, aber die Bäume ſind klein.	Angaymer, hagúshenonce meteck.
Wie viel Faden lang wollt ihr euer Kanoe machen?	Táwnimilik eunick Kee ojeytóon cheman?
Vielleicht drey Faden.	Cannebatch neeswoy eunik.
Es gibt viele reißende Untiefen in dem rothen See.	Nepewàr powwetink Misquittyyang Sakiegan.
Sind ſie gefährlich?	Sannegat nar powwetink?
Hier und da.	Pay, páyshik.
Wie lange reiſet ihr darauf?	Maywísher nar shyyar cockinnór.
Funfzehn Tage.	Metósswoy ogúnnegat asshea nárnan.
Das iſt lange.	Debwoy maywisher.

Bringt mir etwas Toback.	Assáymer petoon.
Hier ist etwas für euch.	Oway.
Dieß ist englischer	Maúnder Sággonash
Ja, das ist we'cher.	Angáymer débwoy
Setzt euch!	Mantetáppy
Ich möchte wohl eine Pfeife rauchen	Nee, wee, sùggersoy
Ich bin ermüdet	Nowwendáyshon nin
Ich will mich überlegen	Nepárhan, nin
Ich will aufstehn	Goyey nin gonishcar
Ich habe Appetit zum Essen	Nee, nee, wissìnnin
Ich möchte wohl trinken	Née, nee múniquah
Wir wollen Feuer anmachen, und unsern Kessel aufsetzen	Pooterway chebóckwoy neennerwind
Es ist fertig	Shashy'yar Keejetty
Laßt uns essen	Haw wissìnnin
Es ist sehr gut	Húnjeyta O, nishshishshin
Ich will ausreisen	Nin gamárcha
Wollt ihr ausreisen, Freund?	Shashy'yar Kee bóossin nar negee?
Ja, aber ich werde bald zurückkehren	Angáymer, pánimar tercashin nar
Habt ihr gute Flinten?	O, nishshishshin baskéyzegan árthty nar?
Ja.	Angáymer.
Laßt sie uns sehn	Gar warbemor
Diese ist zerbrochen	Maunder bowwiskar
Hier ist eine andre	Oway póckcan payshik
Dieß ist eine gute, glaube ich	Maunder pay'shik O, nishshishshin indenendum
Ich habe ein Ruder nöthig	Ab'boy nee gúyyossay
Hier ist eins für euch	Oway páyshik

Ich danke euch, Freund	Meegwotch, neecárnis
Wo ist eure Frau?	Aúnday Keen O, mentimóyey?
Sie ist tott.	Sharshy'yar nepoo.
Schon lange?	Maywisher nar?
Seit vergangnem Winter.	Páyshik bebóne shy'yar.
Habt ihr noch Kinder am Leben?	Ar'thty O, jánes nogóme pemartus?
Nur einen Knaben.	Páyshik oskenáygay áighter.
Kann er jagen?	Géosay ween nar?
Noch nicht.	Kamarchy.
Wo ist euer Bruder?	Aúnday chemayn?
Ich sah ihn vergangnen Winter am Skunks See;	Nee warbemór awáss bebóne woity Sheecark Sakiegan.
Er wurde daselbst von einem Indianer getödtet, als er betrunken war.	Páyshik níshinnorbay ojey gunnissar ween osquìbby.
Es war ein böser Indianer, und man sollte ihn auch getödtet haben.	Ween O, matchee nìshinnórbay, meégwoyack O, gúnniesar ween gúyyea.
Ein Indianer erzählte mir eben, daß man ihn getödtet hat.	Shashy'yar ojey gúnnesar, ween nogóme me ecárto nishinnorbay.
Das ist recht.	Meegwoyack.
War er alt?	Keewáency nar?
Nein.	Cáwween
Er hatte drey Ballen Biberhäute und zehn Säcke voll Fleisch und noch Fische, als er getödtet wurde.	Ween arthty neéswoy meekintárgan appimíniquy metosswoy múshcomat wéass spárchtay metách Keegónce gúyyea.
O, das ist hart.	Taw! waw! sannegat.
Wer kömmt da?	Hawwaneeyaw tercúshin?

Ein frember Indianer.	Pockan Níshinnórbay.
Ich will hingehn und ihn sehn	Nin eszar gar warbemór.
Seyd ihr weit her, Freund?	Awássa nar Kee tercúshin, neegee?
Nein, eine kurze Strecke von hier.	Cáwween, páyshew omar.
Was habt ihr gebracht?	Waygonin Kee ogubbetoon?
Einen kleinen Ballen Bibersfelle	Hâgushenonce meckintárgan appiminiquy.
Was wollt ihr haben?	Wáygonin Kee guyyossay?
Wollene Decken.	Wáperwoyan.
Ich habe keine, als für kleine Kinder	Cáwween Kaygo wárpewoyan hagúshenonce Kee janis shenárgussey.
Wie heißt euer Rauchhändler am rothen See?	Tárnin shenecázeau Keennerwind artáwwaywinnin Misquittyyang Sakíegna
Der gute Hirt.	Níshshishshin oáthty
Hat er viele Waaren dort?	Nepewar huncúshigon árthty nar?
Fünf große Kanoes voll.	Nárnan Kitchee cheeman móoshquenay.
Habt ihr etwas Bärenfett?	Mackquáh pímmethy árthty nar?
Nur eine Kiste voll.	Payshik muccuck aighter.
Ich will mit euch drum handeln.	Nee wee artáwway.
Sehr gut, Freund.	Meegwoyack, negee.
Wie viel Biberhäute gebt ihr für diese Decke?	An'dersoy appiminiquy Kee, Kee, artáwway wàperwoyan?
Eilfe.	Metósswoy asshea páyshik
Solche muß ich kaufen	Nee, wee artáwway shenargussay

Ihr könnt solche bey den englischen Rauchhändlern erlangen	Sággonash arthty shenargussey
Wie viel Biberhäute wollt ihr dafür haben?	Andersoy appimíniquy Kee tarpenán mor?
Zwanzig.	Neeshtanner.
Da nehmt sie, Freund?	Tarpenán neecarnis.
Wollt ihr diese Otternhäute erhandeln?	Cunner Kee wee artàwway maúnder nekeík woygan?
Nein, jetzt nicht, ich muß dem guten Hirten meine Schuld bezahlen.	Cawween, nogome; nee wee gudderpárhan nec marseynáygan nishshishshin oathty.
Was nehmt ihr von ihm?	Wáygonin Kee tarpenán?
Einige Kleinigkeiten.	Póngay Kaygoshish.
Hohlt mir etwas Wasser.	Níppee nartìn.
Macht geschwind.	Ha, webittán.
Hört ihr mich?	Cunner Kee stóotewar?
Ich höre euch.	Kee, Kee, nóneydone.
Kommt her!	Ondàss.
Ich komme.	Nin tercúshin.
Was hat der Fuchs vergangnen Winter für 'ne Jagd gehabt?	Tárnin shenargussey géosay Assìnbo awáss bebone?
Der Winter war in der That schlecht.	Hapadgey mátchee bebone.
Was jagte er denn?	Wáygonin ween géosay?
Bären.	Mackquáh.
Ich wünschte, es wäre Frühling, und alle Indianer kämen und verhandelten ihre Winterjagd.	Bádash menókemeg ha cockinnór marmo níshinnorbay tercúshin ojey artàwway awass bebóne O, woygan.
Sie werden bald kommen.	Weebátch tercushin weénnewar.

Ich glaube, sie werden sehr viele Ballen haben.	Neepewar meckintárgan indenendum weénnewar
Was wollt ihr haben, wenn ihr mich zu Wasser von Montreal nach Michillimakinac bringt?	Wàygonin Kee nindootymond menyny'yank woíty Michillimakinac pamískian?
Ein großes Faß Rum, eine Flinte, eine wollene Decke, einen Kessel und ein Messer, das ists alles	Páyshik Kitchee muckcúck scotaywábo, payshik baskéyzegan, payshik wáperwoyan, payshik mókoman; me cockinnór
Das ist zu viel, denn ihr werdet ja mit uns essen und trinken und nicht arbeiten, sondern uns nur den Weg zeigen.	Ozóme Kee tabiscóach wíssinnin neénnerwind ínniquy cawween árwayyor Kee gúsketoon meckan mee aighter unter wabindán.
Wollt ihr gleich abreisen?	Webatch gúddeszar Keen?
Nein, bis morgen werde ich bleiben, und mich dann einschiffen.	Cawween, omar ojey appay; warbunk boossin
Meine Frau und Kinder habe ich eine Tagereise von hier zurückgelassen.	Mee woity ojey appay, mentimóyamish, jánis woke, guyyea neon ogunnegat.
Ich möchte sie wol sehn.	Nee, nee, warbemát weennewar
Morgen, mit Tagesanbruch wollen wir uns einschiffen.	Warbunk thurensera boossin
Faßt Muth; lebt wohl, Freund.	Haguármissey, way, way, negee

Sehr gut, ich werde mein Wort halten.	Meegwoyack, nee gar debwoy
Alles ist ruhig.	Suggermarch
Ich will zu Bette gehn.	Péshshemo nin gamárchar
Steht auf, Freund.	Goníshcar, ncegee
Ich bin müde.	Kittim nin
Ich bin krank.	Acquoisee nin
Ich bin beunruhigt.	Nishcárteseyan
Ich bin kalt.	Geessénnar nin
Ich bin heiß.	Geeshàrtay nin
Ich bin hungrig.	Bócketty nin
Ich bin durstig.	Spárchtay nin
Ich bin wohl.	Pemártissey nin
Ich liebe euch.	Ncezárgay Keen
Eure Gesundheit, Freund.	Kee tallenemánco, oder Kee tánnemecó necjee
Ich verstehe euch nicht.	Cawween nee stoticee.

Druckfehler.

S. 5 Z. 8 st. und ist l. und er ist
— 17 — 2 von unten st. Tsonontouans l. Tsonontouans
— 23 — 14 st. und die letzte Festung gegen Nordwesten ist —
　　　　　 l. und ist die letzte Festung gegen Nordwesten.
— 28 — 15 st. Zierbeln l. Zwiebeln
— 33 — 14 st. stünde l. stände
— — — 1 von unten: st. Kaek Kaek l. Kärk Kärk
— 36 — 16 st. Meister l. Meisten
— 38 — 14 st. Maushikkou l. Maushikkor
— 42 — 15 st. Pater l. Puter
— 46 — 10 st. haben l. heben
— 59 — 14 st. Fischen, Wieseln l. Fischerwieseln
— — — 7. Der Anmerkung st. Flächen l. Fläche
— — — 10 — — — st. Unfrewitte l. Umfrewille
— 62 — 9 st. Knie l. Kinn
— 64 — 9 st. Kitchen l. Kitchee
— — — 13 st. bei Felsen, als den; l. dem Felsen, als dem
— 64 in der letzten Z. st. Sprossen, Tannen, l. Sprossen-
　　　　　　　　　　　　　　　Tannen
— 66 Z. 8 st. Pitt l. Plat
— 67 — 2 v. unt. st. sich l. seinen Leib
— 72 — 6 st. Chessagney l. Chessaquey
— 76 — 5 v. unt. st. Krieges l. Kriegers
— 78 — 6 st. Artergan l. Abtergain
— — — 7 v. unt. st. Cahunaga l. Cahnuaga
— 84 — 13 st. Kitchen l. Kitchee
— — — 4 v. unt. st. 1800 l. 18000
— 87 — 6 v. unt. st. durchwaden l. durchwaten
— 88 — 6 v. u. st. ausdrücken l. durchgehens ausdrücken
— — — 4 — — — hält l. halte
— 89 — 6 st. dieß l. dessen
— 91 — 5 st. Teiche l. Teige
— 93 — 4 st. Schaw l. durchgehends Shaw
— 99 — 1 v. unt. st. hieher l. hier
— — — 7 st. mehrerern l. mehrererm
— — — 2. in der Anmerkung
— 100 Z. 8 v. unt. st. was l. den
— 107 — 2 — — st. dem l. den
— 109 — 6 st. denn l. dann
— 110 — 6 st. werde l. werden
— 111 — 6 v. unt. st. es l. er
— 112 — 2 v. unt. st. Manotoye l. Manontoye
— 119 — 9 v. unt. st. Wilden l. Wilde
— 133 — 6 st. Squaw l. Squaw.
— — — 7 muß: und jung und hübsch weggestrichen
　　　　　 werden
— 141 — 8 v. unt. st. Gemüths l. Gemüthsart
— — — 1 v. unt st. Kanadier in l. Kanadier es in
— 144 — 4 st. Alemigion l. Alemipigon
— 153 — 2 st. auf l. an
— 157 — 5 st. Laudananum l. Laudanum
— 158 — 17 st. und nahe l. und der nahe
— 161 — 5 v. unt. st. voller l. voll

S. 170 Z. 6 st. an den l. an dem
— 176 — 7 st. ich und l. ich mit
— 176 — 22 st. Vf. l. 1 Vf.
— 190 — 8 st. konnten l. könnten
— — — 3 v. unt. st. wahren l. wahrem
— 194 — 4 v. unt. st. gern l. ungern
— 208 — 9 st. thun l. thut
— 209 — 1 st. wol nicht l. wol nicht werde
— 212 — 3 v. unt. st. den l. dem
— 220 — 6 v. unt. st. Scour l. Sioux
— 234 — 2 v. unt. st. war ich l. war ich aber
— 244 — 17 st. Alles! l. Alles? — st. Silberfuß l. immer Silberfuß
— 255 — 5 v. unt. st. nach den l. nach dem
— 261 — 6 st. Pinnitiskotyan l. Pimistiskotyan. — st. Ontaria l. Ontario.
— 264 — 2 st. Wildbrett l. Wildprett
— 268 — 5. v. unt. st. steinigen Boden l. steinigem Boden.

www.ingramcontent.com/pod-product-compliance
Lightning Source LLC
Chambersburg PA
CBHW020232240426
43672CB00006B/500